九 三 学 社 简 史

（2005 年修订版）

九三学社中央研究室

学 苑 出 版 社

图书在版编目（CIP）数据

九三学社简史/九三学社中央研究室编. —修订本.
北京：学苑出版社，2008.10
ISBN 978-7-5077-3155-2

Ⅰ.九…　Ⅱ.九…　Ⅲ.九三学社—史料　Ⅳ.D665.7

中国版本图书馆 CIP 数据核字（2008）第 146755 号

出 版 人： 孟　白
责任编辑： 洪文雄
装帧设计： 徐徐书装
出版发行： 学苑出版社
社　　址： 北京市丰台区南方庄 2 号院 1 号楼
邮政编码： 100079
网　　址： www.book001.com
电子信箱： xueyuanyg@sina.com
xueyuan@public.bta.net.cn
销售电话： 010—67674055、67675512、67678944
印　　刷： 河北省三河灵山红旗印刷厂
开　　本： 850×1168　1/32
印　　张： 15
字　　数： 310 千字
版　　次： 2008 年 9 月北京第 1 版
印　　次： 2008 年 9 月第 2 次印刷
定　　价： 20.00 元

目　　录

民主党派的历史道路和优良传统(代序)

吴阶平

民主党派的历史道路,是我们在自身建设中需要研究的一个重大课题。它对于研究中国的革命历史,深入理解中国共产党的统一战线政策,理解中国共产党领导的多党合作和政治协商制度的形成、发展及其历史必然性;对于继承和发扬民主党派优良传统,更加自觉地接受中国共产党的领导,坚定不移地走建设有中国特色社会主义道路;对于正确认识民主党派的性质、地位、作用,更好地发挥参政党作用,都有十分重要的意义。

民主党派的历史道路是为打败日本帝国主义侵略,反对国民党独裁统治,争取民族独立和人民民主,建立富强的新中国而奋斗的道路。也是接受中国共产党领导,同中共亲密合作,风雨同舟,共同奋斗,夺取新民主主义和社会主义革命胜利,建设社会主义宏伟事业的道路。

探讨民主党派的历史道路,要从历史实际出发。中国的八个民主党派,各自都有一个形成、演变、发展的过程。大多是在抗日战争和反对国民党独裁统治的斗争中,先后建立起来的。

民主党派形成时,其社会基础主要是民族资产阶级、城市小资产阶级及其知识分子，以及其他爱国民主分子。面对日本帝国主义的侵略，身受国民党的独裁统治，他们共同的要求就是反帝爱国、要求民主。民主党派不代表某个单一的阶级，而是这些阶级、阶层代表性人士在共同要求基础上的联合，是阶级联盟性质的政党。在它们的成员和骨干中，还有一批革命知识分子和少数共产党人。他们的领导人都是在社会上有广泛联系和影响的杰出的爱国主义者。

各民主党派成立时的政治纲领，主要是反帝爱国，要求民主。这同中国共产党当时的最低纲领新民主主义革命阶段的纲领，要求基本是一致的。因此，民主党派从成立时起，就在党的统一战线政策影响下，同中国共产党建立了合作的关系，并且在革命斗争中逐步发展了这种关系。

1935 年，中国共产党根据中日民族矛盾已经上升为主要矛盾的新形势，为了争取中华民族的独立自由与解放，提出了建立抗日民族统一战线，呼吁国民党放弃"攘外必先安内"的反共政策，团结一致，共同对敌。1935 年 8 月 1 日，中国共产党发表了《为抗日救国告全体同胞书》，号召停止内战，共同抗日，简称《八一宣言》。爱国民主人士热烈拥护中共的这一正确主张。为了团结抗日，中国共产党通过大量的艰苦工作，连续和国民党进行谈判，特别是帮助张学良、杨虎城正确处理了西安事变，终于迫使国民党走上抗日的道路，实现了第二次国共合作，开始了全面抗战。

抗日战争时期，民主党派与中共合作，坚决站在抗战的立场上，为坚持抗战，反对投降；坚持团结，反对分裂；坚持进步，反对倒退，对国民党顽固派，进行了不懈的斗争。抗日战争后期，九三学社的领导人许德珩、梁希在同国民党顽固派的斗争中，大义凛然，走在时代的前列。

国民党顽固派先后两次发动反共高潮，并加紧对民主党派人士的迫害。在中共和民主党派的共同努力下，发起了声势浩大的民主宪政运动，之后中国共产党正式提出了立即结束国民党一党专政，召开国事会议，建立各抗日党派联合政府的政治主张，得到了各民主党派的热烈响应和支持，掀起了民主宪政运动的新高潮，使国民党在政治上陷入了被动和孤立的境地。

日本投降，抗日战争取得全面胜利，而国民党反动派为了夺取胜利果实，消灭共产党和人民革命力量，恢复其在全国的独裁统治，在美国支持下，积极进行发动内战的准备。为了维护和平，保持国共合作，中国共产党提出了“和平、民主、团结”的和平建国纲领，毛主席亲自到重庆同蒋介石进行和平谈判。

毛主席到重庆对各民主党派起到极大的鼓舞和教育作用。在举行重庆谈判的同时，毛主席曾与周恩来同志三顾中国民主同盟的诞生地，被称为“民主之家”的重庆特园，与民主人士、民主党派负责人共商和平建国大计。他鼓励九三学社许德珩不要只采用召开座谈会的形式，应建立永久性组织。当时民主党派的同志关心毛主席的安全，反复劝说毛主席早返延安，反映了彼此之间的深厚感情。

重庆谈判签署了《双十协定》，并在中共的促进下，随后召开了政治协商会议（即旧政协），各民主党派都积极支持旧政协的召开。中国民主同盟作为国共两党之间的"第三方面"参加会议，和中共一道，坚决反对国民党的内战和独裁政策。其他民主党派在会外，积极配合中共，为争取和平、民主开展活动。通过艰苦的斗争，在人民群众强大舆论压力下，国民党签署了旧政协《决议案》。但会后不久，国民党就悍然撕毁决议，发动全国内战。中国共产党联合各民主党派与之进行斗争。各民主党派冒着生命危险纷纷发表谈话和文章，严厉谴责国民党破坏政协决议的卑鄙行径。为镇压民主运动，国民党反动派穷凶极恶地制造了震惊中外的"下关惨案"，又在昆明派特务杀害了李公朴、闻一多，彻底暴露了蒋介石法西斯统治搞假和平、真内战的狰狞面目。

国民党撕毁政协决议，擅自下令召开国民大会，制定伪宪法。中共和各民主党派（除去民社党、青年党）都严正表明不承认国民党单方面决定召开的伪国大和所制定的所谓"宪法"，并积极参加了国民党统治区各地如火如荼的民主运动。

国民党反动派发动了全面内战，第二次国共合作彻底破裂。解放区军民在中国共产党的领导下，粉碎国民党反动派的进攻，接连取得军事上的一个个重大胜利。解放战争的胜利，有力地推动了国民党统治区的爱国民主运动的发展。由于蒋介石投靠美帝国主义发动内战，国民党统治区政治、经济危机不断加深，物价飞涨，民不聊生，并且日益走向殖民地化，这些都引起了各阶层人民的强烈不满和反抗。中国共产党适时地团结各民主党派和广大学生、民众支持和领导了因美军强奸北大女学生而引发的“反美抗暴”运动、“反饥饿、反内战、反压迫”运动，各民主党派的领导人和知名学者都公开和学生运动结合在一起，掀起了反蒋爱国民主运动的高潮。在国民党统治区形成了声势浩大的反蒋斗争的第二条战线，动摇了国民党反动统治，有力地配合了伟大的人民解放战争，形成了全国性的革命高潮，使蒋介石处于全民包围之中，从而加速了人民解放战争的进程。

在人民解放战争转入战略进攻的形势下，国民党为了维持其岌岌可危的政权，疯狂镇压、迫害民主党派，对民主党派成员及民主人士进行大逮捕，并进而宣布中国民主同盟为非法团体。在白色恐怖下，民盟部分领导人在中共的地下组织帮助下，转去香港。各民主党派都转入地下活动，民革、民建、民进、农工、致公的领导人也先后转移到香港，台盟也在中共的支持下在香港召开了成立大会。九三学社转入地下，继续在北京坚持斗争。总之，这一时期民主党派都公开与国民党决裂，公开表示站到人民民主革命一边，拥护中国共产党的路线和政策，同共产党一道为推翻国民党的反动统治、建立新中国而共同奋斗！

随后，各民主党派发表通电、决议，响应中国共产党1948年5月1日发表的关于召开新政协、成立民主联合政府的号召，宣布接受共产党的领导，参加筹备新政协。1949年9月，各民主党派同共产党一道参加了中国人民政治协商会议，参与制定了具有临时宪法性质和作用的《中国人民政治协商会议共同纲领》，选举产生了中央人民政府，毛泽东主席在天安门庄严宣告了中华人民共和国的诞生。从此，中国历史进入一个新纪元，各民主党派也走上了新的历史道路。

新中国成立后，我国开始有步骤地实现从新民主主义到社会主义的转变。各民主党派也实现了历史性的转折。

中国人民政治协商会议闭幕后，各民主党派分别召开了中央会议，总结了民主革命阶段的历史经验，修改了章程，决定以《共同纲领》作为各自的政治纲领。1954年全国人民代表大会之后，民主党派又以政协《章程》的总纲作为自己的政治纲领，确立了在中国共产党领导下，为彻底实现共同纲领而奋斗的政治路线。

建国后，各民主党派领导人和无党派民主人士多人担任中央人民政府副主席、政务院副总理和人民政府各部门的领导工作，确立了在政权中的多党合作。在经济恢复时期，各民主党派为恢复和发展国民经济、发展科教、文化、卫生事业，作了积极的贡献。同时，响应党的号召，积极参加了抗美援朝、土地改革、镇压反革命、“三反、五反”和知识分子思想改造等政治运动。通过这些运动帮助成员消除帝国主义和封建主义影响，划清敌我界限，提高觉悟，进行自我教育和自我改造。

这里可以插一句，1949 年毛主席在《论人民民主专政——纪念中国共产党二十八周年》一文中强调一边倒，倒向社会主义一边。中国共产党在民主党派问题上，结合中国实际，没有采用苏联的一党制，这是非常果断和英明的决定。

三年经济恢复时期之后，我国进入了过渡时期，中国共产党公布了过渡时期总路线，即“要在一个相当长的时期内基本上实现国家社会主义工业化和对农业、手工业、资本主义工商业的社会主义改造。”为实现过渡时期总路线、总任务，各民主党派在国家政治生活中，主要在四个方面发挥各自的积极作用。(一)参加国家事务的管理，参与国家重大问题的协商、决定和执行；(二)代表和反映所联系阶级、阶层人们的意见和要求，协助国家适时地调整阶级关系，促进多党合作的发展；(三)同共产党实行相互监督；(四)推动和帮助成员学习马列主义理论和时事政策，进行自我教育和自我改造。在过渡时期，民主党派围绕国家中心任务，做了大量工作，取得了显著成绩，得到了锻炼和提高。特别是在对资本主义工商业的社会主义改造中，贯彻党的和平改造方针和赎买政策，实现资本主义企业国有化，民主建国会和工商联，作了大量工作，发挥了重要作用。

1956 年对资本主义工商业的社会主义改造基本完成后，我国的阶级状况发生了重大变化。消灭了资本主义私有制，国内工人阶级同资产阶级之间的矛盾基本得到解决，阶级剥削制度基本结束，我国的社会主义制度初步确立起来。民主党派的成员就总体上来说，走社会主义道路已经有一定的自觉性，对前途增强了信心，增强了历史使命感和责任感。

当时对要不要保留民主党派议论纷纷，毛主席说，“究竟是一个党好，还是几个党好，现在看来是几个党好，不但过去如此，而且将来也可以如此，就是长期共存，互相监督。”1956 年 5 月 2 日在最高国务会议上又说，“要两个万岁，共产党万岁，民主党派万岁；资产阶级不要万岁，资产阶级只要两三岁就可以了。”

为了在社会主义条件下，继续加强中共与民主党派的长期合作，毛泽东主席在《论十大关系》的著名讲话中，总结了历史经验，重申了中国共产党同各民主党派实行“长期共存，互相监督”的方针。民主党派接受共产党领导的自觉性进一步提高，工作日趋活跃，组织也有了很大发展。1957 年民主党派成员发展到 10 万人，为建国初期的 10 倍。

十年动乱，民主党派和共产党一起经受了严峻的政治考验。民主党派的领导人和成员，虽然都遭受到不同程度的打击和折磨，但绝大多数都仍然坚信共产党的领导，没有动摇走社会主义道路的决心。这充分表明党的统一战线和多党合作有坚固的政治基础，有强大的生命力。

粉碎“四人帮”后，特别是中共十一届三中全会以后，以邓小平同志为核心的党中央，拨乱反正，重新确立了解放思想，实事求是的思想路线，从根本上摒弃了以阶级斗争为纲的左的路线，实现了全党工作重心的转移，开创了社会主义发展的新的历史时期，统一战线和多党合作也进入了一个新的历史阶段。

1979年6月邓小平同志在全国政协五届二次会议的开幕词中，分析了我国社会阶级状况发生了根本变化，指出我国广大的知识分子，包括从旧社会过来的老知识分子的绝大多数，已经成为工人阶级的一部分，正在努力自觉地为社会主义事业服务。资本家阶级有劳动能力的绝大多数人已经改造成为社会主义社会中自食其力的劳动者。各民主党派都已成为各自所联系的一部分社会主义劳动者和拥护社会主义爱国者的政治联盟，都是在共产党领导下为社会主义服务的政治力量。

1979年10月邓小平同志在《各民主党派和工商联是为社会主义服务的政治力量》的讲话中指出，“在国家政治生活和各项事业中，由于中国共产党居于领导的地位，党的路线方针政策正确与否，工作做得好坏，关系着国家的前途和社会主义事业的成败；同时由于我们党的执政党的地位，我们的一些同志很容易沾染上主观主义、官僚主义和宗派习气。因此，对于我们党来说，更需要听取来自各个方面，包括各民主党派的不同意见，需要接受各个方面的批评和监督，以利于集思广益、取长补短、减少错误。我们热诚地希望各民主党派和工商联都以主人翁的态度，关心国家大事，热心社会主义事业，就国家大政方针和各方面的工作，勇敢地、负责地发表意见，提出建议和批评，做我们党的诤友，共同把国家的事情办好。”

贯彻中共十一届三中全会精神和邓小平同志讲话的精神，各民主党派在全国代表大会上修改了各自的《章程》，把阶级联盟的性质改变为政治联盟，把工作重点转移到为社会主义四个现代化服务上来，这是民主党派的一次重大历史性转折，民主党派的工作开始了生机勃勃的新局面。

1982 年中共召开十二大，把“长期共存，互相监督”的方针，发展成为“长期共存，互相监督，肝胆相照，荣辱与共”的方针。十六字方针是在国内阶级关系发生根本变化，民主党派从阶级联盟转变为政治联盟的基础上提出的，它反映了新时期的多党合作是建立在劳动人民根本利益一致基础上的同志式的合作关系，中共与民主党派的一致性更加增强了。在“长期共存，互相监督，肝胆相照，荣辱与共”的方针指引下，大大调动了民主党派为四化建设服务的积极性，广泛参加了国家的政治生活，对国家的大政方针，积极参与协商讨论，提出意见和建议。对有关重要问题，组织专题调查研究，反映情况，提出改进意见。同时还组织成员面向社会，开展咨询服务、兴教办学、智力支边等多种形式的活动，开拓了为现代化建设服务的新领域。为宣传中共的统一祖国的方针政策，还开展了港、澳、台同胞，海外侨胞的联系工作，为祖国统一大业作出了努力和贡献。多党合作日益活跃，民主党派工作进入了建国以来最好的历史时期。

1984 年 7 月《中央统战部关于新时期党对民主党派工作的方针任务的报告》指出，各民主党派不是在野党，不是反对党，而是亲密友党。

为进一步加强和改善党对多党合作的领导，充分发扬社会主义民主，更好地发挥民主党派的作用，遵照邓小平同志的指示，党中央制定了《中共中央关于坚持和完善中国共产党领导的多党合作和政治协商制度的意见》，即(89)中发14号文件。这个《意见》是党领导的多党合作历史经验总结，是党和民主党派的共同意志，是指导民主党派工作的纲领性文件。文件明确了中共领导的多党合作和政治协商制度是我国的基本政治制度，并且第一次确定了民主党派的参政党地位，明确多党合作必须坚持共产党的领导，必须坚持四项基本原则。《意见》还对民主党派参政的基本点，监督的总原则作出了规定。贯彻14号文件，多党合作开始走上制度化、规范化的轨道。

邓小平同志视察南方讲话和中共十四大以后，各民主党派认真学习邓小平同志建设有中国特色社会主义理论，坚持"一个中心，两个基本点"的基本路线，在以江泽民同志为核心的党中央领导下，为改革开放和经济建设，为建立社会主义市场经济体制和精神文明建设，为民主法制建设和维护社会稳定，为实现"和平统一，一国两制"，积极参政议政，努力加强自身建设，为实现"九五计划"和2010年远景目标贡献力量。

以上就是我们民主党派半个多世纪以来所走过的历史道路。邓小平同志在党的十二大开幕词中指出："我国各民主党派在民主革命时期同我们党共同奋斗，在社会主义时期同我们党一道前进，一道经受考验。在今后的建设中，我们党还要同所有的爱国民主党派和爱国民主人士长期合作。”邓小平同志代表中共中央所作的这一重要论断，是对民主党派历史道路的高度评价和科学总结，表达了中国共产党同民主党派长期合作的坚定方针和真诚愿望。也为我们跟上时代，继续前进，指明了方向。

回顾我们民主党派走过的道路，就是从同中国共产党合作和逐步接受共产党领导的正确道路；是从爱国主义到为社会主义服务的不断前进的道路。民主党派走上这条道路不是偶然的，是由中国的具体历史条件所决定的，是历史发展的必然。

第一，我国的民主党派是在中国革命的历史过程中形成的。旧中国是一个半封建、半殖民地的社会，主要矛盾是中华民族同帝国主义的矛盾，人民大众同封建主义的矛盾。中国革命的任务是反帝反封建。民主党派反帝爱国、要求民主，和中国共产党的最低纲领基本一致，这就决定了它们从成立时起，就不是共产党的对立组织，而是作为共产党的同盟者和合作者出现于中国的政治舞台。

第二，民主党派走过的历史道路，也说明中国共产党的统一战线政策的巨大威力。统一战线就是工人阶级政党根据不同的历史条件和面临的主要任务，争取联合一切直接的、间接的同盟军，把绝大多数人团结在自己的周围，形成压倒一切的力量优势，实现自己的历史使命。中国共产党从我国的历史条件和特点出发，一开始就把民主党派作为同盟者。在新的历史时期，由于民主党派与中共风雨同舟，一道前进，经受了长期的考验，民主党派的性质已经发生了根本变化，中共和民主党派由阶级关系转变为同志式的关系。

第三，民主党派中的绝大多数人，都是爱国的，在爱国主义的政治思想基础上，促使他们联合到一起走上了革命的道路。在现代我国的具体历史条件下，爱国主义同社会主义是一脉相通，紧密相连的，只要是真正坚持爱国主义，其结果往往是走向社会主义。原因很简单，就是因为在中国只有这样一条路。近代中国历史反复证明，只有社会主义才能救中国，只有共产党领导才能取得中国革命的胜利，在中国建设社会主义。在国民党反动派的独裁统治下，他们逐步懂得只有同共产党合作，走共产党指引的革命道路，才能推翻国民党反动统治，建立一个新中国。在社会主义时期，民主党派为什么能够走上为社会主义服务的道路，同共产党一道前进，原因也在于爱国主义。他们从新中国在社会主义制度下，经济、科学、教育、文化等方面建设事业的飞跃发展和国际地位的空前提高中，激发了民族自豪感，体会到社会主义制度的优越性，坚定了走社会主义道路的信心，从而把自己的命运同祖国的社会主义前途联系在一起。接受共产党领导，走社会主义道路，是我们民主党派的历史选择，是唯一正确的历史选择。几十年的历史完全证实了这一点。

第四，我国的民主党派成立以来都是阶级联盟的性质。在发展过程中，逐步形成了一批进步力量，并在领导层逐步居于核心地位，使民主党派具有进步性与广泛性相统一的特点。由于进步力量在不断进步并正确地发挥着骨干作用，团结内部的大多数，有效地抵制和克服极少数人的错误倾向，带领成员不断前进，坚持正确的政治方向。新中国成立后，民主党派逐步走上为社会主义服务的道路，也是同领导层和进步骨干的带动作用分不开的。历史实践证明，民主党派内部进步骨干力量的存在和扩大，是民主党派坚持正确政治方向，坚持接受共产党领导，发展同共产党亲密合作关系，跟着时代的步伐不断前进的重要条件。这也是民主党派加强自身建设的一条重要经验。

我们各民主党派几十年来经历了共同的历史道路。各自都有许多宝贵的经验。有一条共同的经验就是坚定不移地接受中国共产党的领导，坚定不移地走有中国特色社会主义道路。这也是我们各民主党派的优良传统。

当前，各民主党派正处在新老交替的关键时刻，不仅要作好组织上的新老交替，更重要的是要强调搞好政治上的交接。搞好政治交接的关键，是认真选拔、培养好新一代代表人物，充实加强领导机构，把老一代创建、发展民主党派过程中形成的优良传统，一代一代传下去。各民主党派的优良传统，各自都有过总结。综合看来，大概有三条是一致的。

第一，坚持爱国主义，这是我们各民主党派创建时的思想基础。建国后，走上社会主义道路，根本原因也是出于强烈的爱国之心，在现代国际条件下，民族要独立，国家要富强，只有社会主义这一条道路，只有社会主义能救中国，只有社会主义能发展中国，这个真理，已经为历史所证明。

第二，坚持接受中国共产党的领导，坚持同共产党长期亲密合作。我们各民主党派从成立时起，就是在中国共产党的统一战线的感召下，走上了革命道路。在共产党的指引和帮助下，坚持了正确的政治方向，走过了从爱国主义到社会主义的道路。民主党派在民主革命、社会主义革命和建设中，能够作出重要贡献，发挥了重要作用，都是在同共产党亲密合作，共同奋斗，一道前进，一道经受考验的历程中取得的。民主党派的光荣历史，最根本的是来自接受共产党的正确领导。没有共产党的领导，就没有民主党派的今天。

第三，追求真理，追求进步，认真学习，不断加强自我教育，自我改造，跟上时代，不断前进。从民主主义革命到社会主义革命是一个非常深刻的转变，我们民主党派的老一辈领导人，追求真理，追求进步，非常重视学习马克思列宁主义和毛泽东思想，自觉地进行思想改造，树立科学的世界观和为人民服务的人生观，带动广大成员不断进步，使我们真正成为为社会主义服务的政治力量。

中共十四届五中全会以来，江泽民总书记多次讲话提出领导干部要讲政治。中共的领导干部要讲学习、讲政治、讲正气。民主党派的领导干部也同样要讲政治，在民主党派进行跨世纪的新老交替和政治交接过程中，讲政治更具有特殊重要的意义。

在新的历史时期，民主党派讲政治，讲什么，核心问题就是要自觉接受中国共产党的领导，坚持走建设有中国特色社会主义的道路，坚持共产党领导的多党合作和政治协商制度，服从大局，服务大局，在政治上、思想上、行动上同以江泽民同志为核心的党中央保持一致。

民主党派是政治联盟性质的政党，具有先进性与广泛性相结合的特点。因而，它在坚持四项基本原则的前提下，有较大的包容性。在新形势下，在成员中，思想观念、行为方式、价值取向呈现着多样性。西方多党制、议会制民主等影响，社会上各种错误思潮的影响，在民主党派的部分成员中都有所反映。例如：有的人认为政党与政党在政治上是平等的，为什么民主党派要接受共产党的领导；民主党派是独立的政党，应当有自己独特的政治纲领，不能总跟着共产党跑；民主党派既然是组织独立，党派的事情不需要和统战部商量，发展组织、人事安排，更不应该征求党委的意见。参政议政、民主监督，认为民主党派提意见，中共不听也没有办法，希望制定监督的法律，效法资产阶级议会制；也还有人对确定共产党为执政党提出疑问，对坚持公有制为主体表示怀疑等等。有这样一些看法的是少数，但是许多人虽然不同意这样一些错误看法，却也感到说不清楚。这种思想状况，不能不引起我们的重视。因此，民主党派讲政治，首要任务是要提高成员的政治思想素质，帮助成员认真学习邓小平建设有中国特色社会主义理论，继承党派的优良传统，明确政治方向，坚定接受中国共产党领导的信念，树立正确的世界观、人生观、价值观，提高为人民服务的自觉性，为社会主义现代化的宏伟事业贡献自己的聪明才智。

提高成员的政治思想素质，关键在领导，首先是领导班子和骨干分子要讲学习、讲政治、讲大局、讲团结，这是保证民主党派先进性的首要条件，这是政治联盟性质政党的一个特点。民主党派领导干部要认真讲政治，学习领会江泽民总书记讲话精神。

一、首先要讲学习。要结合实际，带头不断深入学习邓小平同志建设有中国特色社会主义理论，树立正确的世界观、人生观、价值观，提高从政治上观察问题、分析问题和处理问题的能力。要认真学习和贯彻六中全会关于加强社会主义精神文明建设若干重要问题的决议，对政治原则问题，要旗帜鲜明，要跟上形势。

二、要坚定不移地接受共产党的领导，坚持中共领导的多党合作和政治协商制度，与中共同心同德，亲密合作。坚决抵制西方多党制和资产阶级议会民主的影响，从政治上、思想上、行动上同以江泽民同志为核心的党中央保持一致。

三、要坚持贯彻“一个中心，两个基本点”的基本路线和“抓住机遇，深化改革，扩大开放，促进发展，保持稳定”的基本方针，以经济建设为中心，积极为两个文明建设服务，围绕中共和国家每一时期的中心任务，把握大局，发挥群体智慧，正确履行参政议政，民主监督的职能，要始终把维护安定团结放在首位。

四、要继承发扬民主党派的优良传统，努力加强自身建设，要坚持不懈地抓思想政治工作，抵制和清除各种错误思潮的影响。在思想建设中要着重进行接受共产党领导，同中共亲密合作的教育，通过深入细致的工作，帮助成员划清中共领导的多党合作制度与西方多党制的界限，社会主义民主与资产阶级议会民主的界限，认清有中国特色的政治制度的无可比拟的优越性。要认真进行民主党派的历史和优良传统教育，深入理解党领导的多党合作，是中国国情决定的，是历史发展的必然，正确认识新时期民主党派的性质、地位与作用，认清我国民主党派与西方政党的本质区别，摆脱西方政党观念的影响。在组织建设上，要加强培养一支高素质的骨干队伍，要严格掌握发展成员的政治条件，保证成员整体素质的提高。

五、要讲团结。领导干部讲团结，是加强凝聚力的关键所在，是党派兴旺发达的象征。领导班子的成员都应当胸怀大局，增进共识，最大限度的团结起来。领导干部之间要相互尊重、相互理解、相互关心。要善于通过学习、讨论和协商，把思想统一到中国共产党的路线、方针、政策上来，统一到做好民主党派工作上来，更有效地发挥领导班子集体领导的作用。

1996年12月

第一章　抗日战争后期的形势和“民主科学座谈会”

第一节　九三学社产生的政治和历史背景

九三学社的建立同抗日战争时期国内的政治形势密切相关。

1931年“九·一八”事变，日本侵略中国，亡国惨祸迫在眉睫，蒋介石不抵抗主义和独裁统治，极大地伤害了广大民主人士和国民党内进步力量的爱国热情，他们公开亮出了反蒋、联共抗日的旗帜。1937年7月7日，卢沟桥的枪声，暴露了日本帝国主义吞并整个中国的狂妄野心，同时也成为中国人民抗日民族解放战争的信号。经过张学良、杨虎城发动“西安事变”逼蒋抗日以后，公开分裂、对抗了10年之久的国共两党，在抗日战场上再次成为并肩作战的友党。国共合作的政治氛围，鼓舞了各民主党派、进步团体和全国人民的抗战热情。应该说，抗日战争初期，南京政府对抗战还是积极的。在蒋介石统领下，国民党爱国官兵不畏强敌，浴血奋战，挫败了日本侵略者声称“三个月占领中国”的神话。然而，在抗战进入相持阶段以后，日本侵略者认识到侵略中国的阻力主要来自共产党及其领导下的抗日革命根据地的人民，因此对国民党采取诱降的政策。国民党顽固派在敌人诱降政策面前，利用日本帝国主义者的手消灭共产党、扼杀进步力量的念头，又重新膨胀起来。他们蓄意破坏国共合作，策划投降分裂活动。抗日军民用鲜血换来的团结抗战局面，笼罩着一团浓重的阴影。

九三学社的创始人在国共两党对待日本侵略者的不同态度中，认清了只有中国共产党才是真正代表历史发展的方向、代表中国人民最根本的利益的，他们确定了跟共产党走的正确道路。

中国共产党的抗日民族统一战线政策是九三学社产生的政治基础。

早在 1939 年 12 月 21 日，中共中央《关于组织进步力量争取时局好转的指示》中指出："一切站在国共之间主张坚持抗战团结进步的所谓中间力量，最近期间表现出政治积极性日益增长，成为推动时局好转的极重要因素，因此，我们应用极大努力帮助他们，用各种方式组织起来。"1940 年 3 月 11 日，毛泽东在《目前抗日统一战线中的策略问题》报告中指出："在中国，这种中间势力有很大的力量，往往可以成为我们同顽固派斗争时决定胜负的因素"，因此，"争取中间势力是我们在抗日统一战线时期的极重要的任务"。在国统区工作的中共领导人周恩来、董必武、林伯渠、吴玉章、邓颖超等，根据中共中央的精神，在重庆经常同爱国民主党派和人士接触，参加他们的活动，分析国内外形势，阐明中国共产党的方针政策，对他们给予鼓励、支持和推动。

1941年1月4日，蒋介石在安徽省茂林策划了令人发指的“皖南事变”。在大后方，国民党顽固派也加快了摧残民主力量的步子。广大人民对国民党这种反动的倒行逆施、专断独裁极为不满。同年春的一天，周恩来在重庆俄国餐厅约请各党各派的领袖（反动党派除外）吃饭，出席的有张澜、沈钧儒、黄炎培、许德珩、章伯钧、罗隆基、张申府、梁漱溟等。周恩来对大家说：当前人民群众和各党各派对国民党的一党专政强烈不满，有必要申张民主、反对独裁。我们经过讨论研究，认为有必要组织起来，成立中国民主政团同盟，要求团结抗战，要求民主。大家一致感到，政治不民主，抗战胜利必无可能。而为了促进抗战胜利，必须加强全国之团结。在中国共产党的号召下，遂成立了中国民主政团同盟。许德珩被推选为该组织的联络部副部长。

抗战后期的形势促使九三学社产生。

抗日战争后期，是中国民主势力与法西斯反动势力大决战的时期，也是国际民主势力同世界法西斯反动势力大决战的时期。1943年，世界反法西斯战争发生重大变化：2月，苏联军队取得斯大林格勒战役的伟大胜利，不久，向德军发动反攻。7月，英美联军占领意大利南部，意大利发生政变，并于9月向英美投降，退出法西斯同盟。9月，中、美、英在缅甸对日军开始反攻，日军逐渐陷入不利地位。

日本帝国主义为了挽救它在太平洋战场上的失利，援救它侵入南洋的孤军，并摧毁美军在中国华东、华南的空军基地，于1944年4月18日首先从河南发动了向国民党战场的平汉、粤汉和湘桂铁路沿线新的进攻，号称“一号作战”。在日军的进攻面前，国民党军队除少数战役进行了较激烈的抵抗外，大多数的情况是一触即溃，出现了国民党战场大溃败的局面，在8个月里，丧失了河南、湖南、广西等省的大片国土。这次豫、湘、桂地区作战，充分暴露了国民党军队的腐败。由于国民党当局政治上愈来愈腐朽，经济上陷入全面危机，和采取积极反共、消极抗战、避战、观战的政策，致使它的军队在敌人面前，几乎完全丧失了战斗力。

1944年下半年，日本帝国主义对我国大西南地区发动新的进攻，桂林失陷、川黔吃紧，而国民党反动统治集团中投降空气浓厚，法西斯反动势力猖獗，国统区军事、政治、经济的全面危机日益加剧，人民生活在水深火热之中。严峻的形势，使愈来愈多的人们认识到，不内争民主，就不能外御强寇，就无法解救中华民族于危亡之中。在中国共产党的抗日民族统一战线政策的影响和感召下，国统区的抗日民主运动风起云涌。正是在这国家民族的危急关头，国民参政会中的中共代表林伯渠，适时地在三届三次国民参政会上，提出了“废除国民党一党专政，召开各党派会议，成立民主联合政府”的主张，立即得到社会各阶层人民的热烈响应。后来，中国共产党又向国民党当局书面提出建立民主联合政府的主张。10 月 10 日，周恩来在延安发表《如何解决?》的演讲，进一步阐明召开各方代表参加的紧急国事会议，成立民主联合政府的具体步骤和方法。共产党关于民主联合政府的主张，反映了当时全国各阶层人民的一致愿望和要求，抗日民主运动掀起新高潮，进入以建立抗日民主联合政府为目标的新阶段。

为响应中共的号召，抗战时期先后来到重庆的一部分文教、科学技术界的高级知识分子许德珩、潘菽、梁希、黎锦熙、劳君展、涂长望、张雪岩、黄国璋、叶丁易、税西恒等，发起组织了“民主科学座谈会”，讨论民主与抗战问题，主张“团结民主，抗战到底”，发扬“五四”反帝反封建的精神，为实现人民民主与发展人民科学而奋斗。这个组织就是九三学社的前身。

第二节 “民主科学座谈会”的主张及主要成员

一、“民主科学座谈会”的主要成员是“五四运动”中的领袖人物和积极分子

“民主科学座谈会”是九三学社的前身，它是抗战时期从各地先后来到重庆的一部分文教、科学技术界的高级知识分子，为响应中国共产党“结束一党专政，成立民主联合政府”的主张而发起组织的。因为它的主要发起人或是“五四运动”中的著名人物，或是运动中的积极分子，所以这个团体，从发起伊始，就带着较为浓

重的“五四运动”的影子和色彩。它的名称中有“民主”、“科学”二词，这正是“五四”新文化运动所揭举的两面旗帜。“民主科学座谈会”的政治主张是：继承和发扬“五四运动”彻底的反帝反封建的民主、科学的精神，倡导“团结、民主、抗战到底”，反对国民党一党独裁统治，积极响应中共“结束国民党一党专政”的主张，主动地加入到中国共产党领导的抗日民族统一战线当中去，在促进民主政治和团结抗战方面，起积极的作用。抗战胜利后，它发展成为一个民主政团，即九三学社。

“民主科学座谈会”的主要发起人许德珩（1890—1990）字楚生，江西德化（今九江市）人，他是“五四运动”的学生领袖之一。他受北京学生联合会的委托，起草了《五四宣言》，参加了示威游行，他是“五四”当天被北洋政府逮捕的32名学生之一。“五四运动”后，为了寻求救国救民的道路，赴法勤工俭学，1927年回国参加了大革命。“九·一八”事变后，积极参加抗日救亡运动。他是一位著名的爱国民主人士。

许德珩是抗战时期国民参政会的参政员，1938年，他因出席国民参政会来到战时的陪都重庆。在历届国民参政会上，他目睹国民党对日妥协投降，对共产党及进步的党派团体和革命人民无情镇压、迫害的反动行径，使他愈来愈坚定地站在共产党的一边，同共产党一起，与国民党顽固派进行坚决的斗争。

潘菽（1897—1988）字水叔，早年称潘淑，名有年。江苏宜兴陆平村人。潘菽早年在北京大学读书时，积极参加了“五四运动”，他也是“五四”当天被逮捕的32名学生之一。在抗战时期的重庆，他与许德珩一见如故，成为亲密的战友。潘菽在抗日战争时期的重庆，发挥了联系爱国民主人士同中国共产党合作的桥梁作用。当时的中共《新华日报》社社长潘梓年是潘菽的长兄，当时负责中共统战工作的潘汉年是潘菽的堂弟。潘菽因为这种关系，同《新华日报》社联系十分自然而方便，通过潘菽的介绍和联系而同中共建立了亲密关系的爱国民主人士不在少数。在民主科学座谈会和筹备成立九三学社的过程中，潘菽根据周恩来的建议，曾经分三批介绍了一些科学技术界的高级知识分子参加九三学社，对形成九三学社的组织特点起了决定性的作用。

抗战中期，著名的地理学家、中国地理研究所所长黄国璋在重庆工作。1945年初，黄国璋被西北师范学院借聘到兰州讲课。当时黎锦熙在西北师范学院任教授，袁翰青也在该院兼课，他们都是老朋友，都是“五四运动”的积极分子。经黄国璋的介绍，黎锦熙、袁翰青参加了“民主科学座谈会”。九三学社成立时，黎锦熙在兰州，但还是被公推为九三学社的监事会监事。由此可见黄国璋在九三学社的组织建设上所作的贡献，他是九三学社第一位负责组织工作的人，是九三学社第一任组织委员会主任委员，即组织部部长。

二、文教、科技界的知识分子是“民主科学座谈会”的主体几乎是在“民主科学座谈会”活动的同时，由重庆中央大学教授梁希、金善宝、潘菽、涂长望、干铎、李士豪以及重庆大学的谢立惠为主要成员的“自然科学座谈会”也在活动。“自然科学座谈会”的成员，大都是大学教授、科学家。他们中的一些人也参加了“民主科学座谈会”。

“自然科学座谈会”的核心人物梁希，是我国现代林学界的一代宗师。他精深的科学造诣、高风亮节的道德情操，自然地成为“自然科学座谈会”的受大家拥戴的核心人物。

梁希（1883—1958），浙江吴兴（今湖州市）双林镇人。原名曦，字索五；后改名希，字叔五（或叔伍）。青年时期适值戊戌变法。1900 年八国联军攻占北京，他目睹清廷昏庸腐败，在“武备救国”的思想支配下，投笔从戎。1905 年进浙江武备学堂学习西洋军事，1906 年被选送日本留学，入日本士官学校学习海军。在日本，他受章太炎等影响，加入孙中山先生建立的中国同盟会，经常在东京出版的《民报》上撰写诗文，挞伐腐败辱国的清王朝。1911 年辛亥革命爆发，他回国参加了浙江湖属军政分府新军的训练工作。辛亥革命后，他又回到日本士官学校。1913 年，因不满日本士官学校学生歧视和欺侮中国学生，改入东京帝国大学农学部林科学习自然科学，专攻林产制造学和森林利用学。1916 年学成回国，应聘于北京农业专门学校，开始了他的教书生涯。在该校任教 7 年中，他深感我国林业科学技术落后。于1923年辞去教席，自费前往德国德累斯顿萨克逊森林学院学习欧洲先进的森林利用和林业化学方面的科学技术。1927年学成归国，先后在北京农业大学、浙江大学任教。他在焦急忧虑中寻找着中国的出路，但国民党政府政治腐败、官贪吏虐的现实，一次又一次地使梁希失望。1932年，因国民党要人利用职权排挤进步教授，梁希同金善宝等60多位教师一起辞职以示抗议。在离开浙大农学院赴南京中央大学任教前夕，大家在西湖聚餐，梁希痛斥反动当局对高等教育的无知和反动派利用各种条件互相争权夺势的种种勾当，并即席赋诗："湖上起风波，湖边饮太和，南国山河小，东林意气多……"。国民党某要人是梁希的同乡，多次想拉他去官场，他不为权势所诱，绝不为他们捧场。

"自然科学座谈会"的另一位重要成员是我国农学界的一代宗师、被誉为"东方神农"的金善宝。金善宝与梁希是在浙江大学、中山大学相处多年，志同道合的老朋友。中央大学迁至重庆后，梁希和金善宝同居一室，梁希长金善宝13岁，两人朝夕相处，情同手足。

金善宝（1895—1997），浙江省诸暨县人。他为我国农业科学和农业教育事业作出过卓著贡献。1939年由他选育的小麦品种"南大二四一九"先后在我国20多个省、市、区推广种植，面积达700余万亩，应用时间达二三十年之久。他不但是一位杰出的科学家，而且是一位积极参加爱国民主运动的坚定的爱国主义者和民主战士。他是"自然科学座谈会"的重要成员，同梁希、潘菽、涂长望等一起，积极参加了中国共产党领导的爱国民主运动。

涂长望（1906—1962），湖北武汉人，1930 年官费赴英国攻读气象学。留学期间，接受马列主义，同英国共产党、中共地下党联系密切，参加第三国际领导的秘密革命活动。1934 年应竺可桢聘请回国任中央研究院气象研究所研究员，归国途中参观访问了苏联。1935 年，积极参加“一二·九”运动。1937 年迁重庆，任中央大学教授，积极参加爱国民主运动，是“自然科学座谈会”的重要成员之一。

1937 年，梁希、金善宝等教授随中央大学迁到重庆沙坪坝，他们来到抗日战争时期的陪都重庆，看到的是在国民党统治下，政治腐败，经济萧条，法西斯反动势力猖獗，阴霾笼罩，黑云压城，令人窒息的情景。科技文教界的朋友普遍感到茫然和苦闷。一次偶然的机会，梁希看到了《新华日报》，像久旱逢甘露般地阅读了报上所有的文章。从此，梁希便成为《新华日报》的忠实读者，每期报纸，他都是一字不漏地仔细阅读，到了“饭可不吃，《新华日报》一日不可不读”的程度。梁希同潘菽虽然同是中央大学的教授，但平时没有交往。中央大学迁到重庆以后，梁希听说潘菽与《新华日报》社有来往，就主动与潘菽接近，交谈有关抗战形势问题，特别是中共方面的情况，梁希更为关心。谈过几次之后，觉得很好，约定各自找一些朋友来一起谈。时间是每星期找一天晚上，地点是在同事李士豪的房间里；他单身住一个房间，来往的人也很少，地点也较僻静。中央大学的涂长望、干铎，重庆大学的谢立惠先后参加进来。较后参加进来的还有在附近一个工厂里工作的钱保功，还有一位在附近一个研究所工作的同志，由于这个同志不久就去世了，时间久远，大家都记不起他的名字了。还有一些临时来参加一、二次座谈的同志。活动的内容主要是交换所听到关于时局的消息，特别是延安方面的消息，议论抗战局势问题。尤其是延安方面的政治主张和政策及言论，是大家最关心最急切希望了解的。后来又增加了学习马列主义代表著作的内容。这就是“自然科学座谈会”。这个组织并不保密，但参加的成员却是不公开的。潘梓年经常直接或间接地指导这个座谈会的活动。因此，这个座谈会与《新华日报》社有了密切的关系。《新华日报》在当时的重庆，像一座熠熠闪光的灯塔，冲破黑暗，驱散严寒，给人民以光明和希望。座谈会的同志经常参加《新华日报》社组织的各种活动，也经常去周恩来住所听抗战形势报告和参加座谈会。在中国共产党的帮助教育下，大家的觉悟不断提高，后来成为《新华日报》的亲密战友，并应周恩来、潘梓年的邀请负责编辑《新华日报》的《自然科学副刊》。对中国共产党了解愈多，便油然产生一种向往之情。1941 年“皖南事变”发生后，梁希、金善宝不约而同地产生了去延安的念头，他们分别向周恩来、林伯渠谈了想去延安直接参加革命工作的愿望。周恩来、林伯渠十分赞赏他们追求进步的表现，同时鼓励说服他们留在重庆更好地发挥作用。在梁希、金善宝、涂长望等科学家的带动下，“自然科学座谈会”的科学家大部分留在重庆，团结广大科学技术界的人士，参加了在国民党统治区的爱国民主运动。为了扩大党的抗日民族统一战线，他们在周恩来、潘梓年的授意下，积极团结更多的科学技术工作者和文教工作者，成立“中国科学工作者协会”，参加协会的有竺可桢、李四光、任鸿隽、丁燮年、严济慈等100多位著名的科学家。同时，由许德珩、潘菽、黄国璋等发起“民主科学座谈会”时，经周恩来、潘梓年授意，“自然科学座谈会”的同志，由潘菽介绍，先后以个人身份参加了“民主科学座谈会”，使“民主科学座谈会”成为一个以科学技术界、文化教育界高级知识分子为主体的民主政团。

加入“民主科学座谈会”的文教、科学技术界的知识分子，大部分是潘菽介绍进来的，构成了“民主科学座谈会”的主体。比如九三学社发起人之一税西恒、卢于道，就是较早地由潘菽介绍参加“民主科学座谈会”的高级知识分子。税西恒（1889—1980）又名绍圣，四川泸县白云乡人。他热爱祖国，向往革命，爱憎分明，是当时重庆著名的爱国民主人士。1937年，国民党政府教育部长朱家骅，以留德同学的名义邀请税西恒出任四川教育厅厅长，他不愿同流合污，以“不会做官，只能教书”为由坚拒不任。而由中共南方局筹划创建的蜀都中学邀请他做校董事长，他则不畏风险，欣然就任。后来这所中学成为中共地下党培养革命干部和从事地下工作的据点。在抗日战争中，税西恒积极主张团结抗战。1937年潘菽随中央大学来到重庆时，税西恒是中央大学隔壁的重庆大学教授，他们认识后，由潘菽介绍认识了许德珩，并参加“民主科学座谈会”。税西恒参加进来之后，“民主科学座谈会”活动地点就从许德珩家改在税西恒任总工程师的重庆自来水公司里，税西恒为活动提供了适宜的场所和条件。税西恒是九三学社第一位负责经费和财务的人，在这方面，也可以说功不可没。

“民主科学座谈会”当中，还有一位极富传奇色彩的宗教界的人士，他是张雪岩先生。张雪岩（1901—1951）原名张松华，山东潍坊固堤镇大常疃村人。第一次世界大战起，他被法国当局招募赴欧洲战场服役，备受洋人欺凌。在服役期间，足迹遍欧洲。他凭自学，熟练地掌握了英语，并自学政治、经济、文化知识。第一次世界大战结束后，他回国参加了轰轰烈烈的“五四运动”，以后先后投奔过张作霖及山东地方武装，意在掌握武装，均失败。辗转至上海，从事文学创作，获李提摩太文学奖。1930年考入南京金陵神学院，步入宗教界。毕业后，任全国基督教青年会总干事，创办面向农村、农民的《田家》半月刊，办刊宗旨是：“为真理说话，替正义作声；农民是国本，知识是力量”。抗战期间积极宣传抗日，以后又赴加拿大多伦多大学进修，后转入美国康乃尔大学，并获社会学博士学位。1940年回国，继续主持《田家》的工作并出任齐鲁大学历史系主任。1945年在重庆参加“民主科学座谈会”，是九三学社的发起人之一。张雪岩在国民党的白色恐怖下，以宗教为掩护为九三学社提供了安全的活动场所，也可以算是独特的贡献。

三、“民主科学座谈会”的其他重要成员

“民主科学座谈会”的重要成员中也有一些人是国民党的左派人士。

褚辅成（1873—1948）字慧僧，浙江嘉兴人。他是著名的国民党元老之一。1927 年蒋介石发动“四·一二”反革命政变时，怀疑褚辅成是中共党员，押送至南京，后查无实据，蒋介石亲自赔礼道歉，褚辅成拍案痛斥蒋介石背叛孙中山先生，被誉为是敢于拍案痛骂蒋介石的国民党人士之一。

张西曼（1895—1949）又名百禄，湖南长沙人。他曾三次谒见孙中山，建议效法苏共，改造国民党，建议施行“联俄联共扶助农工”的三大政策。“九·一八”事变后，张西曼是国民党政府的立法委员、蒙藏委员会委员。他力主停止内战，对日绝交、宣战，但他的建议不但不被蒋介石采纳，而且蒋介石原定委任他担任湖北省主席的决定也被撤销了。张西曼在当时积极联络国民党高层人士，支持保护抗日的组织及其活动。1936 年“南京抗日救国会”在中共地下党组织领导下，发动大规模的抗日救国群众运动，张西曼给予大力支持，请出国民党元老张继主持大会，请出何香凝、柳亚子、经亨颐等国民党左派元老到场签名，国民党特务看到有许多国民党著名人士参加，也不敢公然破坏和捣乱了。

“民主科学座谈会”的重要成员中，有张学良的重要幕僚王卓然，冯玉祥的重要幕僚孟宪章、吴藻溪。孟宪章是抗日民族英雄吉鸿昌的亲密战友；吴藻溪是“一二·九”运动中的著名学生领袖之一，他们都是九三学社的发起人。

第二章　毛泽东的亲切接见与巨大鼓舞

第一节　抗战胜利后的国共谈判

抗战即将胜利的前夕，1945 年 4 月 23 日至 6 月 11 日，中国共产党第七次全国代表大会在延安举行。毛泽东主席在大会开幕词中指出：中国面临着两个前途和两种命运的斗争，党的任务是要用全力去争取光明的前途和光明的命运，反对另外一种黑暗的前途和黑暗的命运。大会总结了武装斗争，统一战线和党的建设的经验，深刻地论述了这是中国共产党领导新民主主义革命的“三大法宝”。

1945 年 8 月 11 日，日本投降在即，蒋介石下达三道“命令”：一是要解放区人民军队“就原地驻防待命”，不得向敌伪“擅自行动”；二是要他的嫡系部队“加紧作战”，“勿稍松懈”；三是要日、伪军“切实负责维持地方治安”。这时，美国用各种方法把国民党军队运往为解放区人民武装力量所包围的大城市和主要交通线去“接收”。中共坚决拒绝这种限制中共、任国民党抢夺抗战胜利果实的命令。8 月 13 日，毛泽东在延安干部会议上作《抗日战争胜利后的时局和我们的方针》的讲演，科学地预测抗日战争阶段过去后时局发展的方向，提出中国共产党关于争取和平发展和准备革命战争的方针。毛泽东在讲演中明确地指出：我们一方面要尽力争取和平、民主，使内战限制在局部的范围，或者推迟全面内战爆发的时间；另一方面必须对于蒋介石发动内战的阴谋有充分认识，对于帝国主义和反动派不抱幻想，不怕威胁，准备以爱国的正义的革命的战争，打败一切中外反动派，建立无产阶级领导的人民大众的新民主主义的新中国。

1945 年 8 月 14 日，日本政府照会美英苏中四国政府，表示接受中、美、英三国关于促令日本无条件投降的波茨坦公告，15 日日本天皇裕仁以广播“终战诏书”形式向公众宣布无条件投降。蒋介石在依靠美国积极准备内战的同时，于 14 日、20 日、23 日，连续三次电邀毛泽东赴重庆进行谈判。同时，斯大林也致电中共中央，说中国应走和平发展的道路，要毛泽东赴重庆同蒋介石谈判，寻求维持国内和平的协议；如果打内战，中华民族有毁灭的危险。8 月 23 日，中共中央政治局举行扩大会议，根据对国际国内形势的分析，决定了同国民党进行谈判的方针。会议认为，应当力争一个有利于人民的和平建设时期；即使是暂时的和平，也应当积极争取。8 月 25 日，中共中央政治局鉴于形势的发展，紧急决定派毛泽东、周恩来、王若飞为代表，立即赴重庆与国民党进行谈判。同日，中共中央根据 23 日政治局扩大会议的讨论，发表《对目前时局的宣言》，提出和平、民主、团结三大口号，阐明中国共产党争取和平民主、反对内战独裁的方针，要求国民党政府“承认解放区的民选政府和抗日军队”，“召开各党派和无党派代表人物的会议……成立举国一致的民主的联合政府”，以避免内战，奠定今后和平建设的基础。8 月 28 日，毛泽东、周恩来、王若飞在国民党代表张治中、美国驻华大使赫尔利的陪同下，从延安抵重庆。经过 43 天的谈判，10 月 10 日国共双方代表签署了《政府与中共代表会谈纪要》（即《双十协定》）。在《会谈纪要》中，国民党表示同意和平建国的基本方针；迅速结束国民党的“训政”，实现政治民主化；承认各党派的平等合法地位和人民的某些民主权利；最重要的一项，是双方确定将召集各党派及无党派人士参加的政治协商会议。但国民党拒不承认解放区的人民政权；国民大会问题也未达成协议；还有中共所领导的军队整编的问题，实际上也没有解决。

第二节　毛泽东接见许德珩和劳君展

1945 年 8 月 28 日，住在重庆枣子岚垭“雅园”的许德珩、劳君展夫妇夜不成寐，既兴奋又担心的心情难以平静。因为这一天中共毛泽东主席和周恩来、王若飞等在张治中将军陪同下，从延安飞抵重庆与国民党当局进行和平谈判。毛泽东到达重庆的消息，像春风吹遍整个山城，给人们带来了光明和希望，山城沸腾了，报纸印发号外，无数的人上街欢迎，鞭炮齐鸣。许多人给毛泽东写信说：“我们拥护您的主张，您是新中国的希望。”当时许多中间派人士也深为感动，赞誉毛泽东这一行动为“弥天大勇”、“一身系天下之安危”。

抗日战争胜利后，国民党当局为了巩固其法西斯独裁统治，依附于美国，在美帝国主义的支持下，一方面玩弄和谈阴谋，欺骗人民；一方面极力抢夺抗战胜利果实，准备发动大规模的内战。他们除了在军事上布置内战外，还派大批的官僚政客到全国各地“接收”，人民讥之为“劫收”。许德珩感于此，作诗曰：“群魔乱舞闹中华，五子登科哪管它。极目中原无净土，延安可望在天涯。”

许德珩、劳君展同毛泽东有着源远流长的亲密友谊。劳君展（1900—1976），湖南长沙人。早年在湖南周南女校读书时，即参加了毛泽东、蔡和森于1918年4月在长沙组织的“新民学会”，积极参加驱逐湖南军阀张敬尧运动和“五四运动”。“五四运动”后，赴法国勤工俭学。行前，毛泽东曾在上海半淞园为她送行。1921年中国共产党成立后，毛泽东还写信给在法国的“新民学会”会员劳君展等通报情况。许德珩1915年初考入北京大学，先后与李大钊、毛泽东相识。1917年蔡元培任北大校长后，实行一系列改革，提倡思想自由，培养学术研究空气，学术、政治团体如雨后春笋般涌现。毛泽东、许德珩都参加了“新闻研究会”和“北京大学平民教育讲演团”，接触日频。1918年至1919年“五四运动”前夕，毛泽东、许德珩经李大钊介绍，先后参加了由李大钊发起的“少年中国学会”，在“创造少年中国”

的政治理想下，李大钊、毛泽东和许德珩等结下深厚的友谊。

许德珩夫妇与毛泽东已阔别 20 余年。他们通过邢西萍（徐冰）求见毛泽东。不久，即得到通知，毛泽东约他们去红岩咀八路军办事处吃午饭。

这是 9 月的一天，许德珩和劳君展来到红岩咀。毛泽东一见面就急步向前，一手拉着许德珩，一手拉着劳君展，说："真想不到，我们在这里见面了!"寒暄落座后，畅叙阔别之情，回忆当年在北大的情景，回忆在湖南的往事。毛泽东关切地询问他们在法国和归国后的工作生活情况，他们一一向毛泽东作了介绍。

谈话间，劳君展提到给毛泽东送怀表、布鞋和火腿的事，毛泽东表示感谢。

那是 1936 年秋末冬初，许德珩、劳君展夫妇都在北平教书。一天，徐冰、张晓梅夫妇来探望许德珩时，说到红军长征初到延安，由于国民党军队的封锁，物资供应困难，日用品和吃的东西都很缺乏，尤其是没有布鞋穿，大家都穿草鞋，也没有怀表。许德珩和劳君展听到这些情况，当即决定自己拿钱买些日用品和食品送给毛泽东。徐冰说，现在有一辆卡车要去陕北，要买东西最好赶快去办。于是劳君展和张晓梅立即到东安市场买了一些火腿、怀表和布鞋，托张晓梅带到延安去。1983 年，中共中央文献研究室在整理编辑《毛泽东书信选集》时，发现了毛泽东 1936 年 11 月 2 日为此事写的信，信中说："各位教授先生们：收到惠赠各物（火腿、时表等），衷心感谢，不胜荣幸！我们与你们之间，精神上完全是一致的……”

话题逐渐转到现实中来，许德珩说，战时的重庆，物价飞涨，文教人员的生活极其困苦，为生活计，我们仍需从事执教生涯，搞点钱补贴家用。他十分感谢毛泽东委托蔡畅从延安给他带来了一卷延安自产的手工制呢，这一卷呢子衣料，做了全家人的冬衣，解决了大问题。毛泽东动情地笑着说：“一切会好的，将来会好的。”毛泽东询问许德珩在重庆的生活工作情况。许德珩谈了抗日战争期间，他根据周恩来的建议，回原籍江西任江西抗敌后援会主任委员，动员抗战，保卫家乡，以及担任国民参政会参政员，于1938年来到重庆，利用国民参政会这一合法的讲坛，公开反对国民党的倒行逆施和独裁统治等情况。其中谈到他在国民参政会活动中，与中共代表董必武、吴玉章、林伯渠、邓颖超过往密切，配合默契，每当国民参政会开会，总是搭乘中共代表的车子往返。毛泽东听得很高兴，他爽朗地笑着说：“我也是个合法的参政员哩！”（1938年7月，国民党决定在武汉召开国民参政会第一次大会，聘请中共7人为国民参政会参政员，第一位就是毛泽东，不过他从未出席过。）从“国民参政会”又谈到武装斗争的问题，许德珩、劳君展对毛泽东的军事才能深表钦佩。后来又谈到在重庆发起“民主科学座谈会”的情况。

毛泽东听了汇报很高兴，很支持。他勉励许德珩和劳君展，要把座谈会搞大、搞成一个永久性的政治组织。许德珩当时也有这个考虑。但是又担心人数太少。毛泽东说："人数不少，即使人数少也不要紧，你们都是有影响的代表性人物，经常在报上发表意见和看法，不是也起很大作用吗？"在毛泽东的关怀鼓励下，许德珩、劳君展才下定决心把"民主科学座谈会"建成一个永久性的组织，这就是后来成立的九三学社。

毛泽东邀许德珩夫妇共进午餐。席间还有周恩来、华岗、熊子容等，气氛十分亲切融洽。由于重庆政治环境险恶，许德珩夫妇深为毛泽东的安全担心，临别前，劳君展频频相劝：此地不可久留，宜早作归计。10 月 11 日，在张治中等人的陪同下，毛泽东平安返回延安，许德珩夫妇这才放了心。

第三节　毛泽东接见梁希、潘菽、金善宝等科学家

自 1939 年以来，在周恩来、潘梓年支持下，梁希、潘菽、金善宝、涂长望、干铎、谢立惠、李士豪等科技界人士近 20 人组成了"自然科学座谈会"，其中一部分人并负责编辑《新华日报》的《自然科学副刊》。1943 年，在梁希 60 岁诞辰到来时，周恩来、董必武、邓颖超等，特在《新华日报》社为梁希祝寿。周恩来祝酒时说："新中国总要到来的，新中国需要大量的科学家。"梁希无限感慨地说："我无家无室，有了这样一个大家庭，真使我温暖忘年！"

当时，中共常在《新华日报》社邀请科技文教工作

者及其他爱国民主人士举行纪念会、联欢会、座谈会、时事报告会等活动，“自然科学座谈会”的同志经常参加，成为《新华日报》社和中共领导人最信赖的朋友。在延安革命根据地急需西北地区气象资料的时候，涂长望曾向延安提供了气象资料和一大批气象书籍；延安急需农业技术和良种时，金善宝曾向延安提供了良种和技术资料。

1945 年 8 月 28 日傍晚，中央大学著名教授梁希、潘菽、金善宝、涂长望突然听到毛泽东飞抵重庆的消息。他们既兴奋又担心：兴奋的是毛泽东雄才伟略，胆识非凡，为了国家民族的利益，大义凛然，不辞深入虎穴与蒋介石进行和平谈判；担心的是蒋介石可能加害于毛泽东。忧喜交加的心情使他们彻夜难眠。

9 月的一天，梁希、潘菽、金善宝、涂长望、干铎、谢立惠、李士豪等著名教授接到毛泽东接见他们的通知，这是他们一生中最兴奋、最难忘的事。

他们按通知所定的时间来到嘉陵江边张治中将军的公馆，王炳南同志在门口迎接，在一个长条形的房间里，见到了日思夜想的毛泽东。毛泽东一一与他们握手，寒暄落座后，毛泽东像拉家常似的和大家交谈起来。先是说重庆气候恶劣，很不习惯。又说到飞抵重庆的经过和一路见闻。他说重庆的科学家朋友提供的气象资料这次也派上了用场。还谈到延安现在的日子好过了，他感谢国统区各界人士对延安精神上和物质上的支援和帮助，还提到了重庆科学家支援良种和农业技术的事。毛泽东点燃一支烟，深深吸了一口，然后坐下说："谈谈吧，你们有什么意见（指抗战胜利后国内时局）?"梁希首先发言，他说："我们感到很苦闷。"毛泽东等梁希继续说，但梁希没有下文了。毛泽东频频点头，细声地重复着梁希的话，"噢，苦闷——苦闷——苦闷。"连续重复了三遍。接着大家就抗日战争胜利后的中国时局、国共和谈、中国的前途和命运等方面感到苦闷的问题，向毛泽东提问，毛泽东一一答复，解释中国共产党在抗战胜利后的路线、方针和政策。潘菽问："为什么把已经解放的一些地方让给国民党?"（指9月19日周恩来在重庆谈判中提出：我军将从广东、浙江、苏南、皖南、皖中、湖南、湖北、河南（豫北不在内）8个省区的根据地撤退，到陇海路以北及苏北、皖北集中）毛泽东站起身来，在椅子旁边向后退了两步说："退一步是可以的，退两步也可以，"然后做了个还击的手势说："退三步就不可以了!"大家都会意地笑了。座谈将结束时毛泽东注意到坐得靠后的金善宝教授还没有发言，当时金善宝虽然只有49岁，但由于长期患胃病，加上工作劳累，生活艰辛，已是满头白发。毛泽东亲切地问道："后边那位白发先生有什么意见?"金善宝早准备了一张名片，想送给毛泽东，一直没有合适的机会，于是迅步向前，把名片递给毛泽东。毛泽东看了名片，高兴地说："噢，你就是金先生！金先生今年高寿喽?""我今年50整。"金善宝不忍日理万机的毛泽东分心，临时说了个整数。"噢，想不到我还长你三岁哩!"毛泽东爽朗地笑着说。毛泽东请金善宝发表意见，金善宝考虑到抗战胜利后蒋介石有发动内战的迹象，担心毛泽东在重庆不安全，他说："今天我们都很高兴。从历史上看，人民总是要革命的，而革命又总是要流血的，不流血的革命是不会成功的。"又说："毛先生是吃惯了小米的，到这里来吃大米是不习惯的。"他暗示希望毛泽东早作归计。大家非常担心毛泽东在重庆的安全，都希望他早日离开重庆。毛泽东很理解大家的心情，频频点头表示会意。会见结束时，毛泽东满怀深情地说："我十分感谢诸位教授先生们，在爱国、民主、和平方面，我们的心是相通的。"

毛泽东在重庆谈判期间对九三学社创始人们的亲切接见，给了他们巨大的支持和鼓舞，及时指明了前进的方向，这对九三学社的建立和未来的健康发展，起了决定性的作用。

第三章　九三学社的建立

第一节　九三学社筹备会

1945年9月2日，日本天皇和政府以及日本大本营的代表在投降书上签字。根据国际惯例，签字的次日，即9月3日，是日本签字投降正式生效的日子。9月3日，标志着中国抗日战争的胜利结束，也标志着世界反法西斯战争的胜利结束。抗日战争的胜利，是中国人民100年来在反对外国侵略者的斗争中，第一次取得完全胜利的民族解放战争，它是世界反法西斯战争的重要组成部分，也是国际民主势力的胜利，是全世界人民全中国各族人民经过艰苦复杂的斗争并付出极大的代价获得的胜利。因此，9月3日，不仅是中国人民抗日战争胜利纪念日，而且是世界反法西斯战争胜利纪念日。在这举世庆祝的一天，“民主科学座谈会”召开了扩大座谈会。鉴于战后中国面临着“两个中国之命运”的决战，“座谈会”的同志感到斗争的道路方长，而战后各自都要回到自己原来的地方去，有必要建立永久性的组织以加强联系，团结奋斗，决定扩大成员，建立组织，以九月三日这个日子命名，因为“抗战最久而受创最深之中国人民，对此伟大的民主胜利之九月三日，应谋发扬光大”，故称“九三座谈会”。“九三座谈会”为促进政治协商会议的召开积极贡献力量。

国共两党在重庆和平谈判中议定，由双方确定召集各党派及无党派人士参加的政治协商会议。政治协商会议的召开，要协商解决国民党当局承认各党派的平等合法地位、国民党结束“训政”、实现政治民主化等问题，在当时国民党一党专政，蒋介石实行独裁统治，镇压摧残共产党和民主党派、无党派民主人士，人民毫无民主权利的情况下，是符合人民的愿望的。1946 年 1 月 10 日至 31 日，政治协商会议在重庆举行。“九三座谈会”于会前 1 月 6 日举行会议，声援出席政治协商会议各代表，希望他们完成所负的历史任务，并决定筹组九三学社。1 月 9 日，重庆《新华日报》及其他报纸报道了此次会议情况。《新华日报》以“学术界举行九三座谈会，决定筹组九三学社”为题，报道说：“本市消息：褚辅成、许德珩、税西恒、张西曼诸氏，邀请重庆学术界人士举行九三座谈会。出席何鲁、刘及辰、潘菽、吴藻溪等二十余人。首先检讨新疆问题，其次交换对政治协商会议意见，发言很踊跃。一致认为：政治协商会议必须完全公开，只许成功，不许失败。褚辅成声明是以前任上海法学院院长的身份出席，警告大家要小心提防某种分子假借民意，破坏民主宪政运动。何鲁的发言更为沉痛，他慷慨指出，今日的中国，赵高太多，若不予以铲除，将蹈亡秦的覆辙，郑重忠告马歇尔元帅和国共两党及民主同盟各党派领袖，如果要想真正把中国搞好，就必须亲自采访中国在野真正专家学者的公正意见。听众一致报以热烈的鼓掌，历久不息。”会议决定推褚辅成、许德珩、张西曼等筹组九三学社。会上，对组织的名称也有过讨论。据潘菽回忆，当时，有人提议把“九三座谈会”改为“民主科学社”。有些人表示异议，认为“民主与科学”是“五四”的口号，在抗战胜利后的形势下，“民主与科学”的口号就显得不够了。出席会议的多数人认为，当时知识分子大都不愿参与政治，而“民主”口号的政治性很明显，这样称呼影响他们参加活动，最好取一个既体现学术性，又带点不太明显的政治性的名字为最好。于是决定采用“九三学社”这个名字。“九三”是九月三日，抗战胜利的日子，带有政治性，“学社”则有明显的学术性，以利于团结广大知识分子参加进来。

第二节　九三学社成立大会及其政治主张

“九三学社筹备会”在积极参加“两个中国之命运”的激烈论战和斗争中，在反对内战的斗争中，经过4个多月的积极筹备，选择1946年5月4日，在重庆正式召开了九三学社成立大会。

1946年5月6日，重庆《新华日报》以“九三学社召开成立大会”为题作了报道：

本市消息：九三学社于1946年“五四”纪

念日下午三至七时开成立大会，到褚辅成、卢于道、黄国璋、许德珩、税西恒、吴藻溪、张雪岩、詹熊来、潘菽、黎锦熙、彭饬三、李士豪、刘及辰、王卓然等五十余人，公推褚辅成、许德珩、税西恒为主席团。首由褚辅成致开会词，许德珩报告筹备经过，税西恒报告社费收支账目。继宣读农村科学出版社及南泉实用学校校友会贺电，次由卢于道、王卓然、黄国璋、张雪岩、张迦陵、吴藻溪自由演说，一致指出：武力不能求得统一，东北及中原的内战必须立即无条件停止，在政府根据政协决议改组以前，美国不应有援助中国的任何党派之行为，希望马歇尔元帅继续以公正态度，调处国共纠纷，实现全中国的和平民主。次通过社章缘起，成立宣言，基本主张，对时局主张及致美国会电文。最后选举潘菽、张雪岩、褚辅成、许德珩、税西恒、吴藻溪、黄国璋、彭饬三、王卓然、孟宪章、张西曼、涂长望、李士豪、笪移今、张迦陵、严希纯等人为理事，卢于道、詹熊来、刘及辰、何鲁、侯外庐、黎锦熙、梁希、陈剑翛等为监事，选举后散会聚餐。

当天的《新华日报》还全文刊登了成立大会通过的几个主要文件。其中最具代表性的是《成立宣言》和《基本主张》：

成立宣言

本学社发起于日寇败降，国际的民主胜利，与世界的和平奠基之日。百年以来，中国人民外受帝国主义者之压迫，内遭军阀、官僚、买办之罪恶的统治，于其自身政治之改革，科学与工业之建树，亦皆濒遭阻碍，成效未彰。今抗战已获胜利，自应迈进于和平建设之途，然环顾国内，其纷乱舛错之状况，实有令人不胜其忧惧者。同人等服务文化、教育、经济各界，在本学社筹备期间，对于国事，虽贡其一得之愚，谅为世所共见，兹当成立伊始，愿发数言，为国人告。

1. 中国今日，舍和平团结，实无救济之策，而和平团结之能实现与否，端赖民主宪政之实施，故政治的民主与宪政之实施，实为救国要着，本学社同人，愿在自己岗位上，作此种问题之努力，促其实现。

2. 中国虽号称民主国家，而人民长期慑伏于封建暴力，基本自由，从无保障，科学之进步与人权之发展，更无可期！如何生存于此科学昌明之人权世界？故联合国内外民主力量，争取人民基本自由之保障，实属刻不容缓。

3. 国父孙中山先生临终遗言，谆谆以“联合世界上以平等待我之民族，共同奋斗”为嘱。

今日的民主盟邦，均为吾人之友好，故于外交政策，自应本独立自主的精神，谋平衡的发展，于美英苏联诸国，自不应畸重畸轻，有所偏倚，俾国家新的建设，能在和平友好的盟邦助力之下，迅速完成。今日适为“五四运动”二十八周年纪念日，“五四”所号召于国人者，为科学与民主，今时间过去虽已二十余年，而民主与科学之要求实较前迫切，本社同人，即本“五四”的精神，为民主与科学之实现而努力，始终不懈，谨此宣言。

基本主张

一、促进民主政治之实现，争取人民之基本自由。二、从政治的民主化，谋军队的国家化，反对属于党派或私人的武力，根绝内战。三、肃清贪污，反对官僚政治。四、从速完成国家工业化，农业现代化，改善农民生活及农村佃租关系。五、建立以民生为主的经济制度，反对官僚买办资本及一切为私人或派系谋利益的经济关系。六、学术思想之绝对自由，奖励科学研究，根绝党化教育及思想统治。七、积极的普及国民教育，扫除文盲，提高人民文化水准，反对迷信与复古运动。八、加强同盟国家之团结与合作，促进世界和平。

从九三学社成立时的组织成分和发表的一系列文件及成立前后对“国共和谈”、“旧政协会议”的召开等政治问题的态度和实际活动来看，九三学社坚持“五四运动”反帝反封建的爱国的基本精神，为民主与科学而奋斗，反对国民党的官僚政治和内战政策，争取和平、民主，建立新的经济制度，谋求发展科技和普及教育等等，这同中国共产党在新民主主义革命时期的最低纲领的基本精神是一致的，同中国共产党在战后提出的“和平，民主，团结，建国”方针的精神是一致的。九三学社作为一支重要政治力量，汇入了中国共产党领导的浩大的新民主主义革命的洪流。

第三节　第一次理监事联席会议

在九三学社成立期间，美蒋勾结，破坏政协决议，准备内战。1945 年 8 月 29 日，就在国共和谈刚刚开始之际，国民党陆军总司令何应钦密令各战区重新印发蒋介石在 1933 年“围剿”红军期间所编《剿匪手本》。《双十协定》公布后，蒋介石又对其部下颁发“剿匪”，即进行反革命内战的密令。1945 年 9 月 5 日至 10 月 15 日，美国空军运送国民党 3 个军抢占南京、上海、北平、天津。1945 年 10 月中旬至 1946 年 6 月 17 日，美国海军运送国民党 9 个军去华北、华中、东北。1945 年 12 月 16 日，周恩来率中国共产党代表团出席政治协商会议。19 日，中共政协代表团向国民党政府提出立即无条件停战的建议。27 日又提交书面补充建议。国民党政府由于全面内战的准备尚未就绪，蒋介石不得不表示同意谈判停战问题。1946 年 1 月 5 日，国共双方达成停战协定，于 13 日午夜生效。蒋介石在美国授意下，坚持在停战协定中将东北除外，以便在东北放手大打，然后再把战火烧向关内；蒋介石在下达停战令的前后，还密令他的军队迅速“抢占战略要点”。中国共产党代表团在谈判中针锋相对地揭露了美蒋反动派的阴谋；人民军队也寸土必争，在自卫反击中击退了“抢占战略要点”的国民党军。4 月 14 日至 18 日，东北民主联军进行长春战役，于 18 日解放长春。接着又进行历时一月的四平街保卫战，歼敌 1 万余人。5 月 19 日、23 日、28 日，美国装备和运输的优势的国民党军相继侵占四平街、长春、吉林。

在美蒋勾结，不顾全国人民的强烈反对，破坏“双十协定”、“政协协议”和“停战协定”，“关内小打、关外大打”，全面内战一触即发的时刻，九三学社于 1946 年 5 月 12 日召开了第一次理监事联席会议。会议由税西恒主持，讨论了时局与任务，通过以下决议：

一、设总部于京沪区，于重庆、武汉、成都、昆明、香港、广州、北平、天津、上海、英国伦敦等地建立分社。公推褚辅成、许德珩、税西恒、张雪岩、潘菽为常务理事；梁希、卢于道、黎锦熙为常务监事。

二、要求立即停止东北及其他各地内战，取消党化教育，停止党团及党团学校经费开支，切实采取彻底改善全国一切公私立小中大学教员物质生活及精神生活之有效办法。

会议还决定：（一）根据本社宗旨，进行具体工作。（二）反对美帝国主义干涉中国内政，反对美蒋挑起国共战争。（三）要求蒋介石国民党政府履行“双十协定”、“停战协定”和“政协协议”，早日成立民主联合政府。（四）反对美蒋片面召开国民大会，要求国共及第三方面按照政协协议召开真正能够代表人民意志的国民大会，颁布民主宪法，建立民主共和国。（五）协同各民主党派、各民主人民团体，一致拥护中共毛泽东主席和共产党继续与国民党政府谈判。（六）九三学社总部在中共代表团留驻重庆期间设在重庆，将来设在南京、上海或北平，视中共代表团所在地而定。（七）九三学社总社设常务理事会和常务监事会，由理监事联席会议集体领导。

这次会议，对九三学社以后的发展有重要意义。

第四章　反对内战，为和平民主而斗争

第一节　在民主运动中起了很大作用

周恩来曾经说过：“九三学社是在抗战后期成立的，在民主运动中起了很大作用。”在抗日战争末期，九三学社的前身——民主科学座谈会，在中国共产党的抗日民族统一战线政策的影响和感召下，为坚持抗战、团结进步，反对国民党顽固派的投降、分裂、倒退而斗争。在日本投降后的国共谈判和旧政协期间，九三学社的前身九三座谈会和九三学社筹备会，同中国共产党密切联系，亲密合作，反对国民党反动派的内战、独裁政策，为国内和平民主作了积极的努力。在国民党反动派不顾全国人民的反对，悍然撕毁“政协协议”，发动全国内战的时期，九三学社坚决同中国共产党站在一起，不承认国民党反动派召开的伪国大和所制定的伪宪法，积极参加了国统区的爱国民主运动。在人民解放战争转入战略反攻并且取得节节胜利的形势下，分布在全国各地的九三学社社员不顾国统区的白色恐怖和镇压、迫害，联合当地民主势力，共同为推翻国民党的反动统治而英勇斗争。

九三学社在历史上的积极作用，有自己的特点，正如毛泽东所说："你们都是有影响的代表性人物，经常在报上发表文章也起很大的作用。"李维汉同志也形象生动地说过这样的意思："九三学社大半就是这样的朋友——学术界居多的高级知识分子的结合，不是拿斧头的，拿镰刀的，拿枪杆的，而是拿笔杆的，或者是钢笔杆或粉笔杆的，过去反美反蒋，也是用笔杆作武器，笔杆与嘴巴是分不开的。"

第二节　围绕政治协商会议的斗争

政协协议墨迹未干，蒋介石于 3 月 1 日至 17 日召开的国民党六届二中全会上，就公开号召破坏政协协议，说应"就其荦荦大端，妥筹补救"。全会通过了推翻政协宪草中各项民主原则的决议及其他多项反共决议。因此，在当时，对政协会议及政协协议的态度，是衡量一个团体进步性的重要标志。当时九三学社正在筹备之中，九三学社筹备会为促成政协会议的召开、拥护和支持政协协议，做了积极的努力。

在政协会议召开期间，九三学社筹备会于 1946 年 1 月 18 日发表对政治协商会议之意见，表达了对政协会议的声援并提出积极的建议。全文如下：

政治协商会议开会已历多日。在举世切待和平，全国痛心内战之际，会议之初，即将内部冲突停止，举国欢腾，咸翘首以待其连续圆满之后果，日来正进入于商讨各项重大问题之时，争论未决之事件居多，有时还嫌偏于枝节。与会诸君子为各党派及社会贤达之士，对当前国事自能以国利民福为依归，不斤斤于一党一派之私，凡有关于和平团结民主统一诸大问题，当能以和谐互让之精神，公正互尊之态度，求得合理之解决，迅速而诚实的置于实施，以副全国人民之望。盖今日之会只能成功，不能失败，因成则国家即可入于和平统一富强康乐之途，败则混乱分离，不堪设想。读黄台瓜词，不忍听四摘抱蔓之声，置国家于万劫不复之境。因此不敢缄默，贡献下列之意见：

一、开放政权问题：各党派一再声言，在蒋主席领导下及三民主义为最高原则下而努力，则政府自不必固执以往法统之成见，应从速开放中央及地方政权，使全国人才，参加各级政治机关，刷新政治，以新中外人民耳目。

二、关于民主与自由权利问题：本月十日第一次大会政府宣言决定实施事项中有“①人民享有身体、信仰、言论、出版、集会、结社之自由。②司法与警察以外的机关，不得拘捕、审讯及处罚人民。③各政党在法律之前，一律平等，并得在法律范围以内公开活动”。现为时已久，应请从速实践。今后关于民主与自由权利问题，在宪法未公布前，自当本此宣言遵守勿渝，实施勿懈。若有与此宣言抵触或不遵守之行为，不论何人皆当依法惩处。

三、切实执行停止军事冲突之命令：停战令下，至今多日，各方仍有军事冲突，现军事调处执行部既已组成，且已开始工作，即应将此种违反命令之行为，报告有关当局，严加制止，并予处罚，同时公诸社会，以求舆论之制裁。

四、关于整军问题：根绝内战为全国人民一致之要求，然欲达此目的，端在大量裁兵。查现有军队二百五十三师，三百八十多万人，加上伪军，数在四百五十万人以上。伪军应从速遣散，自不必论，其余二百五十三师，军政部有在半年内缩编为九十师之计划，希望其从速实施，依计划克日完成，并望于一年以内继续编遣至最小限度。因兵多易肇战争，且就现在国家经济力量，实无力供养，同时在国际和平现阶段中，亦无多兵之必要。今日之计：应将占国家预算百分之四十七之军费节出，办理教育实业，以改善民生。盖今日除弊实重于兴利，故裁兵实为要着。我们更主张以政管军，不要以军干政，以达到军队国家化之目的。

五、保甲制度与地方自治问题：政府在本月十日宣布之实施事项中，有“各地积极推动地方自治，依法实行由下而上之普选”。现在县的基层政治机构为保甲，但是保甲并非由普选产生，更谈不到由下而上，他是封建的不民主的根苗，也是贪污的渊薮。故要推行地方自治，使其民主化，就要废除保甲制度。

六、关于国民大会问题：以普选为原则召开国民大会，自是人民公意，亦同人等之主张。惟数日来各方意见甚多，有因此一问题而影响会议进行之危险。仍望顾全事实，求得公正合理之解决，以副民望。

此外尚有急待解决不必多所讨论即可施行者：

七、立即释放除汉奸以外之一切政治犯。

八、严惩贪污，以儆官邪。

九、优待荣军及抗属，改善公教人员待遇，抚辑流亡，安定民生。

以上诸端为急待解决之荦荦大者，望能据实商讨，付诸实施，国家幸甚。

1946 年 2 月 10 日，国民党反动派指使特务暴徒在重庆捣毁了各界庆祝政协成功大会，殴伤大会主席郭沫若、李公朴及新闻记者等 60 人，制造了“较场口事件”。九三学社筹备会负责人许德珩立即赶赴医院慰问，并于 1946 年 2 月 14 日对“较场口流血惨案”向新闻记者发表谈话：

政治协商会议之成功，中外舆论无不赞扬，不幸少数无知之徒，不明乎此，想用野蛮方法加以破坏，竟不惜与政府和各党派及全国人士为敌，殊堪痛惜！国民党与国民政府应自动负起责任来，查明事实真相，追究凶徒与主使者，予以惩处，以维法纪。全国民主人士应加紧团结起来，加强自己的力量，并督促与协助政府镇压此种反动阴谋，以免星火燎原，蔓延全国。我们对于本案的处理意见：①追究凶徒与主使者，予以处分；②负陪都治安之责者，应负法律责任；③对被暴徒殴伤者应予以相当赔偿；④由国民政府通令全国，保障各地方集会自由，切实执行蒋主席四项诺言（在政治协商会议开幕时，蒋介石曾作的所谓保障人民权利的四项诺言，即：（一）保障人民自由；（二）保障各党派合法地位；（三）实行普选；（四）释放政治犯。——编者注）。

第三节　围绕伪国大的斗争

1946 年 6 月 26 日，国民党当局在美国的支持和策动下，撕毁国共两党共同签订的停战协定和政协协议，以大举围攻中原解放区为起点，向解放区发动了全面的军事进攻，在几个月的时间内占领了解放区 100 余座城市。蒋介石为其表面的胜利冲昏了头脑，在 1946 年 10

月 11 日占领张家口之后，当天下午，国民党当局下令召开国民代表大会，并单方面指定出席国民大会的增补代表名额。根据政协协议，国民大会应由各党派的联合政府召集，增加代表名额，也应由联合政府协商。因此，这次由国民党一手操纵召开的国民大会，是违反政协协议的，受到中国共产党和各民主党派的强烈反对，并拒绝出席。追随国民党反动派参加伪国大的只有青年党和民社党两个小党派。这个一党包办的“国大”于 11 月 15 日至 12 月 25 日举行，制定了《中华民国宪法》。中国共产党和各民主党派、各人民团体，均严正声明不承认国民党背叛政协协议而召开的“国大”和它所通过的“宪法”，使蒋介石在政治上陷于极端的孤立。1946 年 11 月 10 日九三学社和在重庆的各民主党派和人民团体，联合发出呼吁书，呼吁全民制止伪国大。重庆《新华日报》报道说：

本市消息：国民党当局不惜造成全面分裂，硬要召开其所谓“国大”，对此，此间重庆人民和平促进会、三民主义同志联合会重庆分会、中国民主建国会重庆分会、中国民主宪政促进会重庆分会、九三学社重庆分社、中国民主实践社重庆分社，中华全国文艺协会重庆分会、中国农村经济研究会四川分会、中国经济事业协进会重庆分会、华北政治经济建设协会重庆分会、重庆妇女联谊会、陪都青年联谊会、民主青年社、中国学术工作者协会、重庆杂志联谊会、中国民主文化教育事业协进会、中国职业青年社重庆分社、社大同学会、中国诗歌音乐工作者协会、现代戏剧学会等二十一人民团体，特联合发表声明《我们对于召开国民大会的意见》，呼吁全民起来制止国民党当局这种分裂行动，兹录原文如下：

召开国民代表大会，制订民主宪法，结束一党专政，是全国人民都欢迎的事。唯必须有全国和平团结的环境，并包括全国各方代表参加，才能保证宪法之民主内容，及宪法之有效的为全国人民所遵行。反之，在漫天战火，人民涂炭之际，而由一党政府片面召开国大，实等于玩弄国大以作独裁政治之装饰，其所订宪法亦不过意图增加独裁政治之合法基础而已。其结果必陷国家于长期分裂内战之境，而为全国人民所反对。十年以前，由一党政府圈定之国大代表，本为人民所唾弃，为了全国和平团结，经过政治协商会议而承认其有效；同时，政协决议：首届国大任务，仅为制宪及保证通过宪草审议委员会拟定之宪草，并决定召开时期必须在联合政府成立以后，借以保证宪法之民主内容，今竟采取政协承认十年以前一党政府圈定代表之有效一点，而拒绝政协关于召集国大的决议及其程序，片面召集国大，是不仅公开破坏政协决议，而且进而以卑劣手段，企图玩弄神圣之国大与制宪矣。抛弃了政协决议程序，而片面召集国大，其十年前一党圈定之代表及由此代表组成之国大会议与其制定之宪法，均已失掉存在之根据，必为全国人民所反对。蒋主席八日发表声明：全部关内外国军除为防守现地必需者外，停止军事行动。若真正停止一切军事行动，自为全国人民所需要，但命令既系片面行动，且有防守现地除外之限制，更无隔开两军之办法，是否仍蹈一月六日停战之复辙，诚难逆料。声明中复坚持片面召开国大，置政协决议及其程序于不顾，则片面停战令之公布，不能不令人怀疑又在施用欺蒙手段。

因此，我们一致主张：（一）在召开国大以前，国共两党共同协商，订定两军接触处隔离办法，实行无保留的全面停战，建立召开国大所需要的全国和平团结的基础。（二）恢复政治协商会议或政协综合小组会议，进行改组国府委员会及行政院，以便召开国大会议。（三）恢复政协宪草审议委员会工作，拟定宪草提送国大会议。

如何召开国大制定宪法，事关国家百年之大计，尤关国家之团结和平与其内战分裂，尚望全国同胞，共起图之。

1946年11月13日，《新华日报》记者采访国大代表周炳琳、许德珩二教授。二教授向记者发表时局观感，载于《新华日报》：

本报北平十三日专电：记者今午访晤周炳琳、许德珩两教授，周氏现任北大法学院院长，许氏亦自本学期就教北大。周氏称：渠与许德珩、傅斯年均为最近被发表为国大代表，目前接邵力子、雷震电促赴京，惟渠因院务待理，不拟赴京。渠并称：中国政局混乱已达极点，政治之真实意愿仍为以武力解决问题，故南京之协商斡旋及国大之延期，均系假态，似无足轻重。渠认为，第三方面在努力和平中，所能形成之力量与作用，将视彼等对国大参加与否，问题是否能保持一致态度。又称：春，政协对国大旧代表问题之协议，实系对政府一大让步与迁就，其时与现在，渠个人均主张国大代表应重新普选，旧代表之承认其有效，即为国事前途伏一隐忧，今果预中矣。许德珩氏称：此次国大断然召开，政局前途不堪想象，是以深感个人责任之大，故若非各方协商一致参加，渠个人不拟赴京，月来此间各方人士均为政局焦灼万分，咸以国大之如何召开，为国计民生祸福安危之关键。渠等力主各方应于此时作严正表示，以对国事前途判明责任。

国民党当局单方面召开的国民代表大会，在全国人民反对和唾骂声中，于1946年12月25日在南京闭幕，并公布了所谓“宪法草案”。这个“宪法草案”是以1936年的“五五宪草”为基础修改而成的，其内容完全是为维护蒋介石的独裁统治服务。这个宪法草案完全违背了政协会议关于新宪法应由政协宪草审议委员会起草的原则。为此，九三学社同在沪的11个民主党派和人民团体发表声明，表示坚决的反对。1947年1月1日上海《文汇报》报道如下：

本报讯：民主建国会，中国民主促进会、工商协会、妇女节制会、中国人民世界和平促进会、中国国际人权保障会、中华全国文艺协会、中国经济事业协进会、金融业民主和平促进会、中国妇女联谊会上海分会、九三学社等十一团体，对一党宪法的联合声明：

一党专政的政府，定于今日公布它利用所谓“政协宪草”而实际上违反政协决议，尤其破坏政协整个精神的所谓“民主宪法”，企图借此欺骗国内外不明真相的人士，并向美国继续骗取军事的、财政的以及其他种种的援助，用以巩固自己的统治地位，继续扩大并延长战争，把人民送上死路，国家送上绝道。我们为着人民的生存和国家的独立，对国民党政府的这种做法和企图，不能不表示坚决的反对，并愿与全国人民共同以行动制止这种反动企图的实现。宪法为国家的根本大法，应在和平统一的环境中，由全国人民以自由普选的方法，选出真能代表人民利益的代表，由全国各党派一致参加，共同制定，才有它的尊严性和有效性。这次片面召开的“国大”，其代表或为十年前一党所选出，或为最近一党所指定，既非基于今日自由普选而产生，又非根据政协整个政治妥协而成立，根本不能代表今日的民意，当然不能为全国大多数人民及各民主党派所承认。宪法的良否，固然看条文的内容，尤其要看宪法的基础及其基本精神，这一宪法的产生基础及其基本精神，彻头彻尾是反民主的，反政协的，其根本目的又在利用这一所谓“民主宪法”作为政治的武器，借以伪装民主，对付异党，扩大战争，重苦人民。违反政协决议的执政党，今后将以“护宪”的统帅自任，讨伐并肃清一切“违宪、反宪分子”，制造无穷的祸乱和纠纷。所以这种宪法，不仅其产生的基础和基本精神是反和平的，反民主的，就是它的作用也是反和平反民主的。因此，我们现在反对这一宪法，实为争取和平民主必要的行动。我们坚决地主张：立即停止战争，恢复和平，根据政协决议的精神和原则，重新召开政协会议，成立真正民主统一的联合政府，制定新选举法，实行全国普选，选出真正的国民代表，召开和平团结的国民大会，制定真正民主的宪法，以作全国人民及政府共同遵守的准绳。只有这样，才能解决当前中国问题。

第四节　反内战斗争

1946年6月26日，蒋介石悍然撕毁停战协定和政协协议，大举围攻中原解放区，从此发动了向各个解放区的全面进攻。新的全国内战因而爆发。1947年2月27日、28日，国民党政府先后通知中国共产党驻南京、上海、重庆等地担任谈判联络工作的代表全部撤退，宣告国共谈判的完全破裂。

由于国共谈判完全破裂，人民对和平失去了希望，加之国民党统治区物价飞涨，民不聊生，各地罢课、罢教、罢工风起云涌，抢米风潮此起彼伏。2月28日，中共中央发出《在白区对国民党的对策》的指示，提出“力求从为生存而斗争的基础上，建立反卖国、反内战、反独裁与反特务恐怖的广大阵线。”在正确方针指引下，国民党统治区反饥饿、反内战、反迫害运动扩大到60多个大中城市，形成了人民大革命的第二条战线。人民解放军的作战和国民党统治区人民的斗争这两条战线上的胜利，使蒋介石政府处于全民的反对和包围之中。九三学社在这些斗争中，也积极参与，并发挥了很大的作用。

九三学社早在成立时发表的《对时局主张》中就指出："东北的内战未停，中原的内战又起，时局艰危，已达极点。"并对于制止内战，提出了符合人民根本利益的具体建议。九三学社成立后召开的第一次理监事联席会议上，也旗帜鲜明地提出"反对美帝国主义干涉中国内政，反对美蒋挑起国共战争"，要求"蒋介石国民党政府履行《双十协定》、《停战协定》和《政协协议》，早日成立民主联合政府"。第一次理监事会后，正值全面内战一触即发的时刻，九三学社许德珩即奔走于北京、南京、上海之间，联络各地民主力量，共谋反内战大计。1946 年 5 月 14 日飞抵北平，晤见军调处三人小组中共代表徐冰，商讨了国内形势及反内战问题。5 月 31 日飞抵南京，停留五六天即赴上海，在上海的笪移今、孟宪章等九三学社社员为许德珩举行欢迎会。1946 年 6 月国民党反动派以进攻中原解放区为起点，发动了全面内战。九三学社这一时期，发表了一系列反独裁、反内战的宣言和意见。

一、《为国际民主胜利周年纪念宣言》（即《反内战宣言》）。宣言指出：回顾这一年来，内战愈演愈烈，主权丧失不已，经济濒于崩溃，民生困苦已极，国际地位一落千丈。同人等临此危局，不敢缄默，爰提出下列数点意见，以供国人参考：

（1）国共双方应立即全面停战，停止一切破坏工作，实行《政协协议》，改组政府。

（2）从速召开政协综合小组会议，将宪草未决问题，一月内获致协议，作为唯一草案，于“双十节”前公布，交由将来合理召开之国民大会通过颁行。

（3）遣俘工作完成，在华美军应即撤尽。美国售我剩余物资，如系早有成议，亦应暂时保留，待民主联合政府成立后交货。

（4）解散特务机关，切实保障人民自由，以防暗杀、凶殴等血案之再演。

（5）严惩战犯、汉奸，立即枪决冈村宁次等屠户，及周佛海、丁默村等卖国贼，以慰抗战先烈，而平民愤。

（6）肃清贪污土劣，为国家稍存体面，为民族稍存正气。

二、《对时局的六点意见》

（1）恢复和平谈判，下令永远停止内战，以求真正的和平民主之实现。

（2）马歇尔特使应采取公正的、中立的态度，帮助中国人民制止内战，实现民主，否则无继续留华之必要。要求美、英、苏人民督促其政府，履行莫斯科三国外长会议的对华决议（1945 年 12 月 27 日，在莫斯科举行的苏、美、英三国外长会议发表公报，对中国局势问题作的决议是：必须在国民政府领导下实现中国的团结与民主化，广泛地吸收民主分子到国民政府的一切（各级）机构中，并且必须停止内争。——编者注）。纠正美国政府在华推行帝国主义之政策行为。

（3）应从速实施《政协决议》，大量裁兵，并从中央直辖军裁起，以资表率。

（4）政府应立即取消有碍于国内工商业发展的一切措施、尊重工商业者的企业自由，维持并发展全国各地的中、小工厂，提倡国货，增加生产，堵塞漏卮，以拯救经济总崩溃之厄运。

（5）政府应首先停止一切造灾行为，如内战、征兵征粮。同时放弃成见，敦聘国内各方面公正人士，主持救灾机构，并奖励社会人士自动救灾，协助一般人民自力更生。

（6）从速实现四项诺言，根绝党化教育，尊重讲学及办学之充分自由。全国各级学校教职人员的生活，应即切实改善，俾能温饱，使文化工作者不至于绝殁。

第五节　反美抗暴斗争

大量的历史事实证明，中国的内战，完全是美蒋勾结，推行法西斯独裁统治所造成的。抗战胜利后，美帝国主义为了变中国为它的殖民地，实行扶蒋反共的对华政策；而蒋介石反动统治集团，为了继续在中国维持它的大地主大资产阶级的独裁统治，就必须实行亲美反共的卖国政策。

1946 年 11 月 4 日，国民党政府同美国签订《中美友好通商航海条约》，加上在此前后与美国签订的一系列丧权辱国的条约，使国民党统治区进一步殖民地化。蒋介石在政治上的残暴统治和经济上的压榨掠夺，使国民党统治区人民陷入水深火热之中。在中国共产党正确政策指引之下，为了生存自救，各阶层人民团结起来与国民党反动派进行英勇斗争。11 月底至 12 月初，上海发生摊贩斗争，形成为全市性的反蒋群众运动。12 月底，从北平开始，爆发了全国学生抗议美军暴行的爱国运动。同月 31 日，中共中央为此发出指示，提出要“造成最广泛的阵容”，“采取理直气壮的攻势”，“使此运动向孤立美蒋，反对美国殖民地化中国之途展开”。国民党区各大中城市参加斗争的学生达 50 多万人，并迅速获得工人、教员和其他人民群众的支持。

九三学社积极参加了全国人民反美抗暴斗争。国民党反动当局破坏和镇压人民民主运动，制造了一系列的惨案。九三学社坚决地进行了斗争。一、“下关惨案”：1946 年 6 月 23 日，上海 10 万人民群众举行反内战、要和平、反对美帝国主义干涉中国内政的示威大会，会上推选马叙伦等 11 人为和平代表，赴南京请愿，代表在南京下关车站遭国民党指派的特务殴打。九三学社于 6 月 26 日发电慰问。电文曰：“诸先生为呼吁和平，或采访新闻，竟遭凶殴，实堪愤慨。尚望早复健康，继续为和平民主运动努力奋斗。本社同人誓为后盾。”九三学社上海分社负责人笪移今，受许德珩委托，代表九三学社向被殴伤的和平请愿代表马叙伦、阎宝航、雷洁琼等慰问。二、“李、闻惨案”：1946 年 7 月 11 日、15 日，中国民主同盟中央委员李公朴、闻一多先生先后在昆明被国民党指使的特务暗杀。九三学社对国民党反动派这种卑劣行径殊深痛恨，集会抗议并电唁李、闻家属。7 月 28 日重庆各界举行追悼李、闻大会，九三学社为发起单位之一，许德珩代表九三学社参加主席团并陪祭。

九三学社曾多次发表宣言或声明，反对蒋介石出卖主权，反对美帝国主义侵略中国。1946 年初，东北内战紧张时期，九三学社就指出："东北是中国领土的一部分，中国的领土不应屯驻外国的军队。现驻东北的驻军，即将完全撤退，嗣后，不得再有任何外国军队开进东北。全国其他部分所屯驻的一切盟军，亦应和苏军一样及早撤退。"1946 年 5 月 6 日，九三学社发表的《对时局主张》中也指出："美国政府勿予中国任何一党派以任何援助（包括借款及运输军队）。"1946 年 5 月 12 日，九三学社发表的反对美蒋《抗议书》中，第一条就指出："反对美帝国主义干涉中国内政，反对美蒋挑起国共战争。"1946 年上半年，国民党政府同美国签订协定，允许美国在华驻兵和美国在中国内河有航行权等一系列特权。九三学社于 1946 年 6 月 26 日发表《时局宣言》严正指出："中国抗日目的，为求民族独立与平等，政府近来措施，如允许外国在华驻军权、内河航行权、公海捕鱼权、放弃关税自主权、坚持国共谈判外国公断权等等，都与民族独立背道而驰，绝非人民所容忍，本社同人誓死反对。"1946 年 12 月 24 日，在北平发生了美国士兵强奸北大女生沈崇的事件。许德珩、袁翰青同北京大学 48 名教授发表《为沈崇事件致司徒雷登大使抗议书》，抗议美军暴行。美军暴行激起全国人民的愤怒，在北京爆发了反对美军暴行爱国学生运动，几十个大城市、50 万学生相继罢课和举行示威游行。全国性的反美抗暴斗争掀起新的高潮。

第五章　九三学社总社在北平的活动

第一节　总社北迁及配合中共地下党的斗争

抗日战争胜利后，抗战期间从各地来到重庆的九三学社成员陆续复员回到上海、南京、苏州、北平等城市。1946 年 10 月 27 日，九三学社总社在指导重庆分社成立以后，迁往北平，即与中共驻北平军调处执行部取得联系。当时内战已遍及中原和苏皖解放区，全国人民强烈呼吁和平，要求国共双方重开谈判。中共代表周恩来和其他党派代表于 10 月 20 日重返南京欲与国民党谈判。蒋介石竟于各方代表到达南京后半小时，就匆匆飞往台湾，拒绝和谈，并限令各地军调部中共代表立即撤出。1947 年 2 月下旬，中共驻北平军调处执行部人员被迫撤离北平前夕，九三学社许德珩、张雪岩、黎锦熙、袁翰青、黄国璋、薛愚、劳君展等聚会，为中共代表饯行。中共代表徐冰、崔月犁、薛子正赴席。后叶剑英、徐冰、崔月犁举行答谢宴会。饭后，徐冰到许德珩寓所长谈，分析了当时战局和政治形势，指出解放战争必胜的前途，并且时间不会很久。介绍了中共代表撤离后，九三学社应同哪些方面联系，应找哪些同志，以后工作如何开展等。当时九三学社在北平的社员虽然人数不多，但所有的社员都积极地采取各种方式参加了各种民主运动，如发表宣言，教授签名运动，参加学生游行，营救被捕学生，掩护处于危急中的进步学生等等。

中共代表撤离北平以后，国民党北平当局以清查户口为名发动空前大搜捕。九三学社许德珩等同在北平的一些大学教授于 1947 年 2 月 22 日发表《保障人权宣言》，指出："近日平市清查户口，发动警宪 8,000 余人，分 80 余组，午夜闯入民宅，肆行搜捕。据 2 月 19 日平、津各报载：17 日夜捕去 1,687 人，连同前数日所捕，入囹圄者达 2,000 余人。其中不少知名人士，就已知者如中央警官学校王之相教授、北京耆旧符定一……"。并揭露"政府公布宪法，重申保障人民自由，甚至颁行大赦"的虚伪性，严正指出：此等侵犯人权之举"使经济上已处水深火热之市民更增加其恐怖之心理"。

5 月，国民参政会参政员许德珩接到国民参政会开会的通知，他即按中共代表撤离时徐冰同志所说联系方法与中共北京地下组织联系协商，一致认为，针对当前国民党当局的镇压政策，应当利用合法形式，扩大反饥饿、反内战、反迫害运动的宣传，决定赴会并先和参政员周炳琳致函参政会秘书长邵力子，建议派飞机往迎中共参政员出席参政会，重开和谈。5 月 20 日，国民参政会开会，许德珩在大会发言指出："今天我们希望和平"，国民党应放弃武力统一的政策，"过去北洋军阀因凭恃武力，结果是遭了失败，我们今天不能再凭武力，必须和平。和平能够救人民，和平能够救中国，和平能够救世界”。许德珩还联合钱端升、周炳琳、褚辅成等20名参政员提出《停止内战恢复和平案》，在国民参政会上形成了强大的反内战要和平的声势。

在中国共产党提出的为生存而斗争，“建立反卖国、反内战、反独裁与反特务恐怖的广大战线”的统一战线影响下，在国民参政会开会之际，南京、上海、苏州、杭州4个地区16所大专院校学生5千余人，不顾国民党的镇压，在南京游行示威，向国民参政会请愿，拥护张澜、黄炎培、章伯钧，沈钧儒、许德珩等参政员的和平提案。当请愿队伍行至珠江路口时，受到国民党军警宪特围攻，重伤19人，被捕28人，遭毒打者5百余人。同日，华北地区21所大中学的学生，在北平、天津举行反内战、反饥饿、反迫害万人大游行，并往南京打电报支持请愿运动。当天，国民党当局在南京和天津两地对学生进行了血腥镇压，殴伤和逮捕2百余人，造成震惊全国的“5·20血案”，激怒了全国人民，全国性的学生运动空前高涨。5月22日，九三学社社员同北京大学30名教授在《观察》杂志发表宣言，指出：“青年学生所呐喊的反内战、反饥饿、反迫害正是代表全国人民一致的呼声。”这种“不满情绪既非高压手段所能抑止，更非法令条文所能平息”。

在中国共产党的正确领导下，逐渐在国统区形成解放战争的第二条战线，冲击着摇摇欲坠的国民党反动统治。随着国统区民主运动的扩大和高涨，国民党当局用种种卑劣手段加紧残酷打击和迫害民主党派和爱国民主人士。10 月 27 日，国民党政府内政部发言人发表了《国民政府宣布民盟为非法团体》的通知，并宣布“今后各地治安机关，对于该盟及其分子一切活动，自应依据妨害国家总动员惩罚暂行条例及‘后方共产党处置办法’严加取缔”。九三学社社员于 11 月 4 日联合北平各校 47 名教授，在北平《新民报》发表看法，指出：“政府此举，旨在消灭民盟，且不论其直接效果如何，实对民主宪政的前途留下极恶劣的影响”。“今政府压迫民盟之举，实难免于‘顺我者生，逆我者死’之诟病。”“一不合作，遂谓之‘叛’，稍有批评，遂谓之‘乱’，又且从而‘戡’之，试问人民的权利何在?”最后要求政府“对于宣布民主同盟为非法一事，应重作决定”。同时，九三学社在北平、上海两地，积极救助和掩护民盟成员。

第二节　三教授事件

1948 年春，人民解放战争转入战略进攻并取得节节胜利，国民党反动统治陷入军事、政治、经济全面危机。为了挽救其行将灭亡的命运，国民党政府变本加厉地残害进步力量和镇压民主运动，革命和反革命的斗争日趋激烈。为了掩饰危局，欺骗人民，3 月 29 日，国民党当局在南京召开第二届“国民大会”，即“行宪国大”，企图用为反动统治服务的伪宪法，束缚人民革命的手脚。为了揭露“行宪国大”的反动实质，北平各大学和天津、南开等 5 校进步师生，择同日在北大民主广场举行“纪念黄花岗先烈大会”。国民党北平当局出动了铁甲车和军警特务 5 千余人将北大重重包围，摆出不惜血洗北大的姿态。在一触即发的紧张气氛下，九三学社许德珩、袁翰青、樊弘三教授，抱着永诀家人，舍生取义的牺牲精神，应邀到会讲演。当时的情况，1948 年 4 月 10 日出版的《观察》杂志第四卷第七期对此作了实况报道：

观察北平通信：“这是个恐怖和猜疑的时代，‘五四’犯了忌讳，青年节的头衔便转到了‘三·二九’的头上去了。现在‘三·二九’也成了一个恐怖的日子，平市党政当局虽然大吹大擂要扩大庆祝这革命的纪念日，但他们自己的注意力却集中北大几千学生身上。……

“在这种情绪之下，众料在第二天的纪念会人数一定更多，因为在这庄严的纪念会中，有北大许德珩、袁翰青、樊弘，燕京张东荪，清华张奚若、吴晗诸教授的讲演，讲的又都是大家所苦闷的问题，大家正好从这里找到一个方向。可是二十九日一清早，北大周围的交通就断绝了，许多来北大的人都被阻住。北大是在重重的包围中，沙滩的交通口都挤满了警察。九时许，还有大队的徒手警察绕着北大在游行，游行后又在北大周围的墙脚下停下来。据估计，这天出动的人员在二三千以上，比‘六·二’时还要多。然而，学生们并不紧张，因为他们本来没有打算做什么。不过他们却在担心这天下午的纪念会是不是会流产，他们担心教授们是不是能够来，开会时会不会发生事故。下午，教授们除燕京、清华的三位因病不能出席外，北大的三位都赶来了……

“二时许，在千余青年的切盼下，讲演开始了。许德珩先生首先讲《黄花岗起义与中国的社会政治》。他说明黄花岗起义的成功处，是这一群下层知识分子认清了当时的局势非革命不可，不怕一切‘匪’、‘盗’的污蔑，当时孙中山先生就被称为‘江洋大盗’。但是，在政治上却失败了。一、这个革命运动是知识分子的革命，没有深入到中国广大工农群众中去，结果旧政权倒了，旧官僚却借着新政权还魂。二、平均地权没有实现，官僚资本反而抬头。许先生并强调：‘谁能解决中国的土地问题，谁便成功。’三、民主政治没有实施。末了，许先生说：‘今天新中国的青年，要学习黄花岗烈士的精神，全心全意为中国的苦难大众献身，不要自豪，不要彷徨在空中。今天我们不怕被人叫做‘匪’，叫做‘盗’，不怕一切无耻的污蔑，勇往直前，才对得起先烈。

“袁翰青先生指出中国知识青年只有一条路，就是：‘要永远贡献你的一生，拿出所有的力量为中国苦难的人民去服务。’他给青年拟了一个誓词，就是：‘我，知识分子，认清了知识分子应走的道路，绝不为自己的利益而背叛了大多数人民的利益，坚决为中国人民的利益而奋斗，为新的中国而努力。’樊弘先生的题目是《两条路》。

“讲演完毕后，场中掌声如雷，一个同学出来说：‘三位教授是我们的好榜样，我们对他们应当有所表示，我提议大家列队欢送他们出校门。’话毕，全场欢呼响应，一列壮大的队伍立刻自动地排起来了。三位教授踏着坚实的步子向前迈进，同学的歌声响彻云霄，只觉得满场盈溢着热情与生力。一个多么伟大的场面！外国的记者们庄重地收入了他们的镜头。”

三教授的演讲旗帜鲜明，正气凛然，有力地揭露了国民党当权者搞“行宪国大”的反动本质，反映了九三学社在国共两党斗争中一贯坚持的原则立场。

第六章　上海、重庆、南京分社的活动

第一节　上海分社的成立与反美扶日运动

抗战胜利后，国民党政府还都南京，在国民党政府的统治下，上海是全国经济首府，也是政治、文化中心，许多权威性报刊在上海出版，行销全国。各党派和人民团体也集中在上海开展活动，上海直接影响着南京政局。

1946 年 6 月，许德珩南下联络各方民主力量共同反对内战，在许德珩的指导下，上海分社于 6 月 12 日正式成立。公推褚辅成、孟宪章、吴藻溪、笪移今、陈乃昌、孙荪荃、徐甫等 7 人为理事，互推褚辅成为主任，笪移今为秘书。

上海分社成立之初，因分社理事孙荪荃是谭平山夫人，常在泰兴路谭平山家里召开座谈会，先后到的有潘震亚、张定夫、卢于道、孟宪章、孙荪荃、吴藻溪、笪移今等，讨论争取民主、和平、反独裁、反内战等问题。谭平山每次都参加，发表对政局意见，对大家帮助很大。

先是笪移今带着许德珩的介绍信回到上海往访马叙伦，交谈重庆、上海政治经济文化界的情况，以及对今后形势的展望，确是志同道合。对时局的共同看法是："抗战以来，牺牲惨重。敌人投降，举国欢腾。接收所到，闾里相惊。政府威德荡焉为丧。……饥饿之像，几遍国中。生产事业，犹多废而少举。币制无根本之改革，物价随日月而上涨。失业者有增，自杀者日见。外货输入，有如潮涌。……经济有崩溃之险，社会有动摇之忧。探其因素，端在战后亟须安定。而日寇既降，兵祸犹炽。叙伦等窃观国际属意，概在中国和平，国内人情，莫不深厌战祸。盖中国既为世界政局未来之枢轴，而战焰复燃，是以外召凌侮，内政崩离。公论皆谓抗战已终，一切皆属内政问题，自宜偃息干戈。"1946 年 6 月 7 日，在上海各民主党派和各界人士反内战斗争中，公推马叙伦执笔，把这些意见上书蒋介石，吁请停止内战，以救危亡。

笪移今等九三学社同志回沪不久，潘梓年也来到上海，笪移今多次去同潘梓年联系，交谈政治形势，潘梓年又介绍许滌新同笪移今联系。关于上海民主党派的活动，许滌新发表意见说：民主党派是蒋管区的政治游击点，有很多工作可做，要在群众中进行思想教育，共同提高政治认识，为争取民主与和平而努力。凡是我们认为可以参加的民主党派，都可以参加进去，多听些不同意见，多了解各种情况，针对人们关心的问题，提出自己的看法。这对扩大党的政治影响，是能起一定作用的。笪移今遵照潘梓年、许滌新等中共同志的意见，先后参加了中国民主促进会、民主建国会等民主党派的活动，这对加强各民主党派之间的联系和相互支援，起了积极的作用。九三学社上海分社积极参加了1946年6月23日上海各界代表赴南京请愿要求停止内战，实现和平的活动，笪移今并在马叙伦的授意下，起草了《为和平请愿告上海市民书》。请愿代表在南京下关遭特务暴徒殴打，下关惨案发生后，九三学社对受难人士发电慰问，电文曰："夷初、宝航、洁琼、汉达、高集、照修诸先生：此次为呼吁和平或采访新闻，竟遭凶殴，实堪愤慨，尚望加意调养，早复健康，继续为和平民主运动努力奋斗，本社同人誓作后盾，特电奉慰，诸希鉴察。"笪移今并代表九三学社去龙华机场迎接和谈代表返沪。1946年7月民盟中央委员李公朴、闻一多在昆明被刺，激起全国人民愤怒，上海分社褚辅成、孟宪章、笪移今、王造时、陈子展、任钧等跟随周恩来、郭沫若、黄炎培、沈钧儒、李维汉、茅盾等228人发起组成李、闻两先生的追悼大会筹备委员会。20天后，人民教育家陶行知在白色恐怖气氛中积劳病逝，上海分社褚辅成、卢于道、顾执中、施复亮、王造时、许士骐等，参加李济深、孙科、邵力子、周恩来、马叙伦、陈望道等250人发起组成陶行知先生的追悼大会筹备处。

九三学社上海分社还积极参加了反对国民党当局召开伪国大和公布伪宪法的斗争。1946年秋冬之间，国民党当局趁内战初期暂时的军事优势之机，单方面积极筹备召开伪国大，颁布伪宪法，使他们的反动独裁统治合法化。谭平山、李济深、褚辅成、孟宪章作为国大代表于11月10日联名致书国民党当局，指出，“制宪为国家百年大计，必须在全国统一和谐之气氛中举行，方可期宪法颁布以后，推行顺利。否则势将以完成国家之统一者，招致国家之分裂。”他们要求推迟召开国民大会的时间，按政协协议的精神，待“各党派代表名单全行提出后，再行正式开幕”。11月11日，国大代表许德珩、周炳琳在北平对大公报记者也一致表示，愿参加一个代表各方面的国大，深恐参加现在这样一个国大，会增加分裂的可能。当笪移今从报上得悉许德珩拒绝参加伪国大的态度后，往访褚辅成，劝褚老不要参加伪国大，褚辅成于11月13日对大公报记者发表谈话，表示“总希望在各党派一致参加的情形下开会，出席国大方有意思。”并表示他是否出席国大，尚未决定。一周后，褚辅成赴南京与各方面人士交换意见，本意是力图挽回僵局，使国民大会得以在政协协议的精神下进行。但在国民党、民社党、青年党的诱骗、蒙蔽下，未能坚持己见，他和孟宪章错误地出席了伪国大。许德珩在北平闻知此事，立即致电上海分社的同志，劝说褚、孟二人退出伪国大，九三上海分社的同志立即致书褚、孟二人，陈述利弊，力促及早回头。褚、孟二人在会议进程中也逐步感到失望，终于在大会未结束就退席回沪。九三上海分社的同志汲取了这次政治失误的教训，更加加强同中国共产党的联系，更自觉地接受中国共产党的政治帮助，更加强了同各民主党派进步团体的联系，积极参加上海各民主党派和进步团体的反对伪国大、伪宪法联合统一行动，参加了上海十一个团体的联合活动及联合声明。十一个团体认为伪国大的片面召开，违背了政协协议精神，“政协决议是抗战胜利后中国人民政治斗争的重大收获，是各党派、各界进步人士由困难曲折中努力取得的成果，它现在虽然被政府推翻，但历史业绩仍然存在。”并指出伪国大的实质是“政府在伪装民主之下，扩大势力，企图对社会施行蒙蔽。”十一个团体发表的对伪宪法的声明指出：“我们现在反对这一宪法，实为争取和平民主必要的行动。我们坚决地主张：立即停止战争，恢复和平，根据政协决议的精神和原则，重新召开政协会议，成立真正民主统一的联合政府，制定新选举法，实行全国普选，选出真正的国民代表，召开和平团结的国民大会，制定真正民主的宪法，以作全国人民及政府共同遵守的准绳。只有这样，才能解决当前中国问题。”（上海《文汇报》1947 年 1 月 1 日）

随着内战规模的扩大，公开的民主运动在蒋管区愈益艰难。上海分社举起“反美扶日”的旗帜，进行公开的和隐蔽的斗争。抗战胜利后，美蒋勾结扶植日本反动派，释放日本战犯，想把日本作为美国在远东发动侵略战争的军事跳板。上海分社与上海各方面人士，包括各民主党派及当时留沪的中共地下工作同志，发起“对日问题座谈会”，多次发表联名宣言，给美蒋的对日政策以严厉的抨击。这一运动迅速展开，沪、平、昆明、广州各地学生不顾反动军警特以及“职业学生”的迫害，积极从事街头讲演、游行示威，形成反帝反蒋高潮。在国际上，不但苏联对此广播于全国，而且欧美报章也常摘要报道，远东的一些同美国关系比较密切的国家如菲、澳等地的人民受此影响，也掀起了反美扶日的浪潮。

自中共撤退后，民主人士的正常政治活动难以进行，随时有被捕的可能。在上海站不住脚的民主人士中的头面人物，已逐步由地下党作了安排或护送去香港。1948 年夏，严济慈教授途经上海，传达许德珩意见，希望上海分社能推人去香港，在中共领导下与其他党派共同为反蒋而斗争。上海分社同志经过认真研究，并征求上海地下党意见，认为凡是没有公开暴露，能在上海站住脚的，还是留在上海发挥作用好。上海的九三社员，在迎接解放、护厂护校等方面作了努力。特别应提及的是吴藻溪利用他与国民党上层人士关系密切的条件，在中共上海地下党的指导下，作了一些对国民党人士的策反工作，得到中共地下党负责同志的肯定和高度评价。

第二节　重庆分社的成立与斗争

1946 年秋，九三学社总社迁北平前夕，重庆分社在九三学社总社指导下于 10 月 27 日正式成立，公推税西恒、何鲁、谢立惠、左昂、詹熊来、税述之、吴藻溪等 15 人分别为理、监事。重庆分社成立后，积极参加了重庆地区的爱国民主运动。“沈崇事件”发生后，九三学社重庆分社与陪都反对美军暴行委员会、民盟重庆支部等15个团体，联合发表宣言，指出美军暴行激起“全国人民一致怒吼起来”，“而国民党当局对美军此种暴行毫无抗议”。此事件“我们认为绝不是单纯的法律问题，而是美帝国主义者的殖民地政策对待我中华民族之表现”。不止如此，“美帝国主义者军事上之派军驻华攫取海空基地，实已扰乱中国安宁，威胁世界和平，经济上中美商约与排山倒海之美货倾销，已使中国工商业濒于破产。加以国内之反动分子，执行其‘宁赠友邦，不予家奴’之卖国政策”，“主权早已破坏无遗”。如此下去，“非亡国灭种不可”。因此强烈要求：“一、立即驱逐美军出境。二、废除绞杀中国工商业的中美商约。三、反对一切丧权辱国的政策。”1947年2月，抗议美军暴行的运动在全国展开，继平津京沪各地学生爱国示威游行之后，渝市抗议美军暴行联合会的学生，于2月5日去江北宣传，遭军警殴击，次日往行辕及市府请愿，又在夫子庙遭更恶毒的殴击，全市愤怒鼎沸。在重庆数万学生示威游行的队伍里，九三学社常务理事税西恒、重庆分社理事谢立惠走在前列，和学生一起高呼反对美蒋反动派的口号。事后国民党特务多次到税西恒家去威胁恫吓，逼迫他到电台发表反共讲话，遭到他的严词拒绝。重庆警备司令孙之良利用同谢立惠是同学的关系，请谢立惠出面平息学潮，谢立惠指出，“这次学潮是全国性的，没有哪个人能挑动起来，亦没有哪个人能劝说下去。”并要求释放被捕的学生。重庆分社于2月6日、8日联合渝16团体及各人民团体发表联合宣言和通电，慰问爱国游行的学生，并吁请各界声援学生的爱国运动。

第三节　南京九三学社社员的斗争

抗战胜利后，九三学社成员梁希、潘菽、金善宝、涂长望、干铎等，随中央大学复员到南京。南京有相当人数的九三学社成员，集中分布在中央大学。这些人都和梁希关系密切，经常以召开“自然科学座谈会”的方式进行隐蔽活动，在解放战争的两三年中做了不少工作。1948年5月4日晚，南京各大专学校的进步学生，为纪念“五四”在中央大学操场举行盛大营火晚会，梁希等教授被邀请参加。是夜，中央大学一片白色恐怖，国民党特务切断电源，伺机破坏，学生们手挽着手，高唱革命歌曲。梁希不顾个人安危，站在高台上说：“同学们，不要害怕，天色就要破晓，曙光即将到来!”当夜写下了广为传诵的诗句：“以身殉道一身轻，与子同仇倍有情，起看星河含曙意，愿抛鲜血荐黎明!”1949年春，解放战争的胜利形势迅猛发展，中央大学的九三学社社员在主持校务维持会的工作中，在反对学校和科研机构迁往台湾的斗争中，做出了有益的贡献。1949年4月初，中共地下党通知梁希、潘菽、涂长望等九三学社成员，迅即离开南京经上海去香港。他们于4月8日秘密离开南京，辗转上海、云香港，北上抵北平。南京解放后，梁希、潘菽等九三学社成员重返南京，帮助党接管中央大学，改名南京大学，并分别出任校务委员会主席和教务长。

第七章　响应中共“五一”号召和参加新政协

第一节　响应中共“五一”号召

1947年下半年，中国人民解放军由战略防御转入战略进攻。从这时起，国内形势发生重大变化。一方面，国民党在军事上节节溃败，政治上四分五裂，经济上陷于崩溃；另一方面，人民解放军战略反攻不断胜利，国民党统治区爱国民主运动蓬勃发展。所有这一切，都标志着全国范围的新的革命高潮已经到来。

1947年10月10日，中国共产党就通过《中国人民解放军宣言》向全国人民发出了“打倒蒋介石，解放全中国”的伟大号召，并提出了联合工农兵学商各被压迫阶级、各人民团体、各民主党派、各少数民族、各地华侨和其他爱国分子，组成民族统一战线，打倒蒋介石独裁政府，成立民主联合政府的主张。

1948年4月30日，中共中央发布《纪念五一劳动节口号》（简称“五一”号召）。其第五项号召：“各民主党派、各人民团体、各社会贤达迅速召开政治协商会议，讨论并实现召集人民代表大会，成立民主联合政府。”

5月2日，中共中央致电上海局，准备邀请各民主党派及重要人民团体的代表来解放区商讨："（甲）关于召开人民代表大会并成立民主联合政府问题。（乙）关于在反对美帝国主义侵略及蒋介石卖国政府的斗争中，加强各民主党派、各人民团体的合作及纲领政策问题。"并开列了一批拟邀请来解放区商讨召开新政协的民主人士名单。

5月7日，中共中央又致电上海局及香港分局，指示"和各真诚反美反蒋的民主党派、人民团体及社会知名人士交换意见"。

当时，各民主党派和无党派人士因受国民党的迫害，很多人已从国民党统治区前往香港继续进行民主活动。九三学社总部因在远离国民党统治中心的北平，仍然坚持在国统区的北方坚持民主运动。各民主党派及无党派人士获悉中共中央"五一"号召后，异常振奋。

"五一"号召，是中国共产党在中国革命的关键时刻，向全国人民提出的彻底摧毁国民党政权、夺取新民主主义革命胜利，建立真正民主的联合政府新政权的行动纲领。中共的"五一"号召，极大地鼓舞了艰苦斗争中的各民主党派，他们纷纷发表通电、宣言、声明，热烈响应，形成了从1948年春到1948年秋在中国共产党领导下的新政协运动。中共的"五一"号召和新政协运动，指明了民主党派向着新民主主义的新中国胜利前进的具体道路。

九三学社公开响应"五一"号召较晚，这是因为当时九三学社总社在国统区的北平，正如周恩来所说："还不便以团体的面目出现"；党"还希望那个团体在地下工作上有所作为"。"九三学社的领导人物跟北平的地下工作同志是有联系的，曾经掩护过很多的民主运动，当时我们还是期待着这个组织在北平继续进行工作，因为当时北平还没有解放。"因此，九三学社直到北平和平解放前夕，于1949年1月26日才公开在北平《新民报》发表《拥护中共"五一"号召暨毛泽东八项主张的宣言》，指出："中共中央建议召开无反动派参加之新政治协商会议，解决国是"，"同人等认为惟有循此途径，始可导中国于民主、自由、富强、康乐之境，愿共同努力，以求实现"。

第二节　迎接北平和平解放

九三学社配合中共北平地下党组织做了一些促进北平和平解放和保护学校、保护文化古都、迎接解放的工作。傅作义先生的挚友——"剿总"副司令邓宝珊将军与九三学社许多成员有深厚友谊，傅作义的女儿是北大学生，是共产党员，与九三学社许多社员有师生之谊。九三学社通过这些关系，配合中共北平地下党，做傅作义的工作。1949年1月16日，傅作义宴请诸教授，商谈和平解放问题时，邀请了10名教授，其中有4名是九三学社成员，他们是袁翰青、杨人楩、王铁崖、黄国璋。

北平和平解放后，1949年1月27日，许德珩、张奚若等在徐冰指示下，约请北大、清华著名教授开茶话会，请董必武讲了党的知识分子政策，安定人心，促进搞好大学的积极性。

1月26日，九三学社负责人许德珩及樊弘、袁翰青、薛愚、劳君展、黄国璋、俞平伯、方亮、鲁宝重、楼邦彦、王心正、孟昭威等，以北平文化界民主人士名义发表《拥护毛主席八项主张》，同日，又以九三学社名义发表宣言。

1949年1月31日，人民解放军进入北平，北平宣告和平解放。2月3日，人民解放军举行进驻北平入城式，许德珩、劳君展等九三学社的同志被邀请在前门箭楼上，同北平各界人民一起热烈迎接人民子弟兵。3月25日，许德珩、劳君展以及其他民主人士在西苑机场热烈欢迎中共中央领导人毛泽东、周恩来、刘少奇、朱德等到达北平。事前，徐冰约许德珩、劳君展到东交民巷六国饭店集合，集合后有人宣布今天毛主席和中共中央领导同志到北平，许德珩、劳君展同乘一辆汽车去西苑机场。毛主席和中央领导同志下飞机后即举行阅兵式。迎接后回北京饭店用餐。回到家，许德珩又接到通知，毛主席于当晚约许德珩、张奚若、张东荪、吴晗、谭平山等到颐和园乐寿堂吃饭，并约颜惠庆、邵力子、章士钊、江庸、任鸿隽等商讨和谈问题。在乐寿堂吃饭时，许德珩被安排同周恩来、郭沫若同桌。周恩来在吃饭时对许德珩说：这几年你辛苦了，一别两年多，你所做的事我们都知道。周恩来的话使许德珩感到莫大的激励和鼓舞。晚饭后，即开始座谈，一直谈到次日清晨。

毛泽东进北平之后，九三学社社员汤璪真，以毛泽东同乡及毛泽东少年时同窗好友的身分给毛泽东写了一封信，毛泽东收信后非常高兴，当即打电话给当时已是北京师范大学代理校长的汤璪真。当毛泽东得知在长沙读书时的老师黎锦熙、同乡同学黄国璋都在北京师范大学工作，高兴地立即驱车去和平门内师范大学教工宿舍看望大家。交谈中，得知黎锦熙、黄国璋、汤璪真都是九三学社社员，毛泽东便让工作人员从西单菜馆要了两桌酒席，宴请了在师范大学工作的九三学社社员，成为在九三学社流传的一段佳话。

第三节　光荣参加新政协

1948 年秋，解放战争进入最后的战略决战，并陆续取得决定性的胜利。8 月 1 日，毛主席复电在香港的各民主党派及民主人士，对各民主党派响应“五一”号召表示“极为钦佩”，并指出：“现在革命形势日益开展”，召开新政协条件业已成熟，因此，“关于召集此项会议的时机、地点、何人召集、参加会议者的范围以及会议应讨论的问题等项，希由诸先生及全国各界民主人士共同研讨，并以卓见见示，曷胜感荷。”从 1948 年秋到 1949 年 3 月，由中共中央直接部署，由周恩来亲自指挥，中共华南局和香港工委负责人通过南北两线，分 6 批，将在南方国统区及香港的各民主党派领导人及民主人士的代表接送到解放区。冒着敌人的白色恐怖和军事封锁，冲破重重艰难险阻，情景十分惊险。1949 年 3 月，接送工作基本完成，其中被接送至解放区的九三社员计有卢于道、储安平、梁希、潘菽、涂长望等。各民主党派及民主人士经过在解放区参观、学习和了解研究中共各项方针政策后，于 1949 年 2、3 月间，陆续会聚于北京。

1949 年 6 月 15 日至 19 日，新政协筹备会第一次全体会议在中南海勤政殿开幕，许德珩参加了会议，并担任了筹备会常委会下设的 6 个工作小组第三组（起草中国人民政治协商会议共同纲领）的副组长。6 月 19 日新政协筹备会第一次全体会议最后一次会议通过了《关于参加新政治协商会议的单位及其代表名额的规定》，九三学社被正式确认为中国民主党派，为参加新政协的 45 个单位之一。

1949 年 9 月 21 日至 30 日，中国人民政治协商会议第一届全体会议在北京中南海怀仁堂胜利召开，九三学社的代表有许德珩、潘菽、黎锦熙、袁翰青、吴藻溪、薛愚，叶丁易为候补代表；潘菽因出访苏联，没有出席会议。以其他各界代表身份出席会议的九三学社成员还有：梁希、严济慈、涂长望、储安平、孙荪荃、樊弘、张雪岩、卢于道等。这是中华人民共和国的开国盛会。九三学社首席代表许德珩在大会发言指出：各个不同革命历史时期和各个不同方面的代表们“都抱着扬弃旧中国，建立新中国的同一心情，很自由的、民主的、融融合合的、空前未有的团聚起来，也是空前未有的团结起来，团结在中国共产党的周围”，有了这种团结，就一定能够将革命进行到底，建设起新中国。

在招待出席中国人民政治协商会议全体代表的盛大宴会上，中共毛泽东主席频频举杯，谈笑风生，他指出：“我们这一桌什么人都到齐了。有无产阶级李立三，无党派人士、文学家郭沫若，有民主教授许德珩，有工商界前清翰林陈叔老，还有妇女界廖夫人和华侨老人陈嘉庚、司徒美堂……这是统一战线的胜利。”10月19日在中央人民政府举行的第三次会议上，民主党派和无党派人士被任命担任各部门的领导工作。九三学社梁希被任命为林垦部部长；许德珩被任命为法制委员会副主任委员。

梁希出任新中国第一任林垦部（后改为林业部）部长，是由周恩来总理亲自提名的，当周总理宣布国家政权的组织机构时，宣布梁希任中华人民共和国林垦部部长。梁希很不安，递了个条子给总理，纸条上写道：“吾年近七十，才力不堪胜任，仍以回南京教书为宜。”周总理立即回复一纸条，写道：“为人民服务，当仁不让。”散会后，周总理来到梁希的身边，期待的目光注视着梁希，梁希坚定地说：“为人民服务，万死不辞！”

1949年10月1日，许德珩、梁希等九三学社成员站在天安门城楼上，参加了开国大典。梁希感慨地对同登天安门城楼的蔡邦华教授说：“今天的北平历尽金、元、明、清等朝代，至少经历了七百多年的艰苦岁月。没想到我们两个穷教授会穿上毛主席送给的新呢制服，能站在天安门上庆祝新中国的开国大典，多么幸福呀！”

人民政协是我国的一个创举，是我国政治生活中的一个重大特点。它虽然沿用了旧政协的名称，但与旧政协在组织上和性质上是根本不同的。旧政协（1946年1月在重庆召开）是在国民党的反动统治之下，中国共产党及其他民主力量向国民党进行争取和平民主斗争的产物，它是由国民党召集的一次临时性的会议。在国民党全面发动内战和召开伪国大之后，旧政协也就告终了。旧政协会议的名称已为人们所熟悉，所以中国共产党在1948年的“五一口号”中提出了这个名称，而赋予新的内容，即它是没有反动派参加的，在中国共产党领导下，各民主党派、人民团体、无党派民主人士共同协商国家大事，完成建国使命的大会。

参加新政协，标志着九三学社作为一个民主党派，它的革命历史被社会所公认；使九三学社正式成为中国共产党领导的爱国统一战线的一个组成部分；给九三学社的健康发展，提供了可靠的政治保障。

第八章　为恢复国民经济、巩固人民民主专政而奋斗

第一节　从酝酿解散到恢复发展

中华人民共和国的成立，标志着我国新民主主义革命取得伟大胜利，并开辟了通向社会主义的道路。正如毛主席所说，“它将表明：占人类总数四分之一的中国人从此站起来了”，“我们伟大的祖国脱离半殖民地和半封建的命运，走上独立、自由、和平、统一和强盛的道路”。九三学社在致中国人民政治协商会议开幕电中指出：“这是中国共产党及中国人民领袖毛主席的英明领导和中国人民解放军英勇战斗的结果。本社同人谨以无比的热忱，致最崇高的祝贺和敬意！”并表示“愿尽一切力量，拥护大会的决议，将革命进行到底，建设一个崭新的、强盛的中华人民共和国”。

新中国成立后，九三学社成员中有些同志认为，九三学社已经完成了它在民主革命中的历史使命，提议可以解散。酝酿解散的时候，毛主席正在苏联访问。先是沈钧儒先生领导的救国会宣布解散了，因为救国会的成员都在北京，大家同意解散，签名后就解散了。而九三学社成员散布在重庆、成都、广东、杭州各地，当时这

些地方还未解放，电讯不通畅，要取消，必须得到各地方负责人的同意。及至毛主席访苏归来，得知救国会解散了，深表惋惜，并立即派中央领导同志转达他不同意九三学社解散的意见。中共中央统战部部长李维汉到九三学社发表讲话说：“政协召开以后，也就是今年年初的时候，九三学社的朋友曾考虑了一个问题，就是九三学社是否继续存在的问题。这个问题，在我们看来，是不存在的。”李维汉同志说：“九三学社的朋友在解放以前，是与各民主党派的朋友一样，在反美反蒋及为民主的各项运动上尽了力的。在整个革命当中，是有贡献的。中国人民政治协商会议召开的时候，九三学社是与中国共产党及其他民主党派一样，一同参加了这个会议。”“中国整个的历史（包括各民主党派在内），政治协商会议是有了总结的。总结以后的任务，不是停止，而是发展。中国的政党很多，本来不只是现在参加政协的，还有一些反革命的政党，已由历史注定而由政协宣布了他们的死亡。参加政协的，则是革命的政党，政协就要他们继续发展。至于救国会的解散，并不是我们的希望——当然民主党派自动的解散，不是含有不好的意思，乃是从善良的动机出发的。解散这件事，是与中国革命的历史发展不相符合的，我们也希望九三学社继续存在。有些朋友说：是存在还是取消？我们希望不取消。今天会议，当然不是讨论这样的问题，会议所讨论的是如何巩固与发展的问题。发展这件事情，在我们看来，也是很自然的。一件事物——包括一个政党、一个团体在里面，它既然应该存在，就应该得到发展，在逻辑上结论也应是如此的。周恩来在统战部招待会上发言说：‘希望各民主党派采取巩固发展的方针。’发展的方针是相同的，至于如何发展？向哪方面发展？各党派有所不同，因为各个党派，有各自的特点，这个特点，不是重新创造的，而是从过去的历史发展中产生出来的。”李维汉还说，“九三学社的朋友，多半是青年学生的教师，所以是用嘴巴和笔杆作教育工作，和对社会作宣传工作的。不但在学术上面，对青年起了教育的作用，而且在过去反美反蒋的民主运动，以及在解放军取得胜利，中央人民政府成立和共同纲领及其他法令制度制定以后，在政治上，也是对青年对社会起了教育作用的。所以个人学识方面是教师，政治上也是教师。这样的一个团体，已经有了他自己的面貌和特点。一般的说，党派团体过去之所以成功，是因为有他自己所以成功的面貌与特点的关系。今后的发展，很自然的，是在原有的面貌与特点的基础上，向前发展的。如果这样做的话，发展的范围和领域，还是很宽广的，比过去要宽广得多。”中国共产党和毛泽东、周恩来、李维汉对九三学社的关怀、帮助和鼓励，使九三学社广大社员感到无比的温暖和充满了继续前进的信心。

为了研究新中国成立初期统战工作的方针任务和各方面统战工作的基本政策，中共中央统战部于 1950 年 3 月召开了第一次全国统战工作会议，毛泽东听取了会议的汇报后，作批示强调指出：“要充分看到民主党派的作用。有人认为民主党派只是一根头发的功劳，一根头发拔不拔去都没有关系。这种说法是不对的。民主党派和民主人士是联系资产阶级、小资产阶级的，从他们的背后联系看，就不是一根头发，而是一把头发，就不可藐视。其实他们起的作用很大，从整体看，从长远看，必须要民主党派。要搞好同党外人士的关系，照顾他们的生活。我们对民主党派在抗战时期有‘团结、抗战、进步’的口号，今天应该是‘团结、建设、进步’。要团结他们，尊重他们，要给事做，使他们进步，帮助他们解决问题。手掌是肉，手背也是肉，不应分厚薄。对他们要平等，不能莲花出水有高低。”

在党的关怀和帮助下，九三学社于1950年3月恢复了中央理事会。新的中央理事会除原有的理事外，严济慈、孙承佩、薛愚、方亮等被推举为中央理事。许德珩任主席，梁希任副主席。

新的中央理事会在九三学社恢复工作、整理内部、健全机构和发展社员等方面做了大量的工作。

第二节　具有特殊意义的两次全国工作会议

1949年中华人民共和国的成立，揭开了中国历史的新篇章。人民民主统一战线的规模、内容和任务都发生了深刻的历史性变化，开始进入了新的历史发展时期。

从1949年底到1950年初，各民主党派相继召开了各自的全国代表大会，总结历史经验，修改章程，公开宣布一致拥护新民主主义和《共同纲领》，决定接受中国共产党的领导。各民主党派完成了向新民主主义政党的转变，同中国共产党建立起新型的亲密合作关系。

九三学社于1950年11月底至12月初召开了建社以来的第一次全国工作会议。出席人员除北京总社52人外，有上海分社代表卢于道、吴藻溪、洪涛、洪铭声、勾适生、杨半农6人；南京分社代表：潘菽、高觉敷、彭饬三3人；重庆分社代表王克诚1人；天津代表吴廷缪1人，共63人出席会议。会议的中心议题是确定本社在抗美援朝保家卫国这一伟大运动中的中心工作，并巩固与发展本社的组织。会前曾听取政务院文教委员会秘书长胡乔木文教报告、政务院周恩来的时事报告。会议期间，还听取了李维汉的“统战工作报告”和彭真的“土改工作报告”。11月28日预备会议开幕，由主席许德珩讲本社历史，并讨论通过大会议程。29日、30日两日，全体代表分为五组讨论周总理、胡乔木的报告。12月1日，正式会议开幕，主席许德珩致开幕词，讲了抗美援朝的伟大意义，号召全社为保卫和建设新中国而奋斗。中共中央统战部部长李维汉应邀出席会议并讲话。卢于道报告时事讨论总结；秘书长黄国璋报告秘书处工作；宣传委员会主任委员孟宪章报告宣传委员会工作；联络委员会主任委员薛愚报告联络委员会工作。南京分社代表潘菽、上海分社代表卢于道、重庆分社代表王克诚、天津代表吴廷缪分别报告了各地工作情况。12

月 2 日、3 日，除听取李维汉“统战工作报告”、彭真“土改工作报告”外，由提案审查委员会审查提案，并仍分五组分别讨论《现阶段本社的任务与工作》及《本社组织的巩固与发展》两个文件。各组代表每次会议均踊跃发言，情绪非常热烈。自 12 月 1 日起，五天的正式会议，先后开了三次大会，五次小组会，围绕会议的两个中心议题，展开了充分热烈的讨论，并做出了一致同意的会议决定。在会议进行期间，传来中国人民志愿军在朝鲜全线击溃美帝侵略军的巨大胜利的消息，使九三学社全体与会代表无比振奋。会议于 12 月 5 日闭幕，许德珩致闭幕词。

这是九三学社第一次全国工作会议，它具有全国社员代表大会性质。会议在中共中央统战部的指导和帮助下，经过充分讨论，明确了建国后九三学社作为新民主主义政党的性质。正如周恩来所指出的：“各个民主党派，不论名称叫什么，仍然是政党，都有一定的代表性。但不能用英、美政党的标准来衡量他们。他们是从中国的土壤中生长出来的。”“各民主党派中都有而且必须有进步分子，这样才能与我们很好合作。但不能把民主党派搞成纯粹进步分子的组织。若都是进步分子，还有什么意义呢？里面必须包括广大中间分子及一部分右翼分子。”各民主党派对民族资产阶级、城市小资产阶级和它们的知识分子，均有不同程度的联系和代表性，都是阶级联盟的性质，不是单一阶级的政党。九三学社的历史使命，就是在中国共产党的领导下，在《共同纲领》的基础上，同中国共产党亲密合作，团结一切可以团结的力量，为巩固和壮大人民民主统一战线、共同建设一个崭新的强盛的人民共和国而努力。

这次会议还明确了九三学社以政协会议《共同纲领》为社的纲领。中国人民政治协商会议《共同纲领》，是中国人民的第一部大宪章，凝结了中国人民近百年来为之流血牺牲所取得的革命成果。它的总纲和各项基本政策，体现了中国共产党新民主主义革命的全部纲领，体现了各民主阶级、各民主党派、各民族在内的全国人民的意志和利益，具有向社会主义过渡的性质和特点，是新中国成立初期人民民主统一战线大团结的政治基础和共同奋斗的纲领。在全国人民代表大会召开并通过宪法之前，《共同纲领》起着临时宪法的作用。

这次会议还明确了九三学社作为新民主主义的政党长期存在、巩固发展等一系列基本问题。中共中央统战部部长李维汉在会议期间两次到会并讲话，充分肯定了九三学社的革命历史，阐明了九三学社的性质、特点和作用，指出："就现在中国学术界的情形来说，包括了三个阶级：即资产阶级、小资产阶级和无产阶级；就思想上的领导而言，则只有资产阶级和无产阶级，小资产阶级则是两面性的，他站在十字街头，他的思想可以跟资产阶级走，也可以跟无产阶级走，九三学社的任务就是要争取这些小资产阶级不走向资产阶级的道路，而走向无产阶级思想的道路。"李维汉还指出："九三学社是学术界的新民主主义党派，和普通的民主党派性质有所不同，这是九三学社特有的性格。由于九三学社性格的特殊，所以他的工作也不能和普通的民主党派完全一样。它是要把人民所需要的学术和政治结合一起，去促进国内学术界精神上的解放，以求服务于人民。”当时九三学社社员从界别说，从事自然科学与技术科学的占社员总数 50%，从事社会科学的占总数 35%，从事文艺、教育的占 15%。就社员的工作岗位说，从事文教工作的占 72.3%，服务政界的占 18.7%，从事商业的占 5.4%，其他占 22.6%。

在中国共产党的亲切关怀、殷切期望和大力帮助下，九三学社的同志们提高了认识，消除了顾虑，欢欣鼓舞地承担了这一历史所赋予的光荣使命。会议选举许德珩任九三学社主席，梁希任副主席。许德珩、梁希、黄国璋、薛愚、孟宪章为常务理事，黄国璋任秘书长，方亮、李毅、叶丁易任副秘书长，并在原有理事许德珩、梁希、黄国璋、薛愚、孟宪章、黎锦熙、潘菽、卢于道、税西恒、涂长望、彭饬三、裴文中、严济慈、吴藻溪、孙承佩、孙荪荃、方亮、笪移今、谢立惠等 19 人基础上，增选洪铭声、高觉敷、金善宝、袁翰青、叶丁易、劳君展、鲁宝重、董渭川、初大告等 9 人为理事。顾执中、洪涛、王克诚、漆文定、金涛、汤璪真、张效良等 7 人为候补理事。是为社的第二届中央理事会。会议决定创刊《九三社讯》为社的机关刊物。同时，制定了以抗美援朝为中心任务和巩固与发展的组织工作方针，脚踏实地地迈进了新的历史阶段。

1952年9月11日至20日，九三学社召开了第二次全国工作会议（扩大）。大会开了10天，出席代表93人。除个别协商会和小组讨论会外，共开大会8次。听取并讨论了总社的组织工作报告，宣传、学习工作报告，秘书处工作报告，各地分社的工作报告。学习并研究了统一战线工作方向问题，解决了一些过去没有解决的问题。讨论并学习了本社的性质、方针与任务。修订了社章。初步地建立了社的基本制度。九三学社梁希副主席在大会闭幕词中说："这次大会是以团结友爱的精神顺利进行的，始终保持着严肃的、和谐的气氛。全体代表们关心组织的发展与巩固，关心同志的进步与提高，发扬了对人民、对组织的责任感，发扬了高度的同志爱，这是过去很少表现出来的。"

这次大会的中心议题是进一步明确九三学社的性质、方针与任务。建国近三年来，九三学社的进步是可以充分肯定的，每一个社员切身体验了这些进步。但由于对建设社会主义的艰巨性和知识分子思想改造的长期性缺乏足够的认识，因此，在社的第二次全国工作会议修改社章的时候，关于九三学社作为新民主主义政党的阶级属性问题，展开了热烈的讨论。

在热烈、严肃、和谐的气氛中，经过反复认真的讨论，关于九三学社的性质，认识基本趋向一致。在社的第二次全国工作会议（扩大）修改后的社章中，将旧社章中规定的九三学社是"学术性的民主政团"的性质改为"新民主主义政党"，关于社的性质，是这样表述的：

“九三学社是以小资产阶级文教科学工作者为主要成份的阶级联盟的新民主主义政党，是中国人民民主主义统一战线的组成部分。以中国人民政治协商会议共同纲领为政纲，在中国共产党领导下，团结并教育广大的文教科学工作者为彻底实现共同纲领而奋斗。”

在组织上，第二次工作会议决定社的中央领导机构由原来的理事会改为社会政治团体通常采用的委员会名称。选举许德珩、梁希等 47 人为中央委员，储安平等 9 人为候补中央委员。许德珩任主席，梁希任副主席，涂长望任秘书长，叶丁易、李毅任副秘书长，这就是社的第三届中央委员会。

后来九三学社的全国代表大会届次同所产生的中央委员会届次不同，原因即在于此。1946 年 5 月，九三学社成立时，产生第一届理事会；1950 年 12 月，九三学社第一次全国工作会议，产生第二届理事会；1952 年 9 月九三学社第二次全国工作会议时，产生第三届中央委员会。1956 年 2 月九三学社首次召开第一次全国社员代表大会，产生第四届中央委员会。因此，九三学社全国代表大会与所产生的中央委员会届次相差数字是“3”。如社的第五次全国社员代表大会产生的中央委员会是社的第八届中央委员会。这是历史原因所造成的。

第三节　参加三大运动、“三反”“五反”和思想改造运动

新中国成立初期，人民民主统一战线的根本任务，

就是要团结一切可以团结的力量，为实现《共同纲领》，恢复国民经济而奋斗。在恢复国民经济的同时，中国共产党还领导全国人民开展了抗美援朝战争、土地制度改革、镇压反革命的三大政治运动。三大运动的矛头是针对着帝国主义、封建主义及国民党政府的残余势力，是为着彻底完成新民主主义革命、准备转入社会主义革命和社会主义建设而进行的伟大斗争。

一、参加抗美援朝运动

1950年，正当全国人民在中国共产党的领导下，满怀信心地为争取国家财政经济状况根本好转而努力奋斗的时候，年轻的新中国又面临着外部侵略的严重威胁。6月25日，朝鲜战争爆发。美国政府于26日、27日先后宣布对南朝鲜“予以海空支援”，决定以武力阻止中国政府解放台湾，公然干涉朝鲜和中国内政。中国政府多次严正声明，强烈谴责美国政府侵略朝鲜、台湾及干涉亚洲事务的罪行，并严正警告美国政府：“中国人民决不能容忍外国的侵略，也不能听任帝国主义对自己的邻人肆行侵略而置之不理。”但是，美国低估了已经站起来的中国人民的决心和力量。9月15日，披着“联合国军”外衣的美国及其所纠集的一些国家的侵略军悍然在南朝鲜的仁川登陆，10月初，大举进犯北朝鲜，并迅速向中国边境推进。在这种严重形势下，朝鲜劳动党和政府向中国共产党和政府提出出兵援助要求。10月上半月，中共中央政治局在毛泽东主持下多次开会，全面估量了国内外形势，深入分析了出兵作战的必要和可能。

在决策的过程中，中共中央指派周恩来、李维汉与各民主党派和无党派民主人士代表人物进行座谈，征求他们的意见。10月20日，毛主席在中南海召集各民主党派，各人民团体负责人开会，经过反复认真的讨论，一致拥护毛主席抗美援朝的意见，许德珩代表九三学社在决议书上庄严签字。10月24日，全国政协第一届常委会举行第十八次会议，讨论抗美援朝问题，周恩来作《抗美援朝，保卫和平》的报告，与会政协常委一致同意组建中国人民志愿军援朝。11月4日，中国共产党同各民主党派及中国人民政协无党派人士、中国新民主主义青年团联名发表了《各民主党派联合宣言》，指出："朝鲜的存在与中国的安危是密切关联的。唇亡则齿寒，户破则堂危。中国人民支援朝鲜人民的抗美战争不止是道义上的责任，而且和我国全体人民的切身利害密切关联着，是为自己的必要性所决定的。"充分表达了抗美援朝的决心。

10月26日，由各民主党派、无党派民主人士参加的全国人民抗美援朝运动的统一领导机构——中国人民保卫世界和平、反对美国侵略委员会在北京宣告成立。主席郭沫若，副主席彭真、陈叔通。各地同时成立了分会。全国上下掀起了轰轰烈烈的抗美援朝运动。

在1950年12月九三学社召开的第一次全国工作会议上，确定了抗美援朝、保家卫国为"本社现阶段的中心任务与工作"。在抗美援朝运动中，社的各级组织发表有关抗美援朝的宣言、声明、抗议、谈话等文件60

余篇，举办座谈会、讲演会、报告会多次；进行了以现金、实物、写稿译书捐献等方式捐献武器；动员学生和社员子女参军，单是北京一地就有 30 多位社员的子女参军参干；全体社员都在不同的岗位上参加了抗美援朝运动。孙承佩、方亮等社员参加了朝鲜前线的战地工作；许德珩、梁希、陈明绍等赴朝慰问；方亮等荣获朝中两国颁发的勋章或奖章。不少社员利用出席国际会议和出国访问、讲学的机会，阐述我国抗美援朝的正义立场，为争取世界和平而努力。社组织还根据本社特点和任务，宣传爱国主义和国际主义，肃清亲美、崇美、恐美思想。

二、参加土地制度改革运动

实行土地制度改革，废除封建土地所有制，消灭地主阶级，是中国新民主主义革命的一项基本任务，也是解放农业生产力、发展农业生产和建立工业化的独立富强新中国的必由之路。中国共产党为实现这个历史任务进行了长期的斗争。新中国成立前大约已有 1.45 亿农业人口的老解放区基本上完成了土地改革。根据中共七届三中全会的部署，从 1950 年冬到 1953 年春，在全国 2.64 亿农业人口的地区完成了土地改革，使 3 亿多无地或少地的农民分得了约 7 亿亩土地和其他生产资料。这是一场挖掉两千余年封建制度根基的伟大群众革命运动。

毛泽东在全国政协二届一次会议上致闭幕词时，号召各阶层人士积极支持土地改革，过好土改关，做一个完全的革命派。他说："战争和土改是在新民主主义的历史时期内考验全中国一切人们，一切党派的两个'关'。……现在是要过土改一关，我希望我们大家都和过战争关一样也过得很好。……只要战争关、土改关都过去了，剩下的一关就容易过去的，那就是社会主义的一关，在全国范围内实行社会主义改造的那一关。"他重申了中国共产党同党外人士长期合作的方针，指出："只要谁肯真正为人民效力，在人民还有困难的时期内确实帮了忙，做了好事，并且是一贯地做下去，并不半途而废，那么，人民和人民的政府是没有理由不要他的，是没有理由不给他以生活的机会和效力的机会的。"毛泽东最后强调，一定要巩固和扩大统一战线。他说："不论什么人，凡对于这个革命统一战线的巩固工作有所贡献者，我们就欢迎他，他就是正确的；凡对于这个革命统一战线的巩固工作有所损害者，我们就反对他，他就是错误的。要达到巩固革命统一战线的目的，必须采取批评和自我批评的方法。""这是一个很好的方法，是推动大家坚持真理、修正错误的很好的方法，是人民国家内全体革命人民进行自我教育和自我改造的唯一正确的方法。"毛泽东的讲话，明确地表达了中国共产党的统战工作的基本方针和基本方法，提出了共产党同党外人士长期合作的光明前景，对各民主党派、民主人士和一切爱国人士是极大的鼓舞，对统一战线工作具有长远的指导意义。

这次人民政协会议之后，九三学社中央发布了拥护、支持土改运动的指示和决议，号召和动员社员认真学习和遵守政府的政策法令，积极支持和参加土改运动，为完成这一伟大历史任务而斗争。

九三学社社员都是旧社会过来的知识分子，除极少数外，大多数和封建的土地制度有着不同程度的关系。因此为了提高政治认识，坚定阶级立场，了解封建地主的反动、罪恶，以及他们和帝国主义、官僚资本主义互相结合的关系，九三学社在土改运动中迭次动员社员参加或参观土改工作，亲身参加到农民与地主激烈的阶级斗争中去。其次，土地改革是中国新民主主义革命的必要措施，作为人民民主统一战线组成部分的九三学社，也有其重要的政治责任，坚决地站在农民这一边，帮助农民彻底摧毁封建的土地所有制度，打垮一贯压在农民头上的地主阶级，也是九三学社义不容辞的政治责任。因此，九三学社广大社员，在政府、各级政协及社中央理事会及各地方组织的号召和组织领导下，一方面加强学习有关土地改革的指示文件，一方面以实际行动积极报名参加或参观土地改革工作。北京社员第一批参加了中南地区土改工作团，及赴上海、皖北、西北、河南等地的土改参观团。初大告、严济慈、汤璪真、孙云铸、尹赞勋等参加了西南土改工作团第一团。裴文中等 10 人参加了西南土改工作团第二团，裴文中并任该团副团长。著名古人类学家、北京猿人的发现者裴文中原计划去四川资阳考古，得知政协全国委员会和九三学社中央要组织土改工作团之后，毅然改变计划，坚决要求参加土改工作，他说："参加土改工作，不是去'镀金'，去逛逛，去猎奇，土改是革命，几千年中国封建社会生产力停滞不前，最主要的原因就是封建土地制度和地主阶级阻碍了生产力的发展。"他担任二团副团长，他常勉励大家放下教授、高级知识分子的架子，虚心向农民学习，以科学态度对待土地革命问题，努力在实践中锻炼成为人民的知识分子。土改结束后，重庆《新华日报》记者采访了他，他谈参加土改工作的体会时说："科学应面向人民，应和广大人民的现实要求结合起来。这是我此次参加土改工作，经过阶级教育之后的收获之一。"据 1952 年统计，全社有 34%的社员先后参加或参观了土改工作，大家都写了心得体会，总结了思想收获，这对提高思想觉悟，站稳立场，产生了积极的影响。

三、参加镇压反革命运动

国民党政府败逃台湾后，在大陆境内遗留下一大批反革命分子（土匪、恶霸、特务、反动党团骨干，反动会道门头子等等）。新中国成立后，这些反革命分子有的已向人民政府自新、投降，多数人则不甘心失败，或潜伏下来，或伺机进行破坏和捣乱。朝鲜战争爆发后，他们错误估计形势，以为第三次世界大战即将爆发，蒋介石"反攻大陆"时机已到，反革命气焰嚣张。他们破坏工厂、铁路，烧毁仓库、民房，抢劫粮食、财物，散布谣言，以致组织骚乱，袭击围攻基层人民政府，残杀革命干部和群众积极分子。1950 年，广大新解放区有近 4 万名干部和群众被反革命分子所杀害，其中仅广西就达7,000多人。

为了肃清反革命分子，巩固新生的人民政权，1950年10月10日，中共中央发出《关于镇压反革命活动的指示》，要求中共各级党委必须坚决对于一切继续进行反革命活动的分子，予以严厉制裁，纠正镇压反革命中“宽大无边”的偏向，全面贯彻“镇压与宽大相结合”的政策，即“首恶者必办，胁从者不问，立功者受奖”。从1950年12月开始，在全国范围大张旗鼓地开展了一场大规模的镇压反革命运动。1951年2月，中央人民政府公布了《中华人民共和国惩治反革命条例》，给广大人民群众和公安机关同反革命分子的斗争以有力的法律武器，保证了镇压反革命运动的胜利。

镇压反革命是巩固人民民主专政、保障革命胜利果实，并保证新民主主义的各项建设顺利推行的必要措施，它和抗美援朝、土地改革两大政治任务有其不可分的关系，因此，要搞好抗美援朝和土地改革工作，必须坚决、彻底地肃清一切反革命分子，严厉镇压反革命的罪恶活动。

1951年2月，九三学社发表声明，坚决拥护政府镇压反革命的英明果断的正确决策。九三学社主席许德珩于1951年3月12日在《人民日报》发表文章，指出并分析过去在镇反中发生的“宽大无边”的偏向及其思想根源。他号召九三学社社员认真学习《中华人民共和国惩治反革命条例》，尽力协助政府根本消灭一切反革命活动。九三学社上海等分社，也发表拥护声明。北京、上海、南京等分社的负责同志及一部分社员并参加或主持了当地各界人民对反革命案件的审查工作，如上海卢于道同志参加了审查反革命案件委员会的工作。

四、参加“三反”“五反”运动

1951年12月1日，中共中央作出《关于实行精兵简政、增产节约，反对贪污、反对浪费和反对官僚主义的决定》。在国家机关和企事业单位开展了以反对、抵制旧社会恶习和资产阶级腐蚀为主要内容的“三反”运动。随着“三反”运动的开展，发现许多贪污分子和社会上不法资本家的违法活动密切关联、互相勾结。在这种情况下，1952年1月26日，中共中央发出了《关于城市中限期展开大规模的坚决彻底的“五反”斗争的指示》，开展打退资产阶级进攻的反行贿、反偷税漏税、反偷工减料、反盗骗国家财产、反盗窃国家经济情报的“五反”运动。这场斗争是继抗美援朝、土地改革、镇压反革命三大运动之后，工人阶级同民族资产阶级之间一次严重的阶级较量，是一次更大规模的限制和反限制的斗争。这场斗争意味着在全国土地改革基本完成之后，工人阶级同资产阶级之间的矛盾已经突出起来，成为国内社会的主要矛盾。周恩来在全国人民政协一届第三十四次常委会上指出，对资产阶级的“五毒”行为，“如果不加以打击和铲除而任其发展下去，则我们革命党派、人民政府、人民军队、人民团体日益受着资产阶级的侵蚀，其前途将不堪设想。”

九三学社积极地参加了“三反”“五反”运动。

1951年12月31日，九三学社中央向全社发出《本社关于开展反贪污、反浪费、反官僚主义运动的指示》，1952年2月9日、14日九三学社中央节约检查委员会迭次向全社发出指示文件，具体布置“三反”“五反”的措施步骤。在“三反” “五反”运动中，九三学社有26%的社员担任了一定的负责工作，有些社员并担任从中央到地方各级人民法庭的审判工作。1952年7月27日，九三学社主席许德珩在在京中央理事谈话会上说：“‘三反’‘五反’运动的成就在中国历史上是空前的，从社会制度到各个人的思想行为都有了根本的变化，新的事物时时刻刻涌现到我们面前，我们每个同志在‘三反’‘五反’运动中都受到了相当的教育，社的组织也获得了一定的收获。”

五、参加思想改造运动

知识分子是掌握现代文化科学知识的脑力劳动者，是新中国建设的宝贵财富。新中国成立后的头三年，中国共产党对知识分子工作的中心任务是，团结教育改造广大知识分子，为实现《共同纲领》、恢复国民经济而努力。

从旧社会过来的知识分子的显著特点是反帝爱国，拥护革命。国民党政府溃逃台湾时，广大知识分子欢欣鼓舞，迎接新中国的诞生。新中国成立后，他们表现了空前的爱国热情，跟着共产党走，并愿在本职岗位上，努力为新中国恢复国民经济、恢复重建文化事业、巩固新的政权贡献力量。一大批旅居海外的爱国知识分子，也积极响应祖国的召唤，放弃国外优越的工作条件和优厚的生活待遇，冲破重重阻挠，毅然回到祖国大陆，积极投身于新中国的建设事业。还有几百名留美学生，绝大部分人都取得了硕士、博士学位，他们为新中国的成立感到扬眉吐气，冲破帝国主义的阻挠和封锁，同帝国主义进行了坚决的斗争，终于在中国共产党的帮助下，在周恩来亲自关怀下，毅然回到祖国大陆，成为新中国赶超世界科技先进水平的中坚力量。总的说来，中国大多数的知识分子，是能够适应新中国的需要的。但是，一部分知识分子由于刚从旧社会过来，或者刚从国外回来，还缺乏对新中国的了解。有些人不了解新社会，不了解中国共产党，也不了解马克思列宁主义、毛泽东思想。知识分子的多数人出身于剥削阶级家庭，在旧社会，他们接受的是资产阶级和封建主义的教育，不同程度地受着封建主义、资本主义甚至帝国主义的奴化思想影响，有着超阶级、超政治的单纯技术或单纯学术的观点。这些状况，是同新中国建设和发展的需要不相适应的，需要通过学习和实践，逐步改变旧立场，旧思想，逐步树立为人民服务的新思想和新作风。

1951 年 10 月 23 日，毛泽东在中国人民政协一届三次会议的开幕词中指出："思想改造，首先是各种知识分子的思想改造，是我国在各方面彻底实现民主改革和逐步实行工业化的重要条件之一。"知识分子的学习和思想改造，在新中国成立后就已经开始。作为知识分子思想改造的集中的学习运动，则是在 1951 年 9 月至 1952 年秋这一期间展开的。1951 年 9 月，中共中央和中央人民政府为了帮助广大知识分子进一步适应新中国各方面建设的需要，决定在知识分子中进行一次思想改造的学习运动。1951 年 9 月 29 日，周恩来总理在北京、天津高等院校教师的学习会上作了《关于知识分子的改造问题》的报告。随后，中共中央又发出了有关知识分子进行思想改造的学习运动的指示，作出了具体的部署，推动思想改造运动在全国知识界广泛展开。

九三学社号召社员在思想改造运动中起模范带头作用。经过思想改造运动的学习和实践，九三学社广大社员在划清敌我界限，划清封建思想、资产阶级思想与无产阶级思想界限，树立为人民服务的观点上，有不同程度的提高。在 1952 年院系调整工作中，九三学社有大批专家、教授和学者，为了建设祖国的需要，踊跃报名到祖国最需要的地区和岗位上去。他们离开北京、上海、天津等城市，满怀报效祖国的热情先后分赴各地。同时，把社的种子传播到沈阳、长春、哈尔滨、武汉、广州、成都、昆明、贵阳、西安、兰州、呼和浩特等地。事实证明，九三学社社员为国家科学文化教育事业的整体布局和发展方面做了许多开拓性的工作，也为九三学社地方组织的建立和发展做了许多奠基性的工作。社员还利用出席国际性会议、出国访问和讲学的机会，宣传新中国的建设成就和党及政府的各项方针政策，帮助在海外的学术界人士消除顾虑、回国参加新中国的建设，其中，不少人回国后参加了九三学社，使组织扩大了影响，增添了新鲜血液。

第九章　迎接社会主义改造的高潮，向科学进军

第一节　在社会主义改造运动中

随着三年恢复时期的结束，1953 年 6 月，中共中央提出了党在过渡时期的总路线，这就是："从中华人民共和国成立，到社会主义改造基本完成，这是一个过渡时期。党在这个过渡时期的总路线和总任务，是要在一个相当长的时期内，逐步实现国家的社会主义工业化，并逐步实现国家对农业、对手工业和对资本主义工商业的社会主义改造。这条总路线是照耀我们各项工作的灯塔，各项工作离开它，就要犯右倾或'左'倾的错误。"

1954 年 9 月 15 日至 28 日，中华人民共和国第一届全国人民代表大会第一次会议在北京胜利召开。会议通过了中华人民共和国宪法，选出了国家的领导人员。这次会议，正如毛泽东在开幕词中指出的，"是标志着我国人民从 1949 年建国以来的新胜利和新发展的里程碑"。从此，新中国第一部宪法，取代《共同纲领》，成为中国各民主阶级、各民主党派、各族人民大团结的政治基础；中国人民政治协商会议不再代行人民代表大会

职权，作为实行政治协商、民主监督的统一战线组织而继续存在。

在向社会主义过渡的时期，我国人民在中国共产党的英明领导下，开展了第一个五年计划的大规模经济建设，逐步进行了农业、手工业、私营工商业的社会主义改造。生产关系的变革大大推动生产力的发展，我国出现政治、经济、文化全面发展的好势头。这一时期，民主党派参加了国家政治生活、经济文化建设中的重大问题的协商，而且积极投身国家建设和社会主义改造。民主党派承担了“参”（参加政治协商）、“代”（代表成员意见和利益）、“监”（互相监督）、“改”（思想改造）的重任。1954 年关于宪法的协商讨论，关于过渡时期总路线的协商讨论，都充分发挥了民主党派作用。1954 年召开我国第一届全国人民代表大会的时候，民主党派成员在人大和国家机构中占有相当的比例，以巩固和发展中共同民主党派的合作关系。九三学社许德珩、梁希、潘菽、茅以升、周培源、严济慈、涂长望等 24 位社员当选为全国人大代表，有的还在选举产生的中央人民政府中担任重要职务。同年 12 月全国政协二届一次会议召开时，九三学社许德珩、梁希、涂长望、黎锦熙、孙承佩等 28 位同志担任全国政协委员。

为了在思想文化领域加强马克思列宁主义的学习与宣传，1954 年开展了对资产阶级唯心主义的批判。由于混淆了政治问题与思想认识、学术观点问题的界限，把学术观点的讨论，变成政治批判，产生了不良影响，使一批文化界人士受到伤害。

1954年10月16日，毛泽东给中共中央政治局的同志和其他有关同志写了关于《红楼梦》研究问题的一封信。此后，报刊发表了一批文章，形成了对俞平伯的围攻。俞平伯是九三学社有较大影响的社员，俞平伯的被批判、被围攻，在社员中引起震动和不安。九三学社中央及主要领导人对俞平伯进行许多帮助，并给予了必要的关怀。党的十一届三中全会以后，对俞平伯的不公正对待才得到纠正。1986年1月20日，首都学术界人士聚集一堂，庆祝俞平伯从事学术活动65周年，中国社会科学院院长胡绳特别指出："俞平伯二十年代初对《红楼梦》的研究是具有开拓性意义的。对他的研究方法和观点提出不同的意见，是正常的；但1954年下半年，因《红楼梦研究》对他开展政治性的围攻是不正确的，不符合党对文艺'百花齐放'的政策。"并指出："对这一类学术问题可以自由讨论，这是受宪法保护的，党不需要，也不应该对它们做出裁决。我们要团结学术界广大知识分子，共同进步，共同追求真理。"

1954年7月，作家胡风向中共中央政治局送了一份长篇报告，就文艺及与此有关的一些问题陈述自己的意见。1955年1月20日，中共中央宣传部向党中央写了一份报告，认为："胡风的文艺思想，是彻头彻尾资产阶级唯心论的，是反党反人民的文艺思想。"为此，中共中央宣传部要求在批判俞平伯和胡适的同时，对胡风的文艺思想进行公开的批判。中共中央批准了这个报告，并要求各级党委重视这一思想斗争，把它作为工人阶级与资产阶级之间的一个重要斗争来看待。随着斗争的公开和升温，毛泽东又错误地提出有一个“暗藏的胡风反革命集团”。从此，围绕胡风的文艺思想的不同意见的争论，变成了全国范围的对胡风和一批文艺界人士的政治讨伐。九三学社也有社员被指控为胡风分子，以莫须有的罪名，受到不同程度的伤害。党的十一届三中全会以后，在党的正确路线下，这些问题也得到了纠正。

第二节　知识分子问题会议和向科学进军

随着社会主义改造高潮的到来和社会主义建设事业的蓬勃发展，需要调动吸收更多的知识分子来为社会主义建设服务。因此，加强中国共产党对知识分子工作的领导，切实解决知识分子中的问题，已提到中共中央议事日程上来了。

1956年1月14日至20日，中共中央在北京召开了关于知识分子问题的会议。周恩来代表中共中央向会议作了《关于知识分子问题的报告》，这是新中国进入社会主义建设时期，中国共产党对知识分子政策的重要文献。周恩来着重分析了高级知识分子的情况，全面总结新中国成立六年来中国共产党对知识分子工作的经验教训，明确提出了今后对知识分子工作的方针任务。报告强调指出，“我国的知识界的面貌在过去六年来已经发生了根本的变化”，知识分子的“绝大部分已经成为国家工作人员，已经为社会主义服务，已经是工人阶级的一部分”。报告充分肯定知识分子在社会主义建设时期的重要地位和作用，指出，“在社会主义时代，比以前任何时代都更加需要充分地提高生产技术，更加需要充分地发展科学和利用科学知识。”建设社会主义“必须依靠体力劳动和脑力劳动的密切合作，依靠工人、农民、知识分子的兄弟联盟”。报告指出，在社会主义建设和社会主义改造的高潮中，为了最充分地动员和发挥知识分子的力量：第一，应该改善对知识分子的安排和使用，使他们能够发挥对国家有益的专长。要纠正对知识分子用非所长的状况，要采取坚决的步骤，纠正这种对待人才的官僚主义、宗派主义和本位主义的错误，以便把专门人才用在国家最需要的地方。第二，应该对知识分子有充分的了解，并给他们以应得的信任和支持，使他们能够积极地进行工作。强调对党外知识分子，“应该让他们有职有权，应该尊重他们的意见，应该重视他们的业务研究和工作成果，应该提倡和发扬在社会主义建设中的学术讨论，应该使他们的创造和发明能够得到试验和推广的机会。”第三，应该给知识分子必要的工作条件和适当的待遇。报告指出，在知识分子的工作条件方面，目前的一个重要问题是他们中间的许多人，不能最有效地支配自己的工作时间，许多人深感他们用在非业务性会议和行政事务上的时间太多。中共中央认为，今后必须保证知识分子至少有六分之五的工作日（即每周 40 小时）用在自己的业务上。目前不少专家兼职太多，应该迅速地加以调整解决。对知识分子的政治待遇和生活待遇也应该妥当解决。

周恩来在《报告》中，还对知识分子自我改造、向现代科学进军等问题作了专门的论述。

中共中央关于知识分子问题的会议极大地鼓励和激发了广大知识分子的爱国热情、干社会主义的积极性和创造力。“向科学进军”的号召，使以科技界知识分子为主体的九三学社广大社员感到欢欣鼓舞。

许德珩主席在 1956 年 2 月召开的九三学社第一次全国社员代表大会上作的社务报告中分析了面临的形势和任务：“毛主席早就指出过‘随着经济建设高潮的到来，不可避免地将要出现一个文化建设的高潮’。目前全国工农业的突飞猛进的发展，就催促着科学文化要有相应的发展，随着生产关系的改造，技术改造即将加速地提上日程。原子能和平利用的广泛发展，半导体的利用，电子学的发展，使世界面临新的工业革命的前夕，也使我们不能不把我国社会主义建设的技术基础放在最新的科学成就之上。但是，从整个说来，我国科学、文化、教育、卫生等各方面状况，都还不能适应社会主义建设事业急速发展的需要，而且有的还落后在世界先进水平后面很远。因此，我们的科学文化事业不但要加速发展，而且还必须迅速赶上世界先进水平，要使我国的科学文化能够满足社会主义建设的要求，并使我国科学文化在三个五年计划的时间内接近世界先进水平，这就是我们知识分子当前一项艰巨的任务，同时也是一项光荣的任务。”

九三学社广大社员积极参加社会主义建设，努力做好自己的本职工作。例如：涂长望是新中国第一任中央军委气象局局长，他坚决贯彻执行气象工作为国防建设服务、为国民经济各部门的气象预报服务的方针。1954年3月，周总理签署发布《政务院关于加强灾害性天气的预报、警报和预防工作的指示》。涂长望以极大的热情，与中央气象局的其他领导联名致函全体气象工作者，要求大家以实际行动回答党和人民的期望。从1956年6月起，在全国各地通过电台、报纸公开发布天气预报。1956年，毛泽东在最高国务会议上讨论全国农业发展纲要时，对钱学森及九三学社社员涂长望、赵九章说：“人工造雨是非常重要的，希望气象工作者多努力。”随后，中国科协和国家科委与中央气象局共同召开了有关6个省的人工降雨会议，提出了关于人工降雨试验方案，推动了我国人工影响局部天气的试验，取得了一定的效益。

广大社员在做好本职工作之外，参加社会工作，开展科学研究方面也异常活跃。

1954年12月16日，国务院任命一部分国家工作人员，九三学社黎锦熙、魏建功为中国文字改革委员会委员；金善宝为南京农学院院长；钟俊麟为沈阳农学院副院长；钱钟韩为南京工学院副院长；郑万钧为南京林学院副院长。

九三学社社员、北京大学教授王竹溪著《热力学》一书出版，他以稿费3,000元购买国家经济建设公债。中国科学院生理生化研究所所长王应睐和邹承鲁、汪静英完成从生物体内提纯琥珀酸脱氢酶，进入国际领先地位。李林和他的助手们试制成功两种合金钢——渗炭级硼钢和硼钼合金结构钢。北京大学教授赵广增，在研究偏振光方面取得成绩。

北京大学1955—1956年科学讨论会于1956年5月4日至12日召开，九三学社社员有12人参加，发表论文11篇。山东大学在1956年3月14日至4月21日举行该校第二次科学讨论会，九三学社社员有22人提出了论文25篇，占全部论文的77.50%。

国务院为了加强对科学规划工作的领导，特组成科学规划委员会，九三学社梁希、尹赞勋、茅以升、黄汲清、严济慈等被任为委员。

中共北京市委在召开知识分子问题会议期间，曾经邀请部分在北京的中国科学院学部委员，座谈怎样使我国的科学、文化、技术赶上国际水平的问题。社员应邀参加座谈的有：周培源、张光斗、孟昭英等，并都在会上作了重要发言。

九三学社是以文教科学技术界高级知识分子为主体的民主党派，聚集了一批有重要影响的杰出的科学家，他们为我国科学技术事业做出了卓越的贡献。例如：周培源在科学和教育的园地上辛勤耕耘半个多世纪，在广义相对论和湍流理论研究方面取得许多重要的成就；严济慈在压电晶体学、光谱学、地球物理学等方面有重要贡献，是我国现代物理学的开创者之一；茅以升是著名的桥梁专家，早在30年代，他主持设计和建造了钱塘江大桥，这是第一座由中国人自己设计建造的近代化铁路、公路两用桥；金善宝是我国杰出的农业科学家，选育了许多小麦新品种，为我国粮食增产做出了突出的贡献。正是在这些旗帜性人物的带领下，全社热烈响应中共中央的号召，社中央提出“向科学大进军”的响亮口号，进行了“不断提高觉悟，充分贡献力量，协调各方关系，培养进步分子，加强领导，密切联系群众，加强组织工作”等一系列部署，作了卓有成效的努力，取得显著的成绩。

1955年为了推动我国科学技术发展，中国科学院成立学部，有43位社员担任了学部委员，严济慈、吴学周、周培源、陈建功、黄子卿、葛庭燧、尹赞勋、侯德封、涂长望、黄汲清、杨钟健、李薰、茅以升等并分别担任了各学部的常务委员。1956年，在周总理亲自领导下，全国300多名专家共同讨论制定我国12年科学技术发展的长期规划时，梁希等66位社员参加了这项具有历史意义的工作。梁希、茅以升、严济慈、尹赞勋、黄汲清等并被任命为国务院科学规划委员会委员。还有不少社员担任各专题组负责工作。1956年，我国首次颁发自然科学奖时，在34项获奖成果中，社员葛庭燧、钟补求、朱子清、陆仁荣、黄文魁、卢衍豪、杨敬之、穆恩之、李薰、周行健、邹元爔、李林等，分别在物理学、化学、地质学、植物学、冶金学方面获奖。

九三学社也有相当比例的社员从事社会科学、文学艺术工作，他们也为国家的社会科学繁荣发展和文教事业做出了突出的贡献。如教育家陈鹤琴、董渭川、高觉敷等；经济学家孟宪章、傅筑夫等；法学家王之相、戴修瓒、黄觉非等；文学家俞平伯、游国恩、楼邦彦、陆侃如、叶丁易、杨振声等；印度文学专家金克木等；文物鉴定家、书法家启功等，都是九三学社社员。

我社广大社员长期以来梦寐以求的以文化科学技术报效祖国、富国强民的宿愿，在旧社会屡屡受阻，频遭失望，只有在中国共产党领导的人民革命取得胜利以后，只有在社会主义制度下，才得以充分的实现。

第三节　第一次全国代表大会

1956 年 2 月 9 日至 2 月 16 日，九三学社第一次全国社员代表大会在北京举行。这次大会的任务是总结过去的工作和确定社在我国社会主义革命高潮的新形势下的方针和任务，修改社章和选举新的中央领导机构。出席这次大会的有各地代表 144 人，列席大会的有 21 人。

8 日晚，举行了预备会议，推选许德珩、梁希、涂长望、潘菽、薛愚、孙承佩、严济慈、卢于道、税西恒、黎锦熙、茅以升、袁翰青、周培源、方亮、吴学周、侯宗濂、劳君展、陈时伟、陈鹤琴、刘锡瑛、柯召、俞平伯、张玺、李薰、许彦生等 25 人为大会主席团，并推选了许德珩、梁希、涂长望、孙承佩、薛愚、潘菽、卢于道、税西恒、侯宗濂等9人为常务主席，分别主持会议；推选涂长望为大会秘书长，孙承佩、干铎、陈明绍、李毅为副秘书长。会议还通过了议事规则和社务报告审查委员会、社章修改委员会、提案审查委员会、代表资格审查委员会委员及召集人名单；通过了议事日程；宣布了分组名单。

9日上午，国务院陈毅副总理应邀向出席和列席中国民主同盟第二次全国代表大会、中国民主促进会中央常务理事会扩大会议，中国农工民主党第六届中央委员会第二次全体会议（扩大）和九三学社第一届全国社员代表大会的代表们作了长达5小时的重要报告。陈毅科学地分析了世界形势，指出，“目前世界总的局势是趋向缓和……我们在进一步争取缓和国际紧张局势的同时，还要防止突然的事变，我们要争取一个和平的环境来从事我们的国家建设，根据我们对国内外局势的科学的分析，提出12年的建设计划，这个方针政策是完全正确的，我们要主动地去争取和平，在任何情况下，我们都不会动摇。”陈毅还讲了关于解放台湾的问题和关于知识分子的安排问题，他号召科学工作者认真钻研业务，使我国最急需的科学部门在12年内能够赶上和超过世界的先进水平。陈毅最后指出，民主党派今后在国家的社会主义建设和社会主义改造事业中，还要发挥更大的作用。他希望各民主党派在中国共产党领导之下，通力合作，团结一切可能团结的力量，完成伟大的社会主义革命事业。

9 日下午 3 时，大会正式开幕，许德珩致开幕词，指出本社在我国社会主义革命高潮的新形势下召开这次大会，是具有重大历史意义的。他说，我国对农业、手工业和资本主义工商业的社会主义改造，取得了决定性的胜利，这个胜利标志着我们已经开始进入社会主义社会。许德珩指出，在新的形势下社的首要任务，就是要在中国共产党的领导下，为了建设社会主义社会，充分发动我们的社员和社所联系的高级知识分子，发挥他们的高度积极性和创造性，努力提高政治认识和业务水平，为祖国的社会主义事业，贡献一切的力量。

薛愚代表大会资格审查委员会作了关于代表资格审查的报告。

中国人民政治协商会议全国委员会陈叔通副主席、中国共产党统一战线工作部平杰三副部长和各民主党派的代表也参加了大会的开幕式。中国国民党革命委员会中央常务委员邵力子、中国民主同盟中央常务委员邓初民和中国民主建国会中央常务委员俞寰澄在会上分别讲了话，他们一致向大会致以兄弟般的热烈的祝贺，并且希望九三学社通过这次大会，在团结和改造知识分子，动员他们为祖国的社会主义建设服务方面发挥更大的作用。

许德珩向大会作了社务报告。他首先对于社 10 年来的工作，作了简短的总结。他兴奋地说："社在过去 10 年中曾经参加了党所领导的新民主主义革命斗争，并在新民主主义革命胜利之后，进一步地为社会主义革命胜利而斗争。这是半殖民地半封建的旧中国生长起来的爱祖国、爱人民、追求民主与科学的知识分子在党的领导和教育下所走的光荣的道路。”

许德珩对于当前国家的新形势和社的任务，作了详细的分析，这个任务就是：要使我国的科学文化能够满足社会主义建设急速发展的需要，并使我国科学文化在三个五年计划期间，接近世界的先进水平。为了担负起这一项艰巨而光荣的任务，我们知识分子就要充分发挥力量，扩大队伍，提高业务水平和社会主义觉悟。作为一个为社会主义服务的民主党派，我们尤其是要把这个工作做好。许德珩指出，社今后的主要任务是：（1）用一切方式动员全体社员以及所联系的群众，以顽强的努力，不断提高业务水平，以便充分发挥力量。（2）用种种方法进行多方面的政治思想教育，不断提高社员和所联系的群众的觉悟程度，帮助大家进行自我改造，逐步成为完全社会主义的知识分子。（3）协调各方关系，包括党员和非党员知识分子之间、青年科学家和老年科学家之间、老年科学家相互之间的关系，使不大协调的关系能够协调起来，使已经协调的关系能更加亲密无间。协调关系的工作不是消极的，而是积极的。社的这项工作的目标正是促使知识分子更加紧密地团结在党的周围，改造自己并充分发挥力量，为社会主义建设服务。（4）培养进步分子，根据周恩来总理所提出的改造知识分子的斗争纲领：“使落后分子减少到最低限度，使中间分子尽可能地变为进步分子，使进步分子成为完全社会主义的知识分子。”

为了做好上述四方面的主要工作，许德珩强调指出，必须根据毛泽东指示的“全面规划，加强领导”的精神，采取有效措施，切实地加强和改进我们的领导工作和组织工作。这就是要坚持不渝地在党的领导下进行工作，并与各友党密切合作；要贯彻集体领导的精神，充分发挥集体智慧；要加强思想领导，加强中央、地方、基层之间的联系。其次，要密切联系群众，而且联系的面应该尽量广泛，进步分子、中间分子、落后分子都是对象。不愿接近落后分子，不愿帮助落后分子进步的思想是错误的。第三，要做好基层组织工作。第四，要在巩固与发展相结合的方针下，根据需要与可能，作出具体规划，努力发展社的组织。在吸收社员时，既要反对保守，也要提高警惕。要通过工作来发展社员。要重视对中间分子和落后分子进行工作，帮助他们进步，在他们符合社章要求时，吸收入社。

涂长望秘书长在大会上作了关于修改社章的报告。他说：本社第二届全国工作会议扩大会议制定社章以来，我们伟大的祖国在政治上、经济上、文化上都发生了空前巨大的变化，本社社员和广大的知识分子也有了很大的进步。这些情况，都必须适当地在社章上反映出来。因此，中央常务委员会决定根据以上情况将社章加以修改，并于 1955 年下半年组成了社章修改小组，广泛地征求了各地组织和社员们的意见，拟定了社章修订草案初稿提请中央常务委员会审议并发交全国社员讨论后，反复作了三次修改。关于社的纲领，涂长望指出，由于共同纲领已经完成了它的历史任务，为宪法所代替，中国人民政治协商会议第二届全国委员会第一次全体会议通过了“中国人民政治协商会议章程”，并决定以七项准则作为参加中国人民政治协商会议的各单位和个人共同遵守的准则，本社是中国人民政治协商会议的组成单位之一，本社参加了政协章程的讨论和制定，而且也完全同意并投票赞成了这一章程，因此，把原社章第一条规定的“以中国人民政治协商会议共同纲领为政纲”改为“以中国人民政治协商会议章程的总纲为纲领”，是必要的，也是恰当的。关于社的性质，改为“九三学社是中国人民民主统一战线中的一个以知识分子为成员的民主党派”。并申明“本社积极帮助社员学习马克思列宁主义，开展批评与自我批评，努力进行思想改造，提高社会主义觉悟，逐步成为完全社会主义的知识分子。”关于社的任务，根据国家过渡时期总任务和政协章程总纲，社章修订草案第一条提出本社总的任务和奋斗目标为：“全力贯彻宪法的实施，坚持对国内外敌人的斗争，为实现国家在过渡时期的总任务，把祖国建设成为一个伟大的社会主义国家而奋斗。”社的具体任务在社章修订草案中作了比较概括的规定。此外，关于社员，关于社的组织机构，关于奖惩和社的经费等等，也作了适当的修改。

在大会期间，代表们分组讨论了许德珩的社务报告，涂长望关于修改社章的报告。近 30 位同志在大会发言。代表们一致指出，许主席在社务报告中所提出的关于社的过去工作的总结和今后的方针任务都是正确的，是符合于实际情况的。大会一致通过了关于社务报告的决议，关于提案审查委员会的报告的决议；通过修改了的九三学社社章。

代表们还分组学习和讨论了周恩来“关于知识分子问题”的报告和他在中国人民政治协商会议第二届全国委员会第二次全体会议上所作的“政治报告”以及郭沫若的“在社会主义革命高潮中知识分子的使命的报告”、陈叔通“关于资本主义工商业的社会主义改造的报告”、董必武“关于肃清一切反革命分子问题的报告”和其他重要文件。在讨论中，代表们一致认为，在我国社会主义建设和社会主义改造高潮中，社各级组织应该更积极地推动并帮助社员和所联系的知识分子，充分发挥力量，提高业务水平，提高社会主义觉悟，勇敢地向科学进军，以完成国家给予我们的光荣任务。

第一次社员代表大会总结了知识分子思想改造的四条经验：1. 社会生活的实践和观察。国家建设事业的实际接触，对于知识分子的思想改造能够发生广泛的直接影响，许多社员都曾经从实践中受到生动的启发和教育。2. 业务的实践。列宁曾指出，科学家是要通过他自己那一门科学方面所达到的实际成果来接受共产主义的，许多社员有切身的体会。3. 系统地学习马克思列宁主义，对确立知识分子的革命人生观和科学的世界观，具有决定意义。许多社员认识到了马克思列宁主义对于一切学术部门的必要的珍贵的指导作用。4. 批判资产阶级唯心主义的学术思想是知识分子尤其是高级知识分子思想改造的重要途径，而且严肃的原则的批判和诚恳的关怀的态度与和风细雨的方式相结合，才能收到应有的效果。九三学社在知识分子思想改造运动中逐步巩固和发展了组织，加强了社内思想建设，原因盖在于此。

中共中央统战部在 13 日举行了盛大酒会，招待各民主党派人士和无党派民主人士，社第一届全国社员代表大会代表和列席代表都应邀出席，毛泽东、刘少奇、周恩来、陈毅、彭真、李维汉和徐冰、廖承志、刘格平、平杰三、汪锋、张执一、于毅夫、许滌新等以及中国共产党各省、市委统一战线工作部在京的负责人都出席了这次酒会，毛泽东还在会上举杯祝贺说："祝贺大家身体健康，工作顺利。"周恩来、李维汉和李济深也举杯祝贺，他们祝贺统一战线工作在社会主义建设和社会主义改造高潮中更加巩固、加强和发展。

中国人民政治协商会议全国委员会也举行了招待会，招待各民主党派人士和无党派民主人士以及本社第一届全国社员代表大会全体代表。

经过充分的酝酿和讨论以后，大会选出了第四届中央委员会，选举许德珩为中央委员会主席，梁希为副主席，涂长望为秘书长。

大会在热烈的鼓掌声中一致通过了向毛泽东致敬电。

16 日下午 1 时 30 分，大会举行闭幕式。会场上充满了团结、兴奋和热烈的气氛。梁希致闭幕词，他说：本届大会历时7天，在这7天中，代表们充分地发扬了民主，适当地开展了批评和自我批评，使社的思想认识进一步明确，社的团结得到进一步的巩固。为了今后社的工作能够更好地开展，他号召社的各级组织和全体社员：（一）积极向科学进军，争取在第三个五年计划期末使我国最急需的科学部门能够接近世界的先进水平；（二）努力进行自我改造；（三）通过工作发展组织，贯彻巩固与发展相结合的方针；（四）进一步接受党的领导和重视社的工作。最后，他说，时代在向我们召唤，知识分子必须为社会主义贡献力量。我们有中国共产党和毛主席的领导，只要我们老老实实、勤勤恳恳，力戒任何浮夸和骄傲，我们一定能够担当起这个时代的伟大使命，一定能够做一个完全社会主义的知识分子。

大会闭幕以后，接着举行了第四届中央委员会第一次全体会议，除依照社章规定中央委员会主席、副主席、秘书长即为中央常务委员会主席、副主席、秘书长，不另推举外，推选方亮、孙承佩、劳君展、吴学周、周培源、茅以升、侯宗濂、袁翰青、陆侃如、税西恒、杨肇燫、董渭川、裴文中、潘菽、黎锦熙、卢于道、薛愚、魏建功、严济慈等组成中央常务委员会，并对今后社的工作进行了讨论和作出了重要的决定。中央常务委员会也举行了会议，会议任命许德珩兼组织部部长，薛愚、方亮、张席禔为副部长，孙承佩为宣传部部长，储安平、尹赞勋为副部长，严济慈为学习委员会主任委员，魏建功、刘及辰、金克木、楼邦彦为副主任委员，茅以升为科学文教工作委员会主任委员，周培源、董渭川、袁翰青、游国恩、黄汲清、陈明绍为副主任委员，劳君展为妇女委员会主任委员，孙荪荃、叶恭绍、魏璧为副主任委员。会议还任命孙承佩、陈明绍、李毅、周慧明为中央委员会副秘书长。

中央常务委员会按照新成立的工作机构配备了必要的工作干部，各部、会根据社的方针任务和第一届全国社员代表大会的决议，分别拟订规划并积极开展工作。

截至 1955 年底，九三学社社员发展到 1,195 人，建立地方组织 18 个，基层组织 94 个，各基层组织都有了定期的组织生活。在发展中也进行了巩固的工作，培养了骨干，整顿了组织，加强了团结，清洗了混入社内的反革命分子和坏分子，对犯了错误的同志也进行了适当的批评、教育和处理。九三学社在党的指引下，在新中国社会主义革命和建设中得到健康的发展。

1956 年，社中央根据中共中央统战部支持民主党派发展组织的精神，重视发展组织工作，并派出机关部门负责干部牟小东、楚九英、青莱藻等分赴各省，推动组织发展工作。截至 1957 年夏季，社员已发展到 6,225 人，一大批著名专家、学者加入了九三学社，加强了社的骨干力量。社的地方组织发展到 26 个，准备发展为地方组织的中央直属小组 10 个。

第四节 贯彻“长期共存，互相监督”方针

1956年4月25日，毛泽东在中共中央政治局扩大会议上作了《论十大关系》的讲话，关于共产党同民主党派实行“长期共存，互相监督”的方针，就是毛泽东在《论十大关系》中提出的。他在论述党和非党的关系时，不赞成苏联共产党的一党制，坚持共产党同民主党派合作的方针，他说：“究竟是一个党好，还是几个党好？现在看来，恐怕是几个党好，不但过去如此，而且将来也可以如此，就是长期共存，互相监督。”他在讲话中生动地比喻说：“我们的方针是要把民主党派、资产阶级都调动起来。要有两个万岁，一个是共产党万岁，另一个是民主党派万岁，……在这一点上我们和苏联不同，他们是打倒一切，把其他党派搞得光光的，只剩下共产党的办法，很少能听到不同意见，弄得大家无所顾忌。这样做很不好。”这就表明，同民主党派实行长期共存，互相监督，是中国共产党坚定不移的方针。中共中央统战部部长李维汉在1956年第一届全国人民代表大会第三次会议上代表中共中央正式提出共产党和各民主党派“长期共存，互相监督”的方针。

九三学社中央常务委员会在第一届全国人民代表大会第三次会议期间和闭会以后，连续召集在京中央常务委员和担任全国人民代表大会代表的社员，举行座谈会，交换对于“长期共存，互相监督”方针的意见。座

谈会由许德珩主持。许德珩在讲话中首先指出：“李维汉部长在第一届全国人民代表大会第三次会议上代表中共中央提出共产党和各民主党派‘长期共存，互相监督’的方针，不论从国内方面来说，或从国际方面来说，都有极其重大的现实意义。”他说，“这个方针提出以后，我们更要巩固和发展社的组织，扩大与群众的联系，进一步加强和做好我们的工作。”所有参加座谈会的人，对中共中央提出的这项重大的方针，都表示极大的兴奋。周培源说：“中共中央的这一方针，不但是对我们的一种鼓舞，也是对我们的一种鞭策。民主党派的成员要继续努力学习马克思列宁主义，学习并正确体会共产党的政策，在不同的岗位上更好地贡献自己的力量。民主党派联系了各方面的群众，为了使共产党的政策更好地得到贯彻，社会主义建设顺利地进行，民主党派要随时将群众的意见和要求向共产党和政府反映，同时要努力宣传共产党和政府的政策，以进一步发挥共产党的助手作用。”

参加讨论会的同志普遍认为：民主党派过去和现在，直接间接的作用都很大，联系的面也很广，反映了群众的意见，对政府的工作起了一定的监督作用。共产党对民主党派的期望很殷切，现在又明确地提出共产党和各民主党派长期共同存在，互相监督，首先是对共产党起监督作用的方针，是再一次宣告了同党外人士实行民主合作，是共产党的一条“固定不移”和“永远不变”的方针，使我们受到很大的感动，我们应该进一步做好我们的工作，以报答共产党和全国人民对我们的期望。红学专家俞平伯在发言中说：“过去我认为，到了社会主义社会，只能有一个党，只能有一种思想，因此，民主党派可能做的工作也就愈来愈不多了。自从中共中央提出‘长期共存，互相监督’和在学术上要实行‘百家争鸣’的方针以后，我才认识到我过去的看法是不对的。到了社会主义和共产主义社会，还存在着先进与落后的矛盾，存在着生产关系与生产力的矛盾，从而也就必然存在着不同思想，例如唯物主义与唯心主义思想，因此，民主党派必然还有存在的必要。”

1956 年 7 月 15 日晚，九三学社中央常务委员会又举行第三次会议（扩大），座谈“长期共存，互相监督”的方针。会议由许德珩主持，会上，对于民主党派为什么能够长期存在进行了热烈的讨论，对九三学社今后如何进行工作交换了意见。周培源认为：九三学社今后最重要的任务，就是督促成员和所联系的群众，为建设祖国贡献最大的力量。同时社的成员要在不同的工作岗位上，协助共产党和政府制定政策，宣传政策和执行政策，对共产党起监督作用。最后许德珩宣布：为了对这个重大的方针进行更深入的讨论，座谈会将继续举行。

1956 年 7 月 20 日，九三学社中央学习委员会向全社发出了《关于学习、宣传和贯彻“长期共存，互相监督”方针的通知》。通知说：

中共中央提出的共产党和民主党派“长期共存，互相监督”的方针，是具有重大而深远的政治意义和历史意义的。这个方针肯定了民主党派的政治作用和历史地位，同时也加重了民主党派的责任。为了切实地学习、宣传和贯彻“长期共存，互相监督”的方针，各地方组织应在第三季度内组织社员认真学习中共中央统战部李维汉部长在第一届全国人民代表大会第三次会议上的发言，并联系实际讨论二至三次。通过这一学习，第一，要求每一个社员从理论上和实践上了解这一方针的重大意义，纠正轻视民主党派工作的取消思想和消极情绪；第二，对民主党派今后如何才能发挥“互相监督”作用的问题，需着重讨论，并结合当地具体情况，提出建议。

社的各级地方组织积极响应社中央的《通知》。1956 年 7 月 10 日北京市分社召开了由基层组织社员 30 余人参加的座谈会，讨论了民主党派为什么要长期存在和如何起监督作用等问题。1956 年 7 月 8 日，无锡分社联合农工民主党无锡市委员会举行了座谈会。社的各地方组织，也先后举行了座谈会。

第十章　严峻的考验

第一节　“反右派斗争”扩大化，第二次全国代表大会和“神仙会”

1957 年中国共产党进行整风，中共中央还发出了“关于请党外人士帮助整风”的指示。广大群众和爱国民主人士热烈响应党的号召，提出了大量的批评、意见和建议，但有极少数右派分子乘机攻击社会主义和共产党。对右派分子的反击是十分必要的，但反右派斗争严重扩大化了，各民主党派也受到了冲击，不少成员被错划为右派分子，民主党派也被戴上了“资产阶级政党”的帽子。广大社员感到惶惑和苦闷，对“左”的危害感到焦虑和担忧。由于受“左”的错误影响，社的性质被规定为“以资产阶级知识分子为主要成分的资产阶级政党”，社的任务是“帮助社员进行根本改造”，后来又批判“白专”道路，批判“资产阶级学术权威”，开展“拔白旗”的运动等一系列“左”的做法，进一步伤害了一些同志，使社的工作处于困境。在“左”的错误影响下，九三学社于 1958 年 11 月 28 日至 12 月 15 日，召开了社的第二届全国社员代表大会，通过了《九三学社改造规划》。选出了社的第五届中央委员会。许德珩任主席；周培源、潘菽、茅以升、涂长望、严济慈任副主席；千铎、方亮等 26 人任中央常务委员；孙承佩任秘书长，裴文中、李毅任副秘书长。决定社刊《九三社讯》改名为《红专》。

为了缓和日益紧张的社会关系，周恩来对民主党派做了许多细致的工作。周恩来于 1958 年 11 月发表讲话。重申“在共产党领导下，在宪法范围和六条政治标准以内，民主党派的政治自由和组织独立是充分的”。1959 年 9 月，毛泽东在一次最高国务会议上也讲，知识分子大有进步，民主党派大有进步，工商界也大有进步。同时，党中央纠正了某些“左”的错误，采取了一些措施调整关系。如给部分“右派分子”摘帽子，推动各民主党派召开“神仙会”，发扬民主，调整关系，即以和风细雨的方式创造宽松的气氛，鼓励民主党派成员自己提出问题，自己分析问题，自己解决问题（三自）；不抓辫子，不扣帽子，不打棍子（三不），对自己的成员和所联系的人士做大量思想工作，帮助他们认清形势，增强信心，提高为社会主义服务的积极性。1960 年 7 月 25 日至 9 月 5 日，九三学社以“神仙会”的方式召开了社的五届三中全会（扩大），历时 43 天。社的各地方组织也先后召开了“神仙会”。通过一系列耐心细致的工作，九三学社广大社员心情安定下来，更坚定了对中国共产党的信赖和走社会主义道路的信心。党中央的一系列措施，巩固了共产党领导的多党合作关系，保持了国内的安定团结，为战胜三年自然灾害带来的困难，奠定了可靠的政治思想基础。在 1959 年到 1962 年的三年困难时期，广大社员与中国共产党同心同德，共渡难关，有许多感人的事迹。九三学社和各民主党派在中国共产党的领导下，在三年困难时期参与了国民经济调整工作，使党的“调整、巩固、充实、提高”的八字方针得到很好的贯彻。

第二节 在“文化大革命”中经受严峻考验

1979 年邓小平在全国政协、中央统战部宴请出席各民主党派和全国工商联代表大会代表时讲：“在万恶的林彪、‘四人帮’横行的十年里，各民主党派和工商联被迫停止活动，很多成员遭到残酷迫害，绝大多数人经受住了这场严峻的政治考验，仍然坚信共产党的领导，没有动摇走社会主义道路的决心，这是难能可贵的。”

1966 年 5 月 4 日至 26 日，中共中央政治局在北京召开了扩大会议，通过了《中国共产党中央委员会通知》（即《五·一六通知》），为全面开展“文化大革命”做了准备，1966 年 8 月 1 日，中共八届十一中全会在北京召开，通过《关于无产阶级文化大革命的决定》，“文化大革命”全面展开。1966 年 8 月 24 日，九三学社被迫宣布停止活动。“文革”十年，“左”的错误被林彪、江青反革命集团所利用，并被推向了极端。各项政策一“左”再“左”，国民经济停滞不前，濒于崩溃。共产党领导的多党合作也遭到严重破坏。不但民主党派被当作革命对象，勒令停止活动，而且大批共产党的干部被打成“走资派”，进行批斗。这既是对于民主党派的严峻考验，也是对中国共产党的严峻考验。“文革”十年严酷的现实再一次表明，中国的民主党派和中国共产党有着共同的政治命运，血肉相连，风雨同舟。

在“文革”十年的艰苦磨难和严峻考验面前，九三学社广大社员从来没有动摇对中国共产党的信赖和走社会主义道路的信念。许多动人事迹表明，广大社员在逆境中坚持科研、教学和著述，并且取得了显著的成绩。社副主席潘菽，十年动乱中被打成“反动学术权威”。然而他凭着长期革命、科研实践中形成的对马列主义的坚定信仰，依然坚信“心理学作为一门科学是砸不烂的，也是取消不了的，前途是光明的”。他坚持以马克思主义的辩证唯物论为指导，密切结合我国社会主义建设的实际，努力探索和建立具有中国特色的科学心理学体系。在十年动乱中，他借写“交代”、“检查”的机会，抱病著书立说，写出了50多万字的《心理学简札》初稿。

特别应该提到的是，1971年林彪事件发生后，周恩来主持党中央的日常工作，力争在可能的条件下和范围内努力纠正“文革”左的错误，减少破坏性恶果。1972年7月14日，周恩来在接见美籍华人科学家访问团时对九三学社周培源的谈话中提出，要把综合大学的理科办好，提高基础理论水平，并强调要认真清理教育科研工作中的极左思潮，“有什么障碍要清除，有什么钉子要拔掉”。7 月 20 日，周培源上书周恩来，分析了造成中国基础科学停止不前的三方面原因，真实地反映了当时环境下，广大科学工作者欲干不能，欲罢不忍的思想状态。周恩来在批示中指出：要重视基础理论，不能像浮云一样，一吹就过去了。周培源又在《光明日报》发表《对综合大学理科教育革命的一些看法》，表达了当时备受压抑的广大科学工作者的心声，却被“四人帮”诬蔑为“修正主义回潮”、“复辟”。周培源牢记周恩来的嘱咐，始终坚持原则，毫不退缩，抵制了“四人帮”的干扰和围剿，坚持了科学的教育观点和发展我国基础理论科学的方针。还有许多社员对“四人帮”的倒行逆施有不同程度、各种方式的抵制。

1976 年 10 月，久经考验的中国共产党力挽狂澜，一举粉碎了“四人帮”。饱经磨难的广大社员无不欢欣鼓舞。事实证明，社会主义事业，是空前艰巨而伟大的事业，它不可能是一帆风顺的，有时要遇到惊心动魄的激流险滩，有时不可避免地要走迂回曲折的道路。但历史是不可逆转的，总要按照它固有的规律前进。“反右”扩大化和“文革”，两次严峻的考验，花了 20 年的时间，付出了巨大的代价，从反面证明了一个真理：中国的多党合作存在着坚实的基础，最适合中国的国情，具有强大的生命力。

第三节　难能可贵的贡献

从“反右派”到“文革”的 20 年间，九三学社许多优秀的科学家在自己所攻专业领域里孜孜不倦，勤耕不辍，努力为国家做贡献。不少同志身处逆境，忍辱负重，默默无闻地刻苦攻关，尤属难能可贵。

下面以我国地质矿产和核技术的发展为例，做一简要介绍。

1963年12月25日，新华社报道："我国原油产量已超额完成今年国家计划，品种增加，石油产品可以基本自给。中国人民使用'洋油'的时代，即将一去不复返了。"这一举世瞩目的消息，使中国人民欢欣鼓舞，扬眉吐气。在我国人民甩掉"贫油国"的帽子的艰苦卓绝的奋斗中，就凝结着黄汲清、谢家荣等社员的可贵贡献。

黄汲清（1904—1995），字德淦，四川仁寿县人。我国著名地质学家。据不完全统计，他的论文有200多篇，专著超过150种，他的许多创造性的成就几乎遍及地质科学各个主要分支领域。国内地质界曾称他为"黄二叠"，以表彰他对中国重要含煤地层——二叠系全面总结研究的贡献。这项研究成果得到了国际地质界的高度重视。

黄汲清写的《中国主要地质构造单位》一书，是国内外久负盛誉的权威著作。解放后，他把主要精力投入大地构造的科学研究方面。他在一系列报告、论文中建立了多旋回构造运动的学说，对于中国地质构造、岩浆活动、矿产分布等方面的研究有很大的指导意义。他又把多旋回学说与板块构造学说相结合，指出板块活动的多旋回性。我国天山的铁矿、康滇地轴的铁铜矿、胶辽地块的金钢石以及各大含油盆地的油气层，都是多旋回生成和发展的。黄汲清创立的这一地质学理论，为我国发掘地下资源、为祖国的四化建设作出了卓越贡献。

在过去，国际地质学界一直信奉“海相生油论”。国外有人认为中国主要是以陆相地层为主的国家，所以断定中国是贫油国。但黄汲清在40年代就提出了两个重要论点：一是“陆相生油论”，就是陆相地层也可以形成重要的生油层、储油层和油田；另一个是“多期多层含油论”，就是大型含油盆地一般总是有好几个不同时代的含油地层，这是“多旋回成矿论”的雏型。这两个见解在解放后石油地质普查勘探工作中经过实验检验是完全正确的。黄汲清的理论打破了“中国贫油”的迷误。我国50年代开展全国石油普查工作，在李四光、黄汲清、谢家荣等人建议下，以松辽平原、华北平原、四川盆地和鄂尔多斯为四大重点，展开了野外普查工作。经过几年的努力，松辽平原已被证明是一个特大型油田，即大庆油田；华北平原也被证明是重要油田，即胜利油田和大港油田。黄汲清提出的这一重要理论，在油田的普查和勘探方面做出了一系列令人鼓舞的成绩和划时代的贡献。

与黄汲清一起为我国石油工业努力奋斗的还有社员谢家荣。谢家荣（1898—1966），上海人，地质矿床学家。曾任北京地质调查所技正、代所长，清华、北大教授、系主任。建国后，历任地质部总工程师、地质矿床研究所副所长，中科院学部委员。对矿床学、普通地质学、煤岩学、矿相学等研究较深。曾指导发现淮南八公山煤田、安徽凤台磷矿、南京栖霞山铅锌矿等，对新中国的地矿事业做出过突出的贡献。在 1957 年“反右”斗争中，他被错划为“右派分子”。他忍辱负重，坚信中国共产党的领导，走社会主义道路的信念始终坚定不移。他协助黄汲清做了大量的科学研究和实地考察工作，为我国大庆、华北等油田的普查、勘探和开发做出了卓著的贡献。打倒“四人帮”以后，1982 年 10 月 23 日，我国隆重召开了全国科学技术奖励大会，这是对我国科学技术成果的一次大检阅，九三学社社员有 49 位（57 人次）获奖，其中就有黄汲清和谢家荣。

1964 年 10 月 16 日，我国在西部地区爆炸了一颗原子弹，成功地进行了第一次核试验。1967 年 6 月 17 日我国第一颗氢弹爆炸成功。这是我国国防和科学技术方面取得的重大成就。在这重大成就中，也凝结着王淦昌、邓稼先等社员的卓著贡献。1986 年 5 月，他们作为我国核武器的主要研制者，荣获“原子弹的突破及武器化”、“氢弹的突破及武器化”两项国家科技进步奖的特等奖。

王淦昌，1907 年出生，江苏常熟人。1930—1934 年在德国柏林大学攻读，获博士学位。回国后，历任山东大学物理系教授，浙江大学物理系教授、系主任。1948 年获范旭东奖金赴美短期工作。1950—1956 年在中国科学院近代物理研究所任研究员，主持宇宙线研究，领导建立了云南高山宇宙线实验站。1952 年后兼任副所长。1956—1960 年在苏联杜布纳联合原子核研究所任研究员。1958—1960 年兼任副所长，从事基本粒子研究工作。他在该研究所领导一个以中国物理学家为骨干的研究组，开展基本粒子的研究。1959 年发现反西格马负超子，被著名美籍华人物理学家杨振宁称为“杜布纳联合研究所唯一值得称道的工作”。中苏关系恶化后，苏方以高薪挽留他继续在杜布纳研究所工作。但他怀着一颗报国之心，毅然归来，并将自己历年积攒下来的外汇薪金上交国家，用于科学研究工作。1961—1978 年王淦昌任二机部九院副院长、研究员，从事核物理研究和科研的组织领导工作，对我国核武器研制作出了重大贡献。1978 年起在原子能研究所任所长、研究员，并亲自指导一个研究室开展粒子束核聚变的研究。1979 年 12 月 1 日加入中国共产党。他还是二机部副部长，五届人大常委，中国科协主席团副主席，中国物理学会副理事长，中国核协会理事长，中国核物理学会名誉理事，中国核聚变与等离子体物理学会名誉理事，九三学社中央参议委员会主任，九三学社名誉主席。

王淦昌在核物理、粒子物理与受控核聚变等方面都做出了重要的理论贡献。是我国实验原子核物理专家。他以敏锐的目光注视着世界科技前沿的发展，关心着祖国科技决策，他是提出著名的“863”计划的四位科学家之一。他对我国科技发展提出过一系列重要建议，受到党和政府的重视并先后被采纳实施。

邓稼先则直接组织领导并参与了我国原子弹、氢弹的研制和实验工作，他始终战斗在第一线。他住过帐篷，亲手搬砖盖过试验室工棚，安装过设备，他奋不顾身地把自己的整个生命奉献给了祖国的两弹事业，被誉为“两弹元勋”。

邓稼先（1924—1986），安徽怀宁人。1945 年毕业于西南联大，1950 年在美国普渡大学获物理学博士学位，留校任教。同年，在周恩来的直接关怀下，同 200 多名欧美留学生一起冲破重重阻力而回国，同钱三强、彭桓武、王淦昌等一起，参加中国近代物理研究所的筹建工作。当时邓稼先年仅 27 岁。1958 年起，他直接参加了我国核武器的研制工作，他是我国研制和发展核武器在技术上的主要领导者之一。从原子弹、氢弹原理的突破和试验成功及其武器化，到新的核武器的重大原理的突破和研制实验，他都做出了重大贡献。

邓稼先 1956 年加入中国共产党，是第十二届中共中央委员；历任二机部核武器研究所所长，核工业部第九研究设计院院长，核工业部科技委副主任，国防科工委科技委副主任等职；中国科学院学部委员，全国劳动模范。

难能可贵的是，邓稼先是在极端艰难困苦的逆境中为祖国做出巨大贡献的。50 年代末，苏联撕毁援助协议，撤走全部专家。邓稼先当即表示“研制战略武器，是中国人民和世界人民的利益所在，任何困难都不能把我们吓倒，中国人有能力走出自己的道路！”他鼓励周围的同志说："干我们这个工作，就要甘心当无名英雄，我们的工作性质，决定了一没有名，二没有利，有的只有吃苦。做出科学成果，即是国家机密，不允许我们发表论文。咱们一块干吧!"从邓稼先接受研制两弹的特别任务之时起，就下定舍命奉献的决心，他对夫人许鹿希说："以后家里的事全托付给你了，我的生命全部献给未来的事业了!"由于当时这件工作属国家机密，家人不知道他在干什么，也不知道通信地点，邓稼先从此销声匿迹了。

在十年动乱期间，邓稼先面临着技术事故随时有可能被上纲上线，被扣上蓄意破坏试验的"反革命"帽子，面对着妻子被批斗，被抄家，及同胞三姐被迫害致死的一桩桩精神折磨，他百折不挠地和九院的战友一起进行着核试验。他身先士卒，出入于靶区第一线，他是接触原子弹最多的人，他不是不知道他的体内摄入了大量的放射物质，他不是不知道过剂量的放射物质会危及人的生命，在他已经发现体内出现危险的症状的情况下，仍然奋不顾身地顽强工作着。在医生强迫下，他检查了身体，检查结果是，放射物质已经破损了他的肝脏，侵入了骨髓。为了完成任务，他毅然拒绝调京医疗的医嘱，执意留在核试验区。从1964年10月16日，我国第一次核试验成功，到1986年7月邓稼先逝世，我国先后进行了32次核试验，而邓稼先在现场指挥的，就有15次。1986年7月29日，邓稼先终因身内侵入放射物质过多，患直肠癌医治无效而逝世，终年62岁。中共中央、国务院、中央军委、九三学社等单位为他举行了追悼会，称他为“我国科技工作者的典范，我国科技工作者的骄傲”。

黄汲清、谢家荣、王淦昌、邓稼先的事例，在九三学社社员中有普遍的代表性。事实证明，九三学社广大社员面临两次重大严峻考验，不但始终坚信共产党的领导，没有动摇走社会主义道路的决心，而且在严峻的考验面前，百折不挠，为祖国的社会主义建设事业和科学技术的发展，做出了彪炳史册的贡献。

第十一章 迎接新时期的到来

第一节 粉碎“四人帮”后逐步恢复活动

1976年10月，中共中央政治局一举粉碎了祸国殃民的江青反革命集团，结束了持续十年之久的“文化大革命”的全面动乱。举国上下，一片欢腾。各条战线掀起了揭批“四人帮”罪行的活动。中国共产党领导的统一战线也从此摆脱劫难，得以重新恢复和发展。

1977年2月18日，全国政协在历经十年劫难之后，第一次举行各界爱国人士春节联欢会，叶剑英、李先念、邓颖超等中央领导人参加。12月27日至29日，全国政协第四届第七次常委扩大会议在北京举行。在京的中共中央政治局委员、全国人大常委、副委员长、国务院副总理、各民主党派和各人民团体的负责人、无党派爱国人士以及中央统战部和有关单位的负责人出席了会议。这是十几年来规模最大的、具有广泛代表性的一次政治协商会议。在这次会议上，叶剑英在讲话中，重申了中国共产党同各民主党派要实行“长期共存，互相监督”的方针，要恢复、发扬统一战线民主协商的优良传统。叶剑英号召，把人民政协、各民主党派、有关人民团体的工作活跃起来。在新的历史时期，“加强全国各族人民的大团结，进一步发展工人阶级领导的、工农联盟为基础的包括爱国民主党派、爱国人士和台湾同胞、港澳同胞、海外侨胞的统一战线”，为争取社会主义事业和统一祖国大业的完成做出贡献。

叶剑英的讲话，为统一战线、人民政协、各民主党派、知识分子工作在政治上进行了拨乱反正，为恢复和发展革命统一战线掀开了新篇章。各民主党派和爱国人士普遍反映，叶剑英代表中共中央的讲话，肯定统战工作的成绩，肯定党外人士不断进步。有了这两条，就把林彪、“四人帮”搅乱了的路线是非澄清了，基本问题解决了，国家有了希望，表示要在有生之年，为国家建设贡献力量。

在粉碎“四人帮”后，全国29个省、自治区、直辖市相继召开了新一届的政协会议。在此基础上，1978年2月24日至3月8日，中国人民政治协商会议第五届全国委员会第一次会议在北京举行。中国共产党、中国人民解放军、各民主党派、各民族、各条战线的代表及台湾同胞、港澳同胞和归国华侨的代表共1,988人参加了会议。中国人民政治协商会议第四届全国委员会副主席、九三学社主席许德珩代表政协常委会向大会作了《工作报告》，政协副主席韦国清作了《关于修改政协章程的说明》。许德珩在《工作报告》中，回顾了政协第四届全国委员会常委会13年来的工作，批判了林彪、“四人帮”破坏统一战线、破坏全国人民大团结的罪行，指出毛泽东革命路线在统战工作中始终居于主导地位，提出了今后的主要任务。他强调，要发挥人民政协在国家大事中民主协商的积极作用，充分发挥人民政协在发展革命统一战线中的重要作用。

大会一致通过了《中国人民政治协商会议章程》，重申：中国人民政治协商会议是中国共产党领导下的革命统一战线组织。

会议通过决议，号召全国各族人民、广大知识分子、各民主党派、各人民团体、各界爱国人士、台湾同胞、港澳同胞和华侨，在中国共产党领导下，进一步清除“四人帮”的流毒和影响，发扬社会主义民主，发展革命统一战线，加强各族人民大团结，为巩固人民民主专政，解放台湾、统一祖国，在本世纪内把中国建设成伟大的社会主义现代化强国而共同努力。

大会一致选举邓小平为五届全国政协主席。邓小平在闭幕会上作了讲话。他说，这次会议开得很好。各方面人士济济一堂，共商国家大事。大家精神振奋，心情舒畅，讨论得很热烈，提出了许多好的意见，体现了中国共产党历来主张的民主协商的精神。这是一个发扬社会主义民主的大会，是一个调动各方面积极因素，来共同实现新时期总任务的大会，是团结的大会，胜利的大会。他指出，现在，中国进入了一个新的历史发展时期，实现社会主义四个现代化是前所未有的伟大事业，是一场极其深刻的革命。中国革命统一战线必将在实现新时期的总任务的斗争中，在向四个现代化的伟大进军中，发挥它的重要作用。他希望各方面的朋友们、同志们，再接再厉，继续前进，共同为这个伟大的事业贡献自己的全部力量。

这次会议是中国人民政治协商会议全国委员会在停止活动十年之后召开的首次会议，它标志着人民政协组织和统一战线的恢复和发展。

此前，1977 年 10 月 11 日，中央统战部同各民主党派、工商联的负责人协商恢复和开展各民主党派、工商联组织活动事宜，首先是恢复、建立各民主党派中央的领导班子。经过各民主党派酝酿并由他们在其领导层和在京常委商议，确定：领导班子健全的，不再变动；正副主席都没有的，提出临时领导班子的组成人员和负责人名单；主席空缺、只有几位副主席的，商定临时负责人；领导班子人员过少的，补充一二人。

1977 年冬，九三学社由许德珩、周培源、潘菽、茅以升、严济慈、孙承佩组成临时领导小组，开始着手调查、了解成员情况，组织成员学习中国共产党和国家的有关方针政策，整顿加强各级领导班子，重建了一批基层组织。

1978 年 8 月下旬，中央统战部部长乌兰夫分三次邀请新产生的各民主党派中央和全国工商联负责人举行座谈，讨论各民主党派开展活动的有关问题。乌兰夫提出，希望各民主党派、全国工商联把工作活跃起来，为实现四个现代化更好地贡献力量。他还支持各民主党派在适当的时候召开各自的全国代表大会或代表会议。

1978年12月，中共中央召开了十一届三中全会，这是党的历史上具有深远意义的一次会议。会议决定停止使用“以阶级斗争为纲”的口号，作出把工作重点转移到社会主义现代化建设上来的战略决策。这次会议标志着中国共产党重新确立了马克思主义的路线。全会坚持“实践是检验真理的唯一标准”的马克思主义原则，坚持拨乱反正，逐步消除“文革”和“文革”以前“左”的错误，开创了我国社会主义现代化建设的新时期，也很快恢复了党同民主党派密切合作关系。

1978年春，邓小平在全国科学大会上指出：从旧社会过来的知识分子“他们的绝大多数已经是工人阶级和劳动人民自己的知识分子，因此也可以说，已经是工人阶级自己的一部分。”1979年，在政协五届二次会议上，邓小平又指出，国内的阶级状况已经发生根本变化，民主党派“已经成为各自所联系的一部分社会主义劳动者和拥护社会主义的爱国者的政治联盟，都是在中国共产党的领导下，为社会主义服务的政治力量”。这就摘掉了反右斗争以来给民主党派戴上的“资产阶级政党”的帽子。党中央还平反了大批冤假错案，实事求是地解决了各种历史遗留的问题，使民主党派的工作得到恢复和顺利开展。

第二节 协助党和政府落实政策，调动社员的积极性

中共十一届三中全会指出：解决历史遗留问题，必

须遵循毛泽东一贯倡导的实事求是、有错必纠的原则。只有坚决地平反假案，纠正错案，昭雪冤案，才能够巩固共产党和人民的团结，维护中国共产党和毛泽东的威信。在揭批“四人帮”的群众运动结束以后，落实政策的任务还相当艰巨，要坚决抓紧完成。九三学社在协助党和政府拨乱反正、落实政策方面，做了许多工作。九三学社中央成立了落实政策领导小组，并分派工作人员赴九三学社地方组织调查了解落实政策的情况。

1957 年“反右”扩大化，九三学社共有 400 余人被划为右派分子。以后陆续有被摘掉右派帽子的。打倒“四人帮”以后，根据中共中央决定，除储安平（下落不明）一人外，全部“右派”分子都获得了改正。

1979 年 12 月 29 日下午 3 时，九三学社中央在人民大会堂台湾厅举行迎春茶话会，九三学社副主席严济慈首先发言说：“我参加今天的茶话会，很高兴。我带来一个好消息，想跟大家报告一下，就是在国务院嘉奖农业、财贸、教育、卫生、科研战线全国先进单位和全国劳动模范的第二次授奖仪式上，我社有九位同志受到嘉奖，其中八位被评为全国劳模，一位是先进集体的代表。这在民主党派来说，人数是最多的。”接着，严济慈念了九人名单，他们是：杨鸿祖、徐采栋、吴霁棠、周尧、黄文魁、卢衍豪、卢锦汉、尚天裕、吴学周。

这九位同志都是在“文革”期间，顶着从各方面来的压力和干扰，在极其艰难困苦的条件下，坚持科学研究，有的受到冲击，被加上莫须有的种种罪名，被关进

“牛棚”，仍然矢志不渝，坚持科学研究而取得卓著成绩的。

1979年10月11日，九三学社中央副主席周培源在向九三学社第三次全国社员代表大会作社务报告时说：“在林彪、‘四人帮’横行的日子里，我社被诬蔑为‘反动党派’，社的各级组织被砸烂，许多社员被打成‘反动学术权威’，还因为加入了九三学社、参加了‘神仙会’和‘交心运动’而罪加一等，我社中央委员、著名科学家赵九章、颜福庆、刘锡瑛、方先之、张玺、徐佐夏等含冤身死。今天在这里开会的代表们，大多数是大难不死的人。”上述含冤身死的社员，九三学社中央均与他们所在单位和有关统战部门联系，平反了冤假错案，并为他们开了追悼会。

第三节　第三次全国代表大会

1979年10月11日至20日，九三学社召开了具有历史性意义的第三次全国社员代表大会。从1958年11月社的第二次全国社员代表大会到社的第三次代表大会，历时21年。

这次代表大会，是在党的十一届三中全会和五届人大二次会议精神指引下，全国工作重点转到社会主义现代化建设上来以后召开的。目的就是要在中国共产党的领导下，进一步动员、团结广大社员和社员所联系的群众，为促进社会主义现代化建设的发展而共同奋斗。

会前，即建国30周年的前夕，发表了叶剑英委员长的重要讲话，这个讲话对国内外普遍关心的有关我国革命和建设的许多重大问题作了明确的马克思主义的回答，是思想政治路线教育的重要教材，是加强团结搞好四化的有力武器。这是一个对全国工作有长期指导意义的、非常重要的历史文献。这次大会根据党的十一届四中全会公报的精神，认真学习了叶剑英同志的讲话和其他文件。

许德珩在开幕词中号召全社社员团结奋斗，为实现振兴中华的夙愿贡献才智。周培源作了《解放思想、献身四化》的工作报告。报告指出，这次大会是总结历史经验，同心同德向前看的团结大会，也是解放思想、奔向四化的动员大会。号召全社同志为把我国建设成为一个现代化的社会主义强国而共同奋斗。大会对九三学社章程进行了重大的修改，明确指出：九三学社“是一个以社会主义知识分子为主要成份的民主党派，是社会主义劳动者和拥护社会主义的爱国者的政治联盟，是党领导下的为社会主义服务的政治力量”。并且，把坚持四项基本原则写进了社章的总纲。

在这次大会进行过程中，10 月 19 日晚，邓小平在政协全国委员会和中共中央统战部宴请各民主党派和工商联代表的招待会上，发表了重要讲话。

第三次全国代表大会选举产生了社的第六届中央委员会。选举许德珩为九三学社主席；周培源、潘菽、茅以升、严济慈、税西恒、金善宝、卢于道、王竹溪、柯召、孙承佩为副主席；孙承佩任秘书长（兼），李毅任副秘书长。新的中央委员会领导全社为实现四化、振兴中华、继续坚持发扬社的优良传统，在党的十一届三中全会的方针、路线和政策的指引下，实事求是，解放思想，团结广大社员，为推进我国社会主义民主政治建设和促进我国科学技术现代化，拓宽九三学社为社会服务的领域，使社在新时期的爱国统一战线中不断做出新贡献。

第十二章　实现工作重点转移，为社会主义现代化建设做贡献

第一节　统一战线的新形势和新任务

中共十一届三中全会后，我国的统一战线进入了一个新的历史发展阶段。1979 年 6 月和 10 月，邓小平就新时期统一战线问题发表了两次重要讲话，对新时期统一战线的形势任务作了全面科学的分析，对新时期民主党派的性质、地位和作用作了深刻明确的阐述。邓小平指出，在新的历史时期，统一战线仍然是共产党的一个重要法宝，其任务是“调动一切积极因素，团结一切可以团结的力量，为在本世纪内把我国建设成为现代化的社会主义强国而共同奋斗，还要为促进台湾回归祖国，完成祖国统一大业而共同努力。”邓小平说，各民主党派和工商联都是我国革命的爱国的统一战线的重要组成部分，同共产党有过长期合作，共同战斗的历史，是共产党的亲密朋友，它们在争取新民主主义革命胜利、建立中华人民共和国的斗争中，在社会主义革命和社会主义建设事业中都发挥过重要作用，作出过重大贡献。现在，各民主党派已经成为各自联系的一部分社会主义劳动者和拥护社会主义的爱国者的政治联盟，成为进一步

为社会主义服务的政治力量，因此，在新的历史时期，各民主党派仍然具有重要的地位和不容忽视的作用。在10月的讲话中，邓小平说，在我国新的历史时期，我们的革命的爱国的统一战线也进入了一个新的历史发展阶段。统一战线仍然是一个重要法宝，不是可以削弱，而是应该加强，不是缩小，而是应该扩大。特别强调了我国实行共产党领导的多党合作的问题，他说："在中国共产党的领导下，实行多党派的合作，这是我国具体历史条件和现实条件所决定的，也是我国政治制度中的一个特点和优点"；"1956年我国社会主义制度基本确立以后，党中央、毛泽东同志又进一步提出了同各民主党派实行'长期共存，互相监督'的方针，这是一项长期不变的方针。"邓小平指出：在当前新的长征中，中国共产党同各民主党派，在四项基本原则的指引下实行互相监督，这对于增强和维护安定团结，共同搞好国家大事是非常重要的。他说："在国家政治生活和各项事业中，由于中国共产党居于领导的地位，党的路线、方针、政策正确与否，工作做得好坏，关系到国家的前途和社会主义事业的成败；同时，由于我们党的执政党的地位，我们的一些同志很容易沾染上主观主义和宗派主义的习气。因此，对于我们党来说，更加需要听取来自各方面的批评和监督，以利于集思广益，取长补短，克服缺点，减少错误。"为此，他诚恳希望各民主党派要"以主人翁的态度，关心国家大事，热心社会主义事业，就国家的大政方针和各方面的工作，勇敢地、负责地发表意见，提出建议和批评，做我们党的诤友，共同地把国家的事情办好”。

邓小平的这两次重要讲话，深刻阐发了新时期统一战线的形势和特点，提出了统一战线的历史任务和应起的作用，是指导新时期统一战线的纲领性文件，也是民主党派开展工作的行动指南。

第二节　为社会主义现代化建设做贡献

九三学社第三次全国代表大会以后，社在党的领导和帮助下，在为社会主义现代化建设服务做贡献方面，开拓了新的工作领域，走出新的路子，开始出现了新的局面。

一、在国家政治生活中，参加国家大政方针的协商讨论，开展有关四化建设的调查研究，反映意见，提出建议，发挥了积极作用

社各级组织的许多领导同志和部分社员参加了人大、政协。在召开六届全国人大和全国政协的时候，有179位社员担任了全国人大代表、全国政协委员。在各省、市、自治区和省辖市的人代会、政协中，担任人民代表和政协委员的社员有1,246人。社中央和各地方组织的领导同志，不少人在各级人大、政协中担任领导职务。有些同志还担任了各级政府的领导工作。这些都表明了党的统一战线政策的进一步落实。从五届到六届全国人大、政协会议期间，社在历次会议上都以国家主人翁精神，对政府的重大方针政策和四化建设工作进行了

认真的协商讨论，积极地反映情况，发表意见，献计献策，协助政府把事情办好。

党中央和地方党委恢复同党外人士进行民主协商的优良传统。社中央领导同志参加了中共中央召开的历次民主协商座谈会，就党和国家的重大决定进行认真的学习和商讨。各地方组织的领导同志也都参加了地方党委举行的民主协商活动。

通过调查研究、专题座谈对四化建设等问题提出建议，供党和政府参考，是社在新时期参加国家政治生活的新形式。1980 年根据党中央提出研究确定适合国民经济发展需要的教育计划和教育体制问题，社中央向党提出了改革高等教育体制的书面建议。后来，为响应胡耀邦关于开发大西北，种草种树，发展畜牧业的号召，社中央邀请农、林、牧专家举行专题座谈，提出建议。社地方组织在这方面的活动日益活跃，所提建议内容广泛。如北京分社关于北京水资源问题的建议；上海分社关于上海市机电、纺织工业调整改革问题的建议；成都分社关于成都市房屋建筑基础选型问题的建议；天津分社关于培养研究生工作的建议；重庆、天津、西安等分社关于医院改革问题的建议等等。这些建议都受到有关领导部门的重视。

发扬社会主义民主，维护社会主义法制，是国家政治生活中的重要内容。在新宪法的制定过程中，社中央和各地方组织都认真组织了关于新宪法修改草案的学习和讨论，提出了修改意见。1980 年公开审判林彪、江青两个反革命集团时，李毅代表九三学社参加了最高人民法院特别法庭的审判工作，维护了法制，伸张了正义。

二、组织和推动社员学习马列主义、毛泽东思想和时事政策，开展爱国主义、社会主义的宣传教育活动，为促进社会主义精神文明建设贡献力量

加强政治学习，帮助社员学习马列主义、毛泽东思想，正确理解党的路线、方针、政策，进行自我教育是社的传统。几年中，社组织学习了《建国以来党的若干历史问题决议》，中共十二大重要文件，历次全国人大、政协会议重要文件，新宪法和政协章程。还组织了《邓小平文选》的学习。社员通过学习认清了毛泽东的历史地位和毛泽东思想的指导作用，从党在建国以来正反两方面的历史经验中，明辨了是非，增强了维护四项基本原则的自觉性。大家衷心拥护中共十一届三中全会以来的路线、方针、政策和中共十二大提出的宏伟战略目标，对国内外越来越好的形势感到由衷高兴。学习《邓小平文选》，对中共十一届三中全会路线的由来与发展，对中共十二大提出的全面开创社会主义现代化建设新局面的方针任务，有了进一步理解，增强了信心。

响应党中央关于建设高度社会主义精神文明的号召，社中央各地分社通过举行各种形式的经验交流会，通过《红专》和地方社讯，介绍在四化建设中有突出贡献的社员的政治热情和刻苦治学，公而忘私的精神面貌，使广大社员受到启发和教益。

北京市分社和北京市青联联合举办“了解祖国，建

设祖国知识系列讲座”，分专题向广大青年介绍我国古代文明和现代成就，帮助他们提高文化素养，激发对社会主义祖国的热爱。山西省工委与政协、民盟联合举办了介绍“中国文化名人”系列讲座，帮助青年丰富历史知识，增强爱国主义感情，都收到较好效果。尤其应当指出的是许多同志在工作岗位上以身作则，言传身教，为帮助青年一代健康成长，都作了有益的思想教育工作。

三、推动社员积极为四化建设贡献力量，面向社会开展智力开发，科技咨询和智力支边、支农等活动，积极发挥智力集团的作用

广大社员以高度的热忱为四化服务，作出了可喜的成绩和贡献。有 94 位社员被选为中国科学院学部委员(占全部学部委员的近 1/4)。作出新贡献的人数越来越多，1982 年有 55 位社员荣获国家自然科学奖和国家发明奖，有 6 位社员获 1977—1981 年的全国优秀科技图书奖，有 964 位社员分获各级劳动模范、先进工作者、三八红旗手等光荣称号，有 1,023 位社员受到各种奖励。人工合成牛胰岛素的邹承鲁和以人工合成核糖核酸而被称为“探索生命奥秘的尖兵”的王应睐、王德宝等，都是九三学社社员。

在这个时期，广大社员重新振奋精神，在科研和教学岗位上勤奋工作。不少社员年逾古稀还在埋头著书立说，培养研究生，指导科学实验，为振兴中华做贡献。大批中年社员成为各条战线业务骨干，有不少已崭露头

角，成为新一代专家，在科技战线发挥着承前启后的作用。退休社员也通过各种形式发挥余热为四化出力。

其次，不断开拓为四化服务的新路子，也是一个显著的特点。智力开发、科技咨询服务活动，呈现蓬勃发展的局面。这一时期，社有34个地方组织举办了讲座、培训班，27个地方组织主持办学，举办各类大学、提高班48所，在校学员10,833人，毕业3,177人。26个地方组织开展了科技服务活动，17个地方组织开展科技支农，8个地方组织开展科技支边。社响应中共中央统战部和国家民委号召，开展支援边疆少数民族地区的工作，8个地方组织承接了智力支边项目69项。

四、协助党和政府落实知识分子政策，代表社员合法利益，反映意见，提出建议，取得成效

1982年，根据党中央关于检查知识分子工作的指示，在社中央建立了知识分子工作调查研究小组，并向各地方组织发出《关于知识分子政策落实情况开展调查研究的决定》，经过近半年的调查研究工作，向中共中央书记处提出了《关于进一步落实知识分子政策的几点建议》，得到有关部门的重视和好评。社中央对社员反映落实政策方面的来信来访都作了认真的研究，并转请有关部门和单位处理。

另外，在开展对台、港、澳同胞、海外侨胞联络工作方面，社中央和地方组织也做了许多工作，为祖国统一大业贡献力量。

在为四化做贡献的同时，社坚持“通过工作发展，

发展为了工作”的组织工作方针，在党的关怀帮助下，4年中社的组织得到较大发展，吸收社员6,546人，社员总数达到11,014人，新社员中中年人占70%，使全社平均年龄下降了14.1岁。新建地方组织44个，全社地方组织达到78个，基层组织579个。除西藏、台湾外，各省、自治区、直辖市都建立了社的工作委员会或工作委员会筹委会，使九三学社成为一个具有一定规模和活力的民主党派。

第三节　第四次全国代表大会

九三学社第四次全国社员代表大会于1983年12月2日至14日在北京召开。出席大会的有来自全国28个省、市、自治区的代表300人。他们代表着全国11,000多名社员的意愿和要求参加了这次大会。这是建社以来规模最大的一次盛会。会议的主要议程是：审议第六届中央委员会的工作报告；审议和通过新的《九三学社章程》；选举新的领导机构。

中国共产党中央对这次代表大会极为重视。中共中央派代表到会祝贺并致贺词。贺词对社的工作给予高度评价，称九三学社“是我们党的亲密战友”。赞扬社“在我国革命和建设中发挥了重大作用”。对社“在为四化服务中开拓新路子”给予了高度的评价。希望九三学社社员“在科学、教育、技术领域，尤其是在为国家培养又红又专的科技教育人才方面，取得新的成绩，做出自己独特的贡献”。党中央的贺词使与会代表感到欢欣鼓舞，信心倍增。

大会执行主席严济慈主持开幕式。大会执行主席许德珩致开幕词。他说，这次代表大会，是在全国各族人民遵照党的十二大所制定的宏伟纲领，全面开创社会主义现代化建设新局面的大好形势下召开的。代表大会群贤毕至，少长咸集，盛况空前，是一次具有深远意义的大会。他号召全体社员要同心同德，再接再厉，为社会主义的物质文明和精神文明，为争取台湾回归祖国，完成祖国统一大业，作出更大的贡献。

大会执行主席周培源作了题为《团结奋斗、振兴中华，为社会主义现代化建设作出新贡献》的工作报告。报告分三个部分：一、统一战线的大好形势；二、社的工作开始出现建国以来未有的新局面；三、今后的主要任务。周培源在讲了统一战线和民主党派的大好形势之后，着重报告了六个方面的成绩。他指出，四年多来，社在党的领导和帮助下，在为社会主义现代化建设服务的轨道上，开拓了新的工作领域，走出了新的路子，开始出现了新的局面。他明确指出，社今后的主要任务就是认真贯彻党的十二大和十二届二中全会精神，在党的领导下，同心同德，艰苦奋斗，为建设社会主义物质文明和精神文明，实现80年代三大任务而努力奋斗！

出席开幕式的还有全国人大副委员长廖汉生，国务委员姬鹏飞，全国政协副主席、中央统战部部长杨静仁和各民主党派及有关部门的负责人。

党和国家领导人胡耀邦、邓小平、彭真、邓颖超等于12月3日下午在人民大会堂亲切会见了大会全体代表，再次向大会表示祝贺，并同代表们照了像。

4日下午，中央统战部、国家民委在人民大会堂宴会厅举行茶话会，招待九三学社及农工党、致公党等几个党派的全体代表。茶话会由中共中央统战部副部长李定主持。中共中央统战部部长、国家民委主任杨静仁在会上致词。许德珩在会上发表了热情洋溢的讲话。

中央领导的亲切接见和中央统战部、国家民委的热情招待，使全体代表受到极大鼓舞。大家表示，绝不辜负党的期望和关怀，一定要为四化建设作出更大的贡献。

大会执行主席孙承佩在4日的全体会议上传达了邓小平、陈云在党的十二届二中全会上的重要讲话和胡耀邦在党外人士座谈会上的讲话。与会代表在座谈会上，畅所欲言。大家一致认为，中央领导同志的讲话亲切感人，使我们进一步明确了党的十二届二中全会精神，认清了当前的大好形势和民主党派的历史责任，从而更加增强了信心。

5日和6日大会分组讨论《工作报告》，代表们围绕统一战线工作的新形势，社近几年来的各项工作和今后任务等问题进行了认真、全面的讨论，大家发言踊跃。周培源亲自参加小组讨论，并对《工作报告》起草情况作了说明。经过两天的细致讨论，代表们一致认为《工作报告》比较全面，实事求是地总结了成绩，具体明确地提出了今后的任务，对广大社员可以起鼓舞和指导作用。

在讨论《九三学社社章》（草案）时，代表一致认为，原社章是1979年制定的，四年多来，国家实现了历史性的伟大转变，社的面貌也发生了深刻变化，原社章已不能适应新形势的要求，这次大会对社章作某些修改是必要的。大家在讨论中对社的性质、发展重点和组织系统等问题提出了许多意见和建议。

11日下午，大会举行全体会议。执行主席孙承佩主持大会，执行主席李毅对各小组讨论《工作报告》和《九三学社社章》（草案）的情况和修改意见作了汇报说明。全体代表采取举手表决的方式，一致通过了《工作报告》和新的《九三学社章程》。

大会还以无记名投票方式选出了九三学社第七届中央委员会委员169人，候补中央委员24人。

新产生的第七届中央委员会第一次全体会议于12日下午举行。会议选举了中央委员会的负责人。社的主要创始人之一，94岁高龄的许德珩再次当选为中央主席，选举周培源、潘菽、茅以升、严济慈、金善宝、卢于道、柯召、孙承佩、徐采栋、郝诒纯（女）、安振东为副主席。

会议选举了62名常务委员，选出了以孙承佩为主任的中央执行局成员，负责主持社中央的日常工作。选举赵伟之为秘书长。通过了中央委员会顾问名单。

会议期间社中央举行茶话会，欢迎出席大会的妇女代表。茶话会由社中央妇女工作委员会主任郝诒纯主持。许德珩亲临会场，发表了鼓舞人心的讲话，对女社员在四化建设中所作出的贡献表示祝贺。40多位妇女代表济济一堂，畅谈党的三中全会以来，妇女工作取得的成绩。

经过大家的共同努力和辛勤工作，社的第四届全国社员代表大会圆满地完成了各项议程，于12月14日上午胜利闭幕。闭幕式由周培源主持。许德珩在闭幕式上首先讲话。他希望大家把这次会议的精神传达好、贯彻好。中共中央统战部副部长李定、全国政协及各民主党派负责人出席了闭幕式。

潘菽在热烈的气氛中致闭幕词。他说，这次大会是在党中央的亲切关怀和支持下召开的。是一次团结进取，承先启后，继往开来的大会，必将成为开创社工作新局面的新起点。他号召全体社员要在帮助党整顿党风的工作中，大胆地和实事求是地提出意见和建议；在精神文明建设中，发挥积极作用。他希望代表们回到各自的工作岗位以后，把大会的精神和要求向所在组织的社员作详细传达，在中国共产党的领导下，全心全意为完成八十年代的三大任务而奋斗，把自己的知识和智慧全部贡献给振兴中华的伟大事业！

第十三章 积极投身于改革开放的宏伟事业

第一节 参政议政职能增强，工作领域逐步拓宽

社的“四大”以后的几年，无论是社中央还是各地方组织，参政议政所涉及的领域越来越广泛，形式越来越多样，作用和影响也越来越明显，表现出更多的主动性和建设性。

在七届全国人大和全国政协中，社有 91 人当选为人大代表，有 121 人担任了政协委员，还有 3,117 人参加地方各级人大、政协。一批同志在省、市政府中任职。社的人大代表和政协委员在历次会议上就科技、教育、物价、不正之风、知识分子、工程建设等问题恳切直言，提出提案，认真行使了参政议政、民主监督的职能。

中共中央和国务院在召开重要会议之前，及时邀请党外人士座谈，就会议将要决定的重要问题通报情况，听取意见。如 1985 年中共全国代表会议关于党中央领导机构新老交替和制定“七五计划”建议草案；中共十二届六中全会关于社会主义精神文明建设的决定；中共

十三大的政治报告；1988 年七届人大的政府工作报告和中共十三届三中全会的关于物价、工资改革的初步方案等，都事先座谈讨论。九三学社以高度负责的精神，提出意见和建议，受到党中央的重视。

在 1988 年中共十三届三中全会召开之际，社还参加了中共召集的党外人士座谈会，发表了意见，并推荐一些同志，参加国务院组织的检查组，参与政府的检查工作。

社中央与政府有关部门的联系也在加强。社应邀参加了科技体制改革和教育体制改革工作会议。对改革实施过程中出现的问题，都及时向国家科委、国家教委、劳动人事部反映，提出完善改革、纠正弊端的建议。1988 年春天以来，教育问题是社会关注的热点之一。社参加了各民主党派和知识界同国家教委的多次对话，就教育发展规划，教育体制改革，教育经费和教师待遇等问题，提出了不少意见。

社中央还经常参加中共中央统战部召开的各种形式的座谈会，就统一战线和民主党派工作中的重要问题交流情况，反映意见，提出建议。

社的“四大”以后的几年中，社中央就重大经济建设项目、科技和教育体制改革、知识分子问题等组织了专题调查，并首创研讨会的形式，反复论证，提出书面意见和方案，供中共中央、国务院领导在决策时参考。如 1986 年春《关于三峡工程的意见和建议》，1987 年春《关于中年知识分子问题的意见和建议》等，都受到领导机关的重视，并且引起了社会各界的极大关注。

社各地方组织一方面经常向社中央反映情况和意见，一方面也在当地积极参与政治协商，提出了很多建议、提案、调查报告、论证材料等。从各地上报社中央的几十份材料看，涉及范围很广，具有相当的科学性和可行性，受到当地有关领导部门的重视，得到社会的好评。

1984 年至 1988 年，社工作领域逐步拓宽。

发挥人才优势，开展科技服务和智力开发。社组织支持和推动社员努力做好本职工作，发挥骨干作用。广大社员为发展科学教育事业，攀登科学高峰，培养“四有”新人，辛勤劳动。许多同志在岗位工作中作出了显著的成绩，还出现了一批从事科技开发和推广应用的企业家。据不完全统计，社的“四大”至社的“五大”，五年间，获全国和省、市级荣誉称号和奖励的共 6,546 人，占社员总数的 18%。许多同志克服工作和生活上的困难，努力拼搏，在学术上做出了突出贡献，在国内外赢得了赞誉。1985 年 10 月，社有 45 位同志在全国各民主党派、工商联为四化服务先进集体和先进个人表彰大会上受到表彰。

社面向社会，开展科技服务和智力开发的工作也取得了可喜的成绩。至 1988 年，社的地方组织建立的科技服务机构有 115 个，总计完成科技服务项目 6,063 个；创办和联合举办大、中专院校累计 268 所，学员 67,471 人；举办各种函授、培训班 1,691 个，学员 107,018 人。

这些工作都取得了较好的效益。

几年来，社的科技服务工作从城市地区向支援老、少、边、贫地区发展；从承接单项咨询服务向宏观咨询服务发展；从各地方组织单独工作向几个省、市组织的横向联合发展。这种开拓和探索更加适应社会的需要，也更有利于发挥社的人才优势。1988年，在中央统战部和国家民委的大力支持下，社开始了对贵州毕节地区和惠水县的长期定点支援，争取改变当地的落后面貌。1988年底，由社中央牵头，在北京召开了大西南经济振兴对策研讨会，联合西南四省五方的社会科学界，通过调查研究，为开发大西南和长江上游，提出了系统的对策建议。这是一种新的开拓，在社会上引起了较大的反响。

维护安定团结的政治局面方面，社的各级组织都自觉地把这方面的工作提上自己的议事日程，创造了不少经验，取得了很好的成绩。尽管社会上曾出现各种思想上的困惑，社内思想总的来说是稳定的；坚持一个中心，两个基本点，态度是鲜明的。对于群众中一时出现的一些过激情绪，社许多地方组织和在高等学校工作的同志，都通过对话讨论，实事求是地进行疏导，收到很好的效果。

参加社会主义法制建设方面，社的“四大”以后的几年来，社先后参加了《中华人民共和国义务教育法》、《企业法》、《香港特别行政区基本法》、《行政诉讼法》等法律草案的讨论，提供了修改意见。当社员的公民权利遭到侵犯的时候，社一些地方组织积极向有关部门反映情况，支持社员申诉，维护了社员的合法权利。

立足国内，面向海外，积极开展海外联络工作方面，1987 年，社中央以民间形式组团，访问美国，与当地华人组织、华人学者、台湾留学生等广泛接触，介绍祖国大陆的形势和党的有关政策，收到较好的效果。各地组织成立了对外联络机构，进行调查研究，开展各种活动，有的以学术会议的形式，同香港、澳门及海外华人学者建立联系，广交朋友。在社组织的帮助下，许多社员也做了接待外籍华人学者，以及回大陆探亲的台湾亲友的工作，联络了感情，增进了相互了解。

在参加人民外交活动方面，1988 年 3 月，应波兰统一农民党的邀请，社派出以郝诒纯为团长的代表团，参加该党第十次全国代表大会和关于保护自然环境的国际会议，这在社历史上是第一次。此外，社的全国政协委员还先后参加了全国政协的代表团，分别访问朝鲜、保加利亚、匈牙利、捷克斯洛伐克、罗马尼亚等国，有的社员还参加了全国人大代表团访问澳大利亚。

社的“四大”以后的几年里，努力为社会主义精神文明建设贡献力量方面，除了致力于办学培训，提高群众的科学文化水平外，还开展了各种形式的宣传活动，如同青年学生座谈，发表文章，对教育问题、青年思想政治工作问题，宣传社的主张。1987 年 10 月，经新闻出版署批准，社中央组建了学苑出版社，这是由民主党派领导的第一家专业出版机构，主要出版科技、教育类图书。经过一年的努力，出版图书66种，234万册，取得了较好的社会效益。

第二节 社的组织发展，社内思想活跃

1982年9月，中国共产党召开第十二次全国代表大会。邓小平在开幕讲话中指出："我国各民主党派在民主革命时期同我们党共同奋斗，在社会主义时期同我们党一道前进，一道经受考验。在今后的建设中，我们党还要同所有的爱国民主党派和爱国民主人士长期合作。"中共十二大发展了统战工作方针，在"长期共存，互相监督"的基础上增加了"肝胆相照，荣辱与共"。1982年五届人大五次会议通过的《中华人民共和国宪法》肯定了中国共产党领导的包括民主党派在内的爱国统一战线"将继续巩固和发展"，规定了包括民主党派在内的各政党"必须以宪法为根本的活动准则，并且负有维护宪法尊严、保证宪法实施的职责"。为我国多党合作提供了法律保证。党的一系列方针政策极大地调动了民主党派贯彻新时期党的基本路线的积极性和主动性。由于中国共产党的正确的政治路线，由于全社同志的共同努力，九三学社在自身建设方面也取得新的成绩，有新的发展和进步。

一、社的组织不断发展，大批新社员为社增添了活力，领导班子的年轻化开始逐步实现

社坚持发展与巩固相结合的方针，在严格掌握质量的前提下，社员人数有了大幅度增长，1988年已达

37,000多人，比1983年“四大”时期增长了两倍。新社员多为中年同志，全社社员平均年龄1983年为58.3岁，到1988年下降为53.9岁。社员的政治素质和业务水平是好的，组织发展是健康的。特别是大批中年同志入社，为社注入了新鲜血液，增添了活力。社的地方组织和基层组织也有了较大增加，全国除西藏、台湾外，29个省、自治区、直辖市和149个市建立了委员会或筹委会（筹备组）。社的“四大”以来，组织建设的重点是领导班子建设，逐步实现年轻化，已有一批中年骨干选入领导班子。至1988年，绝大多数省级组织召开了社员代表大会，提前换届，在继续引进新人、建立一个新老合作、更富有朝气的领导班子方面，又向前跨进了一步。截至1988年底，省级组织新引进委员402人，委员平均年龄下降了6.94岁；新引进主、副委27人，秘书长4人。为了适应组织扩大和繁重的工作需要，经过引进和调整，省级领导班子中，专职领导干部已有33人。

二、与改革开放的形势相适应，社内思想活跃

1987年中共十三次全国代表大会，科学地总结了改革的成就和经验，提出了社会主义初级阶段的基本理论和基本路线，规划了加快和深化改革、建设有中国特色的社会主义的战略任务，极大地鼓舞和动员了全国人民。九三学社经过学习贯彻中共十三大精神，社员的思想获得了进一步的解放。大家认真思考有关改革、统一战线、多党合作以及自身建设的一系列重大问题，积极

研讨，思想活跃。

社的思想建设工作，着重进行了坚持一个中心，两个基本点的宣传教育，增强对改革的信心。同时，大力宣传和表彰先进人物的事迹和他们的高尚精神风貌。对新社员和骨干，各地组织通过多种形式进行社章、社史和社的优良传统教育。学习宣传工作的内容和形式都在发生变化，社中央和一些地方组织进行了新的探索和尝试。这些变化尽管还是初步的，但受到广大社员的欢迎。大家参加学习的积极性很高，发言热烈，气氛活跃，会议的内容丰富了，质量提高了。

在改革的形势下，社员的民主意识、自主意识、政党意识有所加强，要求扩大民主权利，改善民主党派的政治地位，更多地参政议政，参加协商和监督，同时对社的自身建设也提出了更高的要求。适应这种情况，社的各级组织及时召开了各种专题的研讨会、座谈会，对话沟通，集思广益，起了很好的作用。其中部分成果经社中央研究室编为《民主党派与多党合作》一书，由学苑出版社出版。

社刊是社中央与社员联系的重要纽带。社中央机关刊物《红专》从内容到形式都有进一步的提高，对推动社自身建设，交流工作经验，起了积极的作用。根据形势发展和广大社员的意见，1988年《红专》改版，更名为《民主与科学》，于1988年10月试刊，1989年12月正式出版《民主与科学》（创刊号），周培源为该刊写了《弘扬民主科学精神，促进社会主义事业》的发刊词。

由于《民主与科学》面向社会公开发行，经社中央决定，另办一份内部发行的《九三中央社讯》，作为社中央的机关刊物，于1989年1月出版发行。

第三节　第五次全国代表大会

1987年10月，中国共产党第十三次全国代表大会在北京隆重举行，会议的中心议题是进一步加快和深化改革。会议提出了党在社会主义初级阶段的基本理论和基本路线，即“以经济建设为中心，坚持四项基本原则，坚持改革开放”。党的十三大政治报告，还明确提出了“完善共产党领导的多党合作和政治协商制度”，为多党合作进一步发展指明了方向。

为贯彻中共十三大精神，1988年12月31日至1989年1月8日，九三学社召开了第五次全国社员代表大会。参加大会的485位代表，带来了全社37,000多名社员的殷殷嘱托，肩负着时代的重任，欢聚一堂，这是我社一次空前的盛会。

1988年12月31日大会开幕。出席开幕式的有中共中央委员会、中共中央顾问委员会、全国人大常委会、国务院、全国政协的领导同志，有中共中央统战部、各民主党派、工商联的领导同志。周培源代表大会向他们表示热烈欢迎和感谢。

开幕式由大会常务主席严济慈主持。中共中央、各民主党派的代表致贺词。周培源致开幕词。周培源说：“这次大会有三项任务，即：一、审议第七届中央委员会的工作报告，总结我们工作的成绩和新鲜经验，找出缺点和不足，以利继续前进；二、修改社章，进一步明确社的性质、任务、地位、作用，完善社的组织制度；三、选举新的中央领导机构，向年轻化和新老合作的体制迈进。要通过这些工作，在政治上、思想上、组织上，为社今后的发展奠定更加坚实可靠的基础。”他说，“经过本次大会，一批老领导、老同志将退居二线，担任荣誉职务。几十年来，他们以卓越的工作，为社的创建和发展做了不可磨灭的贡献，在社内外赢得了广泛的尊重。现在，他们又以无私的精神，主动让贤，全力支持比较年轻的同志出来工作，承担重任，又一次为大家树立了学习的榜样，这里，我谨代表全体社员，向我们老一辈的领导和同志们致以崇高的敬意，并希望他们以自己丰富的学识和经验，继续指导社的工作。”

孙承佩受九三学社七届中央委员会委托，向大会作了题为《发扬民主科学精神，为建设有中国特色的社会主义努力奋斗》的工作报告。报告总结了五年来社的工作成绩，认为是“继续开创新局面的五年”，表现在四个方面：一、参政议政职能日益增强，参与政治协商、民主监督，发挥了积极作用。二、工作领域逐步拓宽，努力为以经济建设为中心的各项任务服务。三、社的组织不断发展，大批新社员为社增添了活力，领导班子的年轻化正在逐步实现。四、与改革开放的形势相适应，社内思想活跃。他以大量的翔实的事实证明了以上各点。

报告在阐述九三学社当前历史性的课题和使命时，孙承佩指出："我社现阶段的任务是：在爱国主义和社会主义的旗帜下，广泛团结知识界人士，坚持民主和科学，致力于改革开放，为统一祖国、振兴中华，使我国成为富强、民主、文明的现代化国家而奋斗。"为完成以上任务，他经过充分的论述，向全社提出三项重大历史性课题："一、积极投身改革开放的伟大事业。二、坚持和完善中国共产党领导的多党合作制度。三、增强政党意识、健全政党机制。"关于今后的工作，孙承佩提到四项：一、积极参政议政，参加政治协商和决策咨询，参加民主监督。二、继续为发展科技、教育事业、为发展社会生产力服务。三、加强海外联络工作，促进开放、引进和祖国统一事业。四、扎扎实实搞好九三学社的自身建设。

徐采栋作了《关于修改〈九三学社章程〉的说明》的报告。他说："我社现行社章，是 1983 年第四次全国社员代表大会通过的，五年来形势发展很快，改革开放都有了重大的发展。中国共产党第十三次代表大会提出了社会主义初级阶段的基本理论和基本路线，向全国人民正式提出了政治体制改革的问题，要求民主党派更多地参与国家事务的管理和监督。从九三学社内部看，近几年社员人数增加很快，由 1983 年的一万多人增加到现在的三万七千多人，大批中年知识分子入社，这也要求在社章中做出相应的反映。"他说，"社章总纲突出了三个指导思想：一、突出了民主与科学。二、突出了社的知识分子政党的性质。三、强化了政党功能，提高了自主意识。”新的社章总纲对九三学社的表述为：“九三学社是由科学技术和文化教育、医药卫生界高、中级知识分子组成的致力于社会主义事业的具有政治联盟特点的政党。本社参加中国共产党领导的爱国统一战线和多党合作，一切活动以中华人民共和国宪法为根本准则。”

会议审议通过了第七届中央委员会的工作报告，审议通过了修改后的新社章。1 月 8 日选举产生了九三学社第八届中央委员会，中央委员 201 人，候补中央委员 40 人。新的中央委员会第一次会议上，选举周培源为中央委员会主席，孙承佩、徐采栋、郝诒纯(女)、安振东、王文元、杨櫄、吴阶平、陈明绍、陈学俊为副主席。赵伟之为秘书长。选举九三学社中央参议委员会委员 94 人，王淦昌任参议委员会主任，黄汲清、袁翰青、谢立惠、陈立、高觉敷、陈恩凤、侯宗濂、笪移今、启功、刘及辰、李毅为副主任。李毅兼参议委员会秘书长。

许德珩、严济慈、茅以升、金善宝任九三学社名誉主席。

1 月 8 日，大会闭幕。九三学社副主席郝诒纯致闭幕词，她号召全社“振奋精神，为全面贯彻落实大会提出的各项方针任务，为开创我社工作的新局面，为夺取改革和建设的更大胜利，努力工作。”

第十四章　坚持和完善共产党领导的多党合作和政治协商制度

第一节　中共中央《意见》的制定及其主要精神

1987年10月，中国共产党第十三次全国代表大会提出了进行政治体制改革的任务，指出人民代表大会制度，共产党领导的多党合作和政治协商制度，按照民主集中制的原则办事，是我国社会主义民主政治的特点和优势；进行政治体制改革的重要内容之一，就是“坚持‘长期共存、互相监督，肝胆相照、荣辱与共’的方针，完善共产党领导的多党合作和政治协商制度，进一步发挥民主党派和无党派爱国人士在国家政治生活中的作用。”

为了使有中国特色的社会主义政党体制更科学化、制度化，1989年1月，邓小平建议中共中央“组成一个专门小组（成员要有民主党派的），专门拟定民主党派成员参政和履行监督职责的方案，并在一年内完成，明年开始实行。”根据这一指示，中共中央立即邀请各民主党派领导人会同中共中央组织部、宣传部、统战部以及全国人大常委会、国务院、全国政协等有关部门的负责人一起，共同组成一个专门小组，在全面总结过去民主党派参政议政，实行民主监督方面经验的基础上，商讨和研究有关民主党派成员参政和履行民主监督职责的具体方案。社中央常务副主席孙承佩代表九三学社参加了小组工作。1989 年春，社中央还专门召开了研讨会，形成了一些意见和建议。

经过近一年的多次研讨和反复修改，12 月 30 日，正式形成了《中共中央关于坚持和完善中国共产党领导的多党合作和政治协商制度的意见》（即中共中央 14 号文件），下发各级党委于 1990 年起实施，不久又在报纸上全文公布。

九三学社作为中国八个民主党派之一，自始至终参与了这个文件的研究和协商，提供的意见，在文件中得到充分的反映。九三学社主席周培源指出："这本身就体现了多党合作的精神。我社是由高中级知识分子组成的政党，我们的宗旨就是在中国共产党的领导下，致力于推进我国的社会主义事业。现阶段，我社要坚持和完善共产党领导的多党合作制度；在这个正确、有效的制度规范下，积极发挥作用，为振兴中华、统一祖国贡献力量。"

1989 年 12 月 30 日中共中央召集各民主党派负责人座谈《意见》，社名誉主席严济慈说："九三学社中央自始至终参加了这个文件的讨论和修改。我们的一些意见也被吸收，反映在文件上。"因此，《意见》的制定和公开发表的本身，就再次表明了中国共产党维护这一具有中国特色的基本政治制度的决心。

《意见》首先强调：中国共产党领导的多党合作和政治协商制度，是我国一项基本政治制度；坚持和完善这项制度，是我国政治体制改革的一项重要内容。这充分显示中共制定并实施《意见》，是为了发扬社会主义民主，团结一切力量，结成最广泛的统一战线，共同建设有中国特色的社会主义。

《意见》贯穿了两条主线：一是加强和改善中国共产党的领导，二是发扬社会主义民主，充分发挥民主党派的作用。围绕这两条主线，文件突出强调了中国共产党的领导核心作用和多党合作的根本政治原则，明确指出“中国共产党是社会主义事业的领导核心，是执政党”，各民主党派“是接受共产党领导的、同中共通力合作、共同致力于社会主义的亲密友党，是参政党”，“我国的多党合作必须坚持中国共产党的领导，必须坚持四项基本原则，这是中国共产党同各民主党派合作的政治基础。”《意见》指出，中共对各民主党派的领导是政治领导，即政治原则，政治方向和重大方针政策的领导。《意见》重申：“长期共存、互相监督，肝胆相照、荣辱与共”是中国共产党与各民主党派合作的基本方针。

在发扬社会主义民主，充分发挥民主党派作用方面，《意见》强调：中共和各民主党派都必须以宪法为活动根本准则，负有维护宪法尊严、保证宪法实施的职责；民主党派享有宪法规定的权利和义务范围内的政治自由、组织独立和法律地位平等；处于执政地位的共产党，要支持民主党派独立自主地处理自己内部事务，并帮助他们改善工作条件，支持他们开展各项活动，维护本组织成员及其所联系群众的合法利益和合理要求。

《意见》提出，民主党派参政的基本点是：参加国家政权，参与国家大政方针和国家领导人选的协商，参与国家事务的管理，参与国家方针、政策、法律、法规的制定执行。发挥民主党派监督作用的总原则是：在四项基本原则的基础上，发扬民主，广开言路，鼓励和支持民主党派与无党派人士对党和国家的方针政策、各项工作提出意见、批评、建议，做到知无不言，言无不尽，并且勇于坚持正确的意见。

《意见》并从加强中国共产党和各民主党派之间的合作与协商，进一步发挥民主党派成员、无党派人士在人民代表大会中的作用，举荐民主党派成员、无党派人士担任各级政府及司法机关的领导职务，进一步发挥民主党派在人民政协中的作用以及支持民主党派加强自身建设等五个方面，提出了坚持和完善这一基本政治制度的 24 条具体要求和措施。

中共中央的《意见》是一个重要的马克思主义的文件，是中共和各民主党派几十年长期合作实践经验的结晶，是中共和各民主党派在新形势下合作共事的行动准则。全面贯彻执行这个文件，是国家政治生活中的一件大事，也是统一战线的一件大事，民主党派的一件大事。《意见》发表以后，社的各级组织和广大成员通过多种形式开展了广泛深入的学习，领会精神，掌握要点，提高认识，统一思想，并在中共党委的帮助下，切实贯彻落实，使社的思想建设、组织建设和各方面的工作都上了一个新的台阶。九三学社更加自觉地置身于中国共产党领导之下，同共产党通力合作，共同奋斗，为坚持和完善共产党领导的多党合作和政治协商制度不断努力，作出了自己应有的贡献。

第二节 坚持有中国特色的社会主义政党制度，全面开创工作新局面

《中共中央关于坚持和完善中国共产党领导的多党合作和政治协商制度的意见》的发表，标志着中国共产党领导的多党合作进入了一个新的发展阶段。九三学社在新的历史时期，在中国共产党的“一个中心，两个基本点”的基本路线指引下，努力为改革开放，经济建设和祖国统一事业服务，同时以贯彻中共中央《意见》为主线，围绕参政议政和自身建设的双重任务，作了许多工作，发挥了参政党的积极作用，取得了显著的成绩。主要表现在5个方面：

一、认真履行参政议政、民主监督的职责

在国家的重大问题上参与同中共中央的协商。如中共十三届四中全会到九中全会的有关决定，江泽民总书记在国庆40周年和建党70周年的讲话，《关于制定国民经济和社会发展十年规划和“八五”计划的思路》和《纲要》，中共中央工作会议和政治局全体会议，邓小平

1992年初视察南方的重要谈话和中共十四大的报告等，社中央领导同志都参加了中共中央召开的党外人士座谈会，听取情况通报，反映群众意见和提出建议。

社中央领导同志还多次列席国务院全体会议，参加了三峡工程论证会，提供了许多重要的意见和建议。

在1989年春夏之交的政治风波中，社的各地方组织和广大成员坚持接受党的领导，坚决拥护中共中央的有关决定，坚持社会主义方向，坚守工作岗位并配合党政部门对青年学生进行说服疏导工作，积极维护社会的安定团结，发挥了应有的作用。

在这一时期，在全国和地方政协会议上，社的发言、提案数量增加，质量提高。以1992年全国政协七届五次会议为例，社组织和委员提出提案140件，大会发言14份，在会内外产生了良好的影响。社中央紧紧围绕开发大西南，发展农业生产，搞活大中型企业和促进科技进步的问题，深入实际，调查研究，提出系统的意见和建议。社中央在政协大会上关于促进科技进步的发言，在社会上产生了较大的影响。地方组织在政协会议的工作也有很大进步，针对当地重要问题，提出了许多好的意见建议，受到重视，有的已被采纳。

在参加政府工作方面，到1992年7月底，九三学社共有9位同志担任省、部级领导职务。42位同志担任厅、局级和市级政府机构的领导职务。459位同志担任各级特约监察员、检察员、审计员、督导员。

社中央加强了同国务院有关部门如国家科委、计委、民委、农业部、扶贫办、教委的联系，承担了一批合作咨询项目。

各专门委员会先后参加了《集会游行示威法》、《中华人民共和国香港特别行政区基本法》、《中华人民共和国澳门特别行政区基本法》、《著作权法》、《教育法》、《教师法》、《妇女权益保障法》、《未成年人保护法》、《科学技术进步法》以及《国家赔偿法》的讨论，提出了修改意见。还分别对科技体制改革、投资体制改革、高等教育、医药卫生工作、妇女工作、计划生育等问题开展了调研，提出了一批报告和建议。

二、紧紧围绕经济建设这个中心，大力开展科技服务、支边扶贫的工作

为振兴大西南经济服务。1989 年，九三学社召开了振兴大西南经济研讨会，组织了 50 余位专家，论证了《关于建立长江上游生态保护和资源开发区的建议》。上报后，于 1991 年由国务院三线办牵头实施。1992 年 4 月，九三学社又召开了第二次振兴大西南经济研讨会，提出了《大西南连片贫困岩溶地区脱贫与振兴经济建设报告》及 8 个附件。经国家科委、计委等 6 个部（委、办）及 6 个省 12 地州的领导同志和社内专家共同论证后，由周培源主席函报中共中央江泽民总书记。

九三学社地方组织在参与地方经济建设方面也创造了一些好形式，总结出一些好经验。如社四川省委会发挥九三学社科技优势，为支持广元市发展经济而开展的智力支边扶贫活动，实施效果显著，得到社会好评，称

之为“九广合作”。

为扶贫开发服务。1991年，九三学社承接了黔西南州星火计划的5个项目（蔗糖、蚕桑、农业、林业、果树），组织了6个省市的专家考察，进行可行性研究，通过论证并实施。1991年社中央与社内蒙区委、赤峰市委协同，在赤峰市喀喇沁旗东六家村建立城郊型生态农业村试点，获得成功，并在全乡、全旗推广。许多省市委员会在扶贫开发方面承接多个项目。此外，九三学社还受国家科委、计委、民委、支边办、卫生部、全国妇联等部门的委托，在实施星火计划、医疗服务、资源开发等方面做了许多工作。

1991年，在国家各部委召开的“七五”星火计划表彰会上，徐采栋荣获“星火特别荣誉奖”。

截至1992年底，九三学社已有地方科技服务机构193个。据不完全统计，社的“五大”以后4年中完成科技服务项目7,622个，办大专院校54所，中等专业学校23所，培训班1,380个，培训学员76,249人。

社的“五大”以后4年中，九三学社广大社员继续在本职工作上积极耕耘，努力奉献，取得了可喜的成绩。据不完全统计，获全国和省、市级荣誉称号和奖励的共有8,486人次，占社员总数的17.4%，有14位同志被新增选为中科院学部委员。

三、积极开展海外联络工作

1992年周培源主席九十寿辰，台湾著名物理学家吴大猷教授等国际知名学者回大陆，参加了有关学术会议和祝寿活动；九三学社吴阶平、黄汲清、邹承鲁、李林等知名学者到台湾参观访问，在海峡两岸及海外产生了广泛的影响。

各地方组织认真学习贯彻有关海外统战工作的方针政策，充分发挥社组织和社员个人两方面的积极性，加强了同台湾、香港、澳门及海外华人学者和有关人士的联系，联络感情，广交朋友。同时，以科技、经济、文化交流为主线，在引进资金、技术和人才上多做实事，为所在地区改革开放和经济发展做出了贡献。仅据浙江、广东、上海、四川、湖南5个省市的不完全统计，几年间共引进54个项目。1993年11月，社中央在深圳召开了“海外联络工作研讨会”，总结交流了各地方组织的工作成绩和经验，提出了加强和改进海外联络工作的建议。

四、发扬自我教育的优良传统，开展社的思想建设

这一时期，九三学社紧紧围绕党的中心任务，以坚持党的基本路线，发扬同中国共产党亲密合作的优良传统，坚定社会主义信念为指导思想，积极开展了宣传和思想工作。全社在不同层次上采取多种形式，学习讨论，深刻领会，增强了贯彻执行的自觉性。特别是通过学习邓小平视察南方的重要谈话和中共十四大精神，全社同志精神振奋，决心为加快改革开放和现代化建设的步伐，夺取有中国特色社会主义事业的更大胜利作出自己的贡献。

全社深入开展形势教育、国情教育和社会主义教

育，组织学习《关于社会主义若干问题纲要》，学习江泽民的“七·一”讲话。通过学习，坚定了社会主义信念，增强了建设有中国特色社会主义的信心。

根据中共中央全国统战工作会议和中共中央《意见》的精神，社中央和地方组织加强了对思想建设工作的领导。社的八届六次中常会通过了《九三学社中央关于加强思想建设的意见》，又先后召开了全国组织宣传工作会议和全国思想宣传工作会议。辽宁、浙江等许多地方组织积极、主动、创造性地开展思想建设工作，坚持了自我教育的优良传统和以正面教育为主、积极疏导的方针，深入调查研究，有针对性地开展工作，并提出了一些行之有效的办法和措施。

五、坚持发展与巩固相结合的方针，加强组织建设

为了更好地履行参政党的职能，社的八届六次中常会提出了加强组织建设的补充意见，社中央还制定了有关组织工作的一系列规定。到1992年6月底止，九三学社共有社员48,766人，比“五大”时增加1万多人，4年增长约26.2%。社员平均年龄为55.4岁。有省级组织29个，市级组织187个，基层组织2,845个。

根据社的八届三中全会决定，省级组织提前在1992年换届。27个省级组织顺利完成换届改选或部分调整班子的任务，这样，社的省级领导班子和工作班子的建设以及新老合作交替方面都迈出了一大步。通过换届，新当选委员352人，占委员总数的30%；新当选主委、副主委58人，秘书长15人，其中专职副主委、专职秘书

长或专职副主委兼秘书长共38人。各市级组织也进行了换届改选，引进了一批新人。

1990年12月，社的八届三中全会增补赵伟之为社中央副主席，兼任秘书长。

第三节　第六次全国代表大会

九三学社第六次全国代表大会于1992年12月26日至30日在北京举行。这次大会的主要议题是：学习中共十四大精神；听取和审查第八届中央委员会的工作报告；审议并通过《九三学社章程》；讨论并通过《九三学社中央参议委员会组织条例》；选举中央委员会；选举中央参议委员会；选举中央名誉主席。

12月26日，大会在人民大会堂隆重开幕。全国人大常委会副委员长彭冲，国务委员、国家科委主任宋健，全国政协副主席胡绳，全国政协秘书长宋德敏以及中共中央统战部蒋民宽、刘延东副部长，各民主党派中央、全国工商联的领导同志应邀莅会。来自社全国各级组织的代表共535人出席了开幕式。

开幕式由大会主席团常务主席吴阶平主持。大会主席团常务主席周培源致开幕词。中共中央政治局派代表到会宣读了中共中央贺词。民建中央主席孙起孟代表各民主党派中央和全国工商联向大会致贺词。大会主席团常务主席徐采栋代表第八届中央委员会向大会作了题为《发挥科技优势，提高参政水平，为加快改革开放和现代化建设贡献力量》的工作报告。大会主席团常务主席郝诒纯作了关于修改《九三学社章程》的说明。大会主席团常务主席王淦昌代表中央参议委员会在开幕式上讲了话。

26日下午至29日上午，代表们进行分组讨论，结合十四大精神，审议第八届中央委员会工作报告和《九三学社章程》(修改草案)。

29日下午，举行全体会议，一致通过了《九三学社章程》(修改草案)，通过了《九三学社中央参议委员会组织条例》，然后以无记名投票的方式选举产生了社名誉主席、第九届中央委员会委员、候补中央委员和中央参议委员会委员。

30日上午，大会举行闭幕式，一致通过了第八届中央委员会的工作报告，通过了《九三学社第六次全国代表大会决议》和大会给周培源的致敬信。中共中央统战部副部长刘延东在闭幕式上讲了话，祝贺大会圆满成功。大会主席团常务主席吴阶平致闭幕词。

代表大会闭幕后，九三学社第九届中央委员会第一次全体会议和中央参议委员会全体会议分别举行。

九届一中全会选举产生了第九届中央委员会主席、副主席、秘书长和常务委员。

中央参议委员会全体会议选举产生了中央参议委员会主任、副主任、秘书长和常委。

九三学社第九届中央委员会名誉主席：周培源、严济慈、金善宝。

主席：吴阶平。

副主席：徐采栋、郝诒纯（女）、安振东、王文元、杨赅、陈明绍、陈学俊、赵伟之、洪绂曾、金开诚。秘书长：刘荣汉。常委：41 人（略）。

参议委员会主任：王淦昌。

副主任：黄汲清、袁翰青、柯召、谢立惠、陈立、高学敷、陈恩凤、笪移今、启功、葛庭燧、方亮、李毅。

秘书长：李毅（兼）。常委：47 人（略）。

第十五章　面向新世纪，在建设有中国特色的社会主义道路上奋勇前进

九三学社“六大”以后，1993年《邓小平文选》第三卷出版发行；中共中央召开十四届三中全会，作出《中共中央关于建立社会主义市场经济体制若干问题的决定》，这是我国人民政治生活中的一件大事。全国统战工作会议的召开，标志着爱国统一战线进入了一个新的发展阶段。

几年来，全社各级组织和全体社员共同努力，始终坚持以邓小平建设有中国特色社会主义理论为指导，坚持“一个中心，两个基本点”的基本路线，认真贯彻中共十四大和历次全会精神，认真贯彻社的“六大”决定，落实《中共中央关于坚持和完善中国共产党领导的多党合作和政治协商制度的意见》的规定，认真履行参政党的职责。认识逐步深化，思想得到扩展，实践日渐深入，领域不断拓宽，社务工作出现了生机勃勃的新局面。

第一节　深入调查研究，提高参政水平，发挥参政党整体作用

一、坚持和完善共产党领导的多党合作和政治协商

制度，不断开拓思路，参政议政逐步规范化、制度化

坚持中国共产党的领导和发扬社会主义民主，这是中共中央《意见》的两条主线。几年来，九三学社始终在重大政治原则问题上，同以江泽民同志为核心的党中央保持一致，坚持接受中国共产党的领导，坚持正确的政治方向。同时，按照中共中央《意见》的规定，加大了参政议政和民主监督的力度。

1993 年 3 月，在第八届全国人民代表大会第一次全体会议上，吴阶平当选为八届全国人大常委会副委员长。有 96 位同志担任新一届全国政协委员（其中 22 人为常委），76 位同志当选为新一届全国人大代表（其中 6 人为常委）。社有市以上各级人大代表 1,109 人，市以上各级政协委员 3,689 人。1,639 位同志在新一届政府中担任领导工作。

社中央领导多次应邀参加中共中央召开的有关重大问题的协商会、情况通报会、座谈会，参加国务院常务会议和有关工作会议，并积极发言，对有关党和国家的重大方针政策提出意见和建议。这些意见和建议都经过集体研究，有备而发，常常能够得到肯定和采纳。

1994 年和 1995 年两年，吴阶平代表社中央，三次直接致函江泽民总书记，分别就纪念抗日战争和世界反法西斯战争胜利 50 周年、建设延安革命传统教育基地及与该地区经济建设相结合、建立国家农业建设基金问题，反映情况，提出建议，受到江总书记的重视，批转有关部门认真办理，取得了及时而又富有成效的结果。

社中央领导同志还多次参加了中央统战部组织的大型考察调研活动，先后赴三峡工程、山东、苏南、上海及京九铁路沿线参观访问，调查研究，并写出考察报告，参加专题座谈，对这些地区的进一步开发建设问题提出意见和建议。

社中央领导多次参加全国人大、政协、国务院、中纪委组织的执法检查和反腐败调查团（组）的工作，如1996年，吴阶平率团对《教育法》执法情况，以及耕地保护问题的两次检查。

全社有6,000多名同志担任各级人大代表、政协委员，参加政府工作；有860多人担任各级特约监察员、检查员、审计员、教育督导员。他们在各级政协会议以及通过多种形式和渠道了解、反映社会政治信息和社情民意，提出了一系列重要建议，发挥了民主监督的作用，也使参政议政取得了更切实的效果。在全国政协第八届会议期间，社中央共有大会发言和提案376件，其中涉及经济建设的160件，科技、教育、卫生的130件，法制建设的60件，其他内容的26件。30个省级组织在地方政协的发言、提案以及各种建议共7,381件。

通过几年的工作，在开展调查研究的选题决策、工作程序、工作方法、内外联系、上下结合、信息沟通、时间安排、经费使用等方面，都做了不同程度的探索，取得了一些行之有效的办法和成功经验。政协提案工作的征集、遴选、加工、提交、转复、报道等，也初步建立了一套工作机制。社中央专委办和研究室每年征集加工后的提案经主席会议通过后，交政协九三组的委员分类采用，委员反映很好。

1995年6月在九届十次中常会上，制定了《九三学社中央关于参政议政、民主监督的暂行规定》，对社中央参政议政工作的任务、方针、办法和组织领导等问题做了明确规定。这在九三学社的历史上是第一次，是社参政议政走向规范化、制度化的重要步骤。

二、以经济建设为中心，突出重点，广泛深入地开展调查研究

几年来，社中央非常重视调查研究工作。社中央和各地方组织，围绕国家经济建设、改革开放和重大社会问题，有重点、有组织、坚持不懈地开展调查研究，召开了一系列专题研讨会，其广度和深度，都是社的历史上前所未有的。这种调查研究使社员更深入了解了社会变革中的许多新情况、新问题，为社参政议政特别是在各级政协会议上的发言和提案，以及提出若干重大建议，提供了依据，使社参政议政的水平得到了进一步提高。

1993年7月，为促进经济与科技的结合，王兆国和吴阶平共同商定九三学社以“促进科技成果转化为现实生产力”问题，开展专题调研，中央统战部给予了巨大的支持。其后三年，社中央组织各地方组织，围绕这个总的题目，分别就科研院所、高等学校、国有大中型企业、高新技术产业开发区、农业等方面的科技成果转化为现实生产力问题，深入、持久、广泛、系列地进行了调查研究，收到调研报告等材料近200篇。社中央组织

调查组先后赴江苏、浙江、湖南进行了三次调研活动，召开了多次调研预备会和专题研讨会。在这些工作的基础上，社中央在1994年、1995年、1996年连续三年政协大会上做了大会发言，并提出了20多个重要提案。

自“六大”以来，社中央科技经济委员会分别开展了“科技体制改革与科技队伍状况”的专题调研、“千烟洲经验的意义和推广”课题调研；

社中央教育卫生委员会分别开展了“研究生教育面临的问题和对策”专题调研、“关于加强研究生思想道德教育”和“关于加强贫困地区特别是革命老区卫生扶贫工作”的调研；

社中央专门委员会办公室先后开展了“土地资源合理利用”的专题调研，以及“做好节水管水工作，促进我国水资源的合理开发利用”和“关于粮食问题”的课题调研；

社中央法制委员会等有关专门委员会先后就《中华人民共和国教育法（草案）》等18个法律（法案）进行研讨，提出修改意见，报全国人大常委会。

以上这些专题调研和活动，分别形成了全国政协大会发言或提案，取得了积极成果。

在调查研究的全过程中，从确定选题，到实施调研，形成意见和建议，直至某些提案和建议的处理，更加注意取得有关党政部门的支持配合。几年来，社中央同农业部、国家科委、教委、计委等部门的联系更加密切，在他们的支持配合下形成的许多重要的参政议政建议，都具有较高的针对性、科学性和可行性，受到有关党政部门的重视和好评。

三、积极开展海外联络工作，促进“一国两制”和祖国统一大业

1997年7月1日，按照邓小平“一国两制”的伟大构想，中国政府恢复对香港行使主权，洗雪了百年屈辱。吴阶平代表九三学社，作为中国政府代表团成员，出席了在香港举行的庄严隆重的交接仪式。

近年来，九三学社在对外联络方面主要做了以下几方面的工作：1. 通过“走出去”、“请进来”等形式，向台港澳同胞和海外华侨华人宣传祖国社会主义现代化建设的伟大成就。宣传党和政府的有关政策，特别是关于祖国统一的方针政策，并及时向党和政府反映有关信息和情况。2. 鼓励、协助社员在所联系的港澳台和海外人士中积极开展“三引进”工作，为经济建设服务，并通过加强两岸经济交往促进祖国和平统一。仅据浙江、陕西、天津三省市的统计，五年中社员已协助引进外资美元6,652万元，港币753万元，人民币1,970万元。3. 加强联络工作的组织建设和思想建设，积极开展各种活动。

第二节　发挥智力优势，支边扶贫，建立科技合作区，探索科教服务与参政议政相结合的有效形式

一、确立支边扶贫工作重点，组织沿海地区组织大

规模开展对口支援和科技合作

根据九三学社实际，确定“九广”、“九临”、“九通”三个科技合作区和国务院分配给社的扶贫联系县旺苍县作为重点。从1993年起，连续五年分别在南京、杭州、海口、福州、广州召开了五次“九三学社沿海地区科技开发暨支援三九合作区研讨会”，组织沿海15个省市区对“三九”合作区进行对口支援。1996年5月，社中央下发《九三学社中央委员会关于“三九合作区”工作的几点意见》，就如何加强这一工作做了具体规定，明确了各个对口支援的地区和责任。几年来，“三九合作”已取得显著成效，在社会上有一定影响，受到党和国家领导人的充分肯定。在全国政协八届四次会议上，江泽民总书记亲临九三组发表重要讲话，并对此予以赞扬。为此，社中央要求：“全社同志要响应江总书记的号召，积极开展智力支边、科技扶贫工作，在促进经济建设、智力支边扶贫方面作出积极的贡献。”

二、“三九”合作不断取得成效

自1991年社四川省委会与广元市签订五年合作协议书起，“九广”合作即列入社中央的重要工作日程。几年来，吴阶平主席，以及徐采栋、郝诒纯、安振东、洪绂曾、黄其兴副主席及刘荣汉秘书长多次到广元视察。1996年4月福州会议确定由社上海、江苏、浙江、广西四个省（区、市）委员会重点支援广元后，“九广”合作进入了更高的层次和领域。

“九广”合作开展以来，九三学社共组织援广专家、教授、科技人员、企业家共146批530多人次，签订工、农、医、科、教等合作协议150多项，为广元培训各类专业人员，并配合有关单位争取落实项目资金。广元被国家九部委列为西南地区唯一的“全国农科教结合示范区”，被农业部列为“全国乡镇企业东西合作示范区”。九三学社一批领导和专家被聘为“九广”合作高级顾问。

在社山西省委会组织专家考察并制定《临汾地区科学兴区战略方案大纲》，以及一批科技服务项目取得成功的基础上，社中央对“九临”合作给予了足够的重视，先后组织社天津市委会和河北、山东省委会的专家多次赴临汾考察。社天津市委会帮助制订了《临汾地区依靠科技进步振兴经济发展的规划》，确定11个重点行业为突破口，得到地区领导的认可。社河北省委会提供的“华孚植物助长剂”连续两年在该地区部分县示范推广，小麦平均亩产增长10%以上。1996年福州会议上，社中央正式决定，由社河北、天津、山东三个委员会对口支援临汾，以加大“九临”合作的力度。

“九通”合作从1993年11月开始，社内蒙古区委会与哲盟行署签定《九通科技合作协议书》，哲盟行署聘请九三学社10名专家为科技顾问。几年来，九三学社帮助哲盟编制、论证了《哲里木盟近中期经济与社会发展战略规划》；开展对口支援，社辽宁、吉林、黑龙江省委会积极开展对哲盟的对口支援工作，鞍山、抚顺、四平、哈尔滨四个市级组织也分别与哲盟的四个旗正式建立对口合作关系，开始了具体的科技合作。

三、加大对定点扶贫联系县——旺苍县的扶贫攻坚力度

九三学社组织专家为该县提供决策咨询服务，共提出180多条意见和建议。帮助该县开发实施一批生产项目，包括矿产资源的开发；杜仲生产加工；发展银杏生产并申请到50万元专项资金；化学法制碱新工艺应用；年产10万吨的水泥生产线技改项目在四川省经委立项，总投资4,738万元；黄羊扩繁基地项目纳入“九五”肉山羊发展规划。

1997年，还在该县确定了社中央重点扶贫联系村——双峰村，帮助该村制定脱贫奔小康的规划，并拨了专款帮助他们解决人畜饮水和修路，三次派专家拨专款支持该村发展庭院经济，这些工作也取得初步成效，群众反映较好。

在中央统战部的支持帮助下，还争取到台湾人士捐资办学项目一个，在旺苍县木门镇建双凤小学，社中央也拨款5万元。一些省级组织如浙江、江苏、广西、四川也先后捐款捐物，支持该校的教学事业，改善办学条件。社中央还决定将该小学及其分校确定为定点联系学校，长期给予扶持。

除对旺苍县的定点扶贫工作外，社中央继续做好黔西南州星火计划工作。由九三学社主抓的百万亩旱地粮食高产工程项目，在万亩示范中，玉米亩产量达到650～750公斤。1996年9月，在星火计划实施10周年

表彰大会上，徐采栋因贡献突出，被国家科委授予“星火计划特别荣誉奖”。

据统计，至 1997 年底，九三学社已有科技服务机构 119 个，办学 87 所，这些学校共向社会输送 17.3 万名各类人才，支援了社会主义建设事业。1996 年 11 月，社中央召开全国教育科技工作会议，认真总结和交流了社会办学和科教扶贫的经验，研究部署了今后工作。科教合作，兴学育才，支边扶贫，多办实事，成为全社组织和成员的共同意志和实际行动。

第三节　围绕跨世纪政治交接的总目标，切实加强自身建设

在思想建设方面，重在以深入学习邓小平建设有中国特色社会主义理论为根本。几年来，通过举办各种形式的理论研讨班、读书班、培训班等，引导成员在认真研读原著，全面系统地把握这一理论的科学体系的基础上，重点学习邓小平同志关于改革、发展、稳定的关系和新时期统一战线与民主党派工作的有关论述，从而不断增强广大成员对建设有中国特色社会主义的自觉性和坚定性，保证了宣传思想工作坚定正确的政治方向。在学习理论的同时，积极引导成员和干部深入社会实践，参与社会热点、难点问题的调研，把宣传思想工作寓于参政议政、民主监督的工作实践中，用理论指导实践，在实践中深化对理论的认识。

弘扬爱国主义传统并赋予新的时代内涵，是社思想

建设的基础性工程。

九三学社是一个具有爱国主义光荣传统的政党，老一辈九三学社社员都是杰出的爱国主义者，他们为祖国的繁荣富强始终不渝地奋斗和奉献。几年来，九三学社大力开展爱国主义教育，特别是中共中央《爱国主义教育实施纲要》发布以后，全社各级组织把贯彻《纲要》作为思想建设的重要内容，结合实际制定出了具体实施规划，爱国主义教育搞得丰富多彩，有声有色。

1994年初，针对体制转轨时期出现的新情况，及时了解社员思想状况，探索在建立社会主义市场经济体制的新形势下开展宣传思想工作的新路子，社中央宣传部下发了《关于开展思想调研工作和总结宣传思想工作经验的通知》，根据各地上报材料，经归纳整理，写出了《当前我社成员思想状况调查分析综述》，上报上级领导及有关部门参阅。同年10月，在苏州召开了全国宣传思想工作研讨会。

1995年是中国人民抗日战争和世界反法西斯战争胜利50周年，也是九三学社建社50周年。党和国家领导同志江泽民、李鹏、乔石、李瑞环分别为社建社50周年题词。江泽民的题词是："继承发扬爱国主义传统，为统一祖国振兴中华而奋斗"，李鹏的题词是："发挥科技优势，为科教兴国作出新贡献"，乔石的题词是："尊重知识尊重人才，科教兴国落到实处"，李瑞环的题词是："推进民主，倡导科学"。乔石、丁关根、布赫、杨汝岱等同志出席了9月1日社中央在北京召开的纪念大会。会上，乔石代表中共中央宣读了贺词。吴阶平发表重要讲话。在建社 50 周年期间，全社开展了大规模的纪念活动，学社史，讲传统，蔚为风气，实际上也是一次深刻的爱国主义教育活动。社中央宣传部还与学苑音像出版社投入力量联合拍摄了一部九集历史专题片《莫忘国耻》。这是一部对广大人民群众特别是青少年进行爱国主义教育的好教材。该片出版发行后，社中央购置了一批录像带发至各地组织巡回播放，对成员进行爱国主义教育。

1997 年，为庆祝香港回归，社中央召开了常委会议和以迎香港回归、倡爱国主义为主题的两院院士座谈会，与会院士以自己的亲身经历，生动地讲述了“只有社会主义才能使中国强盛”的切身感受，抒发了热爱祖国，决心致力于祖国统一和振兴大业的豪迈情怀。首都 12 家新闻单位给予了报道，引起了较好的社会反响。各个地方组织也开展了多种形式的活动，如召开座谈会、文艺演出、书画展、征文、出版专刊等，形成了新的爱国主义教育的热潮。

中共十五大闭幕以后，社中央立即召开了主席会议、常委会议、中央学习会，组织传达、学习和贯彻。社中央宣传部专门下发了通知，对全社学习十五大精神做出了具体的部署和安排。

社员的整体素质进一步提高。几年来，社中央和全国统战系统共表彰九三学社在两个文明建设中的先进集体 58 个，先进个人 134 人；据 17 个省级组织的统计，共表彰先进集体284个，先进个人1407人。在岗位工作中，九三学社成员都兢兢业业，做出了突出贡献。据不完全统计，五年中，获得国家级奖励的1461人次，省部级奖励的5657人次，市级奖励的5263人次。

在组织建设方面，社第六次代表大会要求组织发展工作注重质量，坚持巩固和发展相结合方针，坚持“三为主”原则。1993年，《关于当前组织工作的几点意见》中进一步提出发展工作要在注重质量的前提下转向有计划地稳步发展，并规范了发展社员程序。1994年，全国组织工作会议上检查了1993年提出的组织发展意见落实情况，在《九三学社中央关于加强自身建设的意见》中进一步重申了上述要求。1995年全国组织工作会议上再一次讨论如何掌握重视质量这一前提，如何有计划地稳步发展。1996年全国组织工作会议形成的《九三学社中央关于认真学习贯彻〈关于民主党派组织发展若干问题座谈会纪要〉的意见》中，再次强调发展工作的基本方针和原则，要处理好发展和巩固、数量和质量、重点和非重点、骨干成员和一般成员的关系，不追求速度，切实做到有计划地稳步发展。对组织发展程序又进一步作了规定。

20世纪90年代是九三学社新老交替的关键时期，能否选拔和培养出合格的接班人，关系到社长期和中国共产党亲密合作的优良传统能否继承和发扬，关系到共产党领导的多党合作制度长期存在和发展。1992年换届时，社中央就明确提出切实加强后备队伍建设，特别是在《九三学社中央关于加强自身建设的意见》中，要求各级组织领导刻不容缓地把这项工作作为大事来抓，要立即研究，从实际情况出发制定规划，并明确提出物色人选的要求和方法。各级组织予以了高度重视。1995 年底各省级组织在上下结合，认真考虑的基础上，提出了后备队伍名单。

社中央和各地方组织都为 1997 年的换届做了大量的准备工作。在中央会议上，吴阶平多次发表重要讲话，强调一定要从跨世纪的政治交接的高度，认识和做好换届工作。社中央专门召开会议，讨论研究领导班子中间调整和微调，以及 1997 年换届工作，并下达了一系列有关的指导性文件。

在九届四次和五次全会上，社中央增补了王选和黄其兴两位副主席及多位中央委员、常委。

五年间，新建了省级组织重庆市委会和一批市级、基层组织。九三学社已有省级组织 30 个，市级组织 216 个，基层组织 3,437 个。1997 年，地方换届全面展开，至 7 月中旬，社 30 个省级组织均顺利完成换届工作。在工作中，各省级组织坚持以邓小平理论为指导，以做好政治交接为重点，积极稳妥地进行新老交替。在领导班子中充实了一大批政治素质好、德才兼备、能与共产党亲密合作、有较强参政议政能力和组织领导能力、年富力强、有一定代表性的领导骨干，改善了领导机构的年龄结构和人才结构，健全了工作机制。这次省级换届调整幅度较大，省级委员会委员调整幅度平均达 50%，最高达76.3%，最低的39%。30个主委中有22个是新当选的，年龄最大的主委71岁，年纪最轻的52岁。省级委员会委员共1249名，平均年龄51.9岁。女同志在所有委员中占19.8%。主副委员共178名，平均年龄57.6岁。副主委以55岁到65岁为主体，大多数省级组织有一名55岁以下的副主委。社中央和一些地方组织经过了中间调整；地方组织陆续完成了换届工作，地方领导班子的跨世纪政治交接有了良好的开端。

全社认真贯彻《关于民主党派组织发展若干问题座谈会纪要》的精神，社的组织健康发展，成员数量稳步增加，截至1997年第二季度，九三学社已有成员68,440人。保证了良好的政治素质，增强了组织的活力。

按照组织人事部门的统一部署和中央统战部的意见，社中央机关参照国家公务员暂行条例进行管理；已完成定编定员，进行定岗定职定责的工作，向参照管理过渡。几年来，逐步建立、完善、落实学习培训制度、会议制度、干部考核制度、招聘和退休制度、值班制度等。调整和充实了部门负责人。经主席会议决定，1997年上半年，社中央成立信息中心，各省级组织设立信息员，加强信息工作。

第四节　第七次全国代表大会

在全国人民喜庆香港顺利回归和中国共产党第十五次全国代表大会胜利闭幕后不久，1997年11月8日至

13日九三学社在北京召开了第七次全国代表大会。

中共十五大是在我国改革开放和社会主义现代化建设承前启后、继往开来的重要时期召开的具有重大历史意义的会议，大会通过的江泽民同志关于《高举邓小平理论伟大旗帜，把建设有中国特色社会主义事业全面推向二十一世纪》的报告，对我国改革开放和社会主义现代化建设跨世纪的发展作出了全面部署，是中国共产党面向新世纪的政治宣言和行动纲领。

第七次全国代表大会，是在这世纪交替的重要历史关头召开的一次新老交替和政治交接的大会。在中共十五大精神的鼓舞和指引下，来自全国各地的586名代表怀着喜悦、振奋的心情，肩负着全社60,000多名成员的重托，出席了九三学社第七次全国代表大会。大会的召开得到了中共中央、国务院的亲切关怀，受到社会各方面的热情关注。此次大会的主要议程是：以邓小平理论为指导，学习贯彻中共十五大精神；听取并审议九三学社第九届中央委员会的报告；讨论通过《九三学社章程修正案》；选举第十届中央委员会。

11月8日大会开幕。中共中央政治局委员、国务院副总理吴邦国，全国人大常委会副委员长、农工民主党中央名誉主席卢嘉锡，全国人大常委会副委员长布赫，全国政协副主席、中共中央统战部部长王兆国，全国政协副主席朱光亚等党和国家领导同志以及各民主党派中央、全国工商联、国家教委、国家民委、农业部等有关方面负责人出席了开幕式。开幕式前，党和国家领导人会见了全体代表，并同代表们合影留念。

大会主席团常务主席吴阶平作开幕讲话。他在阐述了中共十五大的伟大历史意义后指出，“统一战线历来是中国革命和建设的法宝，党和政府十分重视民主党派在国家政治生活中的地位和作用。江泽民同志在参加全国政协八届四次会议九三组的会上勉励我们说：‘希望九三学社的同志在邓小平同志建设有中国特色社会主义理论和党的基本路线指引下，继续发挥好参政议政和民主监督的职能，为科教兴国战略的实施，为实现经济体制和经济增长方式的转变，为改革开放和现代化建设贡献更多的智慧和力量。’九三学社是中国共产党领导的多党合作和政治协商制度中的参政党。我们要深刻认识我社的历史责任，充分发挥参政党作用，正确履行自己的职责，为推动社会主义民主政治建设，为振兴中华，统一祖国大业做出新的更大的贡献。”他希望与会的全体代表认真学习江泽民同志在中共十五大上所作的政治报告，在邓小平理论和中共十五大精神的指引下，振奋精神，同心同德，群策群力，胜利完成历史赋予的重任，在以江泽民同志为核心的中共中央领导下，奋发进取，务实创新，为实现跨世纪的新老交替和政治交接、开拓九三学社未来工作的新局面，为把建设有中国特色社会主义事业全面推向 21 世纪而努力奋斗！

吴邦国代表中共中央致贺词。他对自 1992 年我国改革开放和社会主义现代化建设事业进入新阶段以来，九三学社在邓小平理论指引下，遵循社会主义初级阶段的基本路线，与中国共产党亲密合作，努力发挥参政党作用，不断加强自身建设，致力于改革开放和社会主义现代化建设的伟大事业，为我国经济的腾飞和科技、教育事业的发展，为社会主义民主和法制建设所做出的贡献给予充分肯定。对九三学社努力参加社会主义精神文明建设的实践，在推动社会道德、文化建设方面所做的大量工作及显著成绩，给予了高度评价。对即将产生的九三学社的新一届领导班子寄予殷切希望。

卢嘉锡代表各民主党派中央和全国工商联宣读贺词，向大会表示热烈祝贺。

大会主席团常务主席徐采栋受社九届中央委员会委托，作题为《在邓小平理论伟大旗帜指引下，向着新世纪的宏伟目标阔步前进》的报告。报告分“新形势和新任务”、“五年工作的主要经验和体会”、“对今后工作的建议”三个部分。报告在对九三学社“六大”以来所取得的主要经验和体会进行了概括和总结后指出，在新世纪到来之际，九三学社正经历着新老交替的重大变化，新一代领导成员将成为领导班子的主体，年轻成员大量增加。如何提高整体素质，在新老交替的基础上实现政治交接，保持政治方向、优良传统和优势特点不变，是全社面临的一个十分现实而重大的课题。他代表社第九届中央委员会，对今后工作提出原则建议：一、认真学习贯彻中国共产党第十五次全国代表大会的精神，用邓小平理论武装思想。二、致力于建设有中国特色社会主义事业，努力参政议政，提高参政水平，促进社会主义民主政治建设。三、集中智力资源，发挥科技优势，为实施“科教兴国”和可持续发展战略，为实现“九五”计划和 2010 年远景目标做出更大贡献。四、全面加强自身建设，继续推进跨世纪的新老交替和政治交接。

在 12 月 10 日的全体大会上，大会主席团常务主席郝诒纯，就起草《九三学社章程（修正案）》情况进行了说明。她说，“‘六大’以来，国际和国内形势发生了很大的变化。我们第七次全国代表大会的重要任务之一就是要适应新形势的要求，进行换届，实现世纪之交领导班子的新老交替和逐步政治交接的任务。民主党派的章程是党派的政治纲领、组织路线的集中体现，代表党派的政治方向和社会形象。为了完成好逐步政治交接的任务，担负起新的历史使命，必须从时代、全局、历史的高度认真总结本社半个多世纪以来与中国共产党团结合作的宝贵经验和自身建设的新鲜经验，修改制定一部更具时代特征，符合本社实际的新章程，这对于进一步明确我社的政治纲领和奋斗目标，加强本社的理论建设，更好地发挥参政议政、民主监督作用，保证我社始终沿着正确道路不断前进，具有十分重要的意义。”

9 日至 11 日代表们进行了分组讨论，结合学习十五大精神，讨论中共中央贺词，审议第九届中央委员会报告，在听取大会《关于修改〈九三学社章程〉的说明》后又讨论审议《九三学社章程（修正案）》及《九三学社第七次全国代表大会关于〈九三学社章程（修正案）〉的决议》。按照大会安排，代表们就第十届中央委员会候选人名单进行了酝酿。

12日，举行全体会议。审议通过《九三学社第七次全国代表大会关于〈九三学社章程〉（修正案）的决议》。选举产生了由225人组成的九三学社第十届中央委员会。推举王淦昌为九三学社中央名誉主席，推举徐采栋、柯召、郝诒纯、杨樾、陈明绍、陈学俊为九三学社中央名誉副主席；推举方亮、叶恭绍、师昌绪、汤定元、李毅、启功、张光斗、陈立、陈恩凤、唐有祺、笪移今、葛庭燧、程裕淇、魏寿昆为九三学社中央顾问。

在九三学社十届一中全会上，吴阶平再次当选为中央委员会主席，安振东、王文元、赵伟之、洪绂曾、金开诚、王选、黄其兴、刘应明、闵乃本、谢丽娟当选为副主席。任命刘荣汉为秘书长。

这次换届的主要成果，是一批优秀同志走上了社的领导岗位。中央委员会调整比例达到43%。在保证政治素质的前提下，年轻化也迈出了一大步。新一届中委平均年龄57岁，比上届下降2.6岁；常委平均年龄62岁，比上届下降4.3岁；主席副主席平均年龄65.8岁，比上届下降3岁。

在11月13日的大会闭幕式上，通过了《九三学社第七次全国代表大会关于第九届中央委员会报告的决议》。决议认为，徐采栋代表九届中央委员会所作的报告，是一个体现时代精神、实事求是的报告。决议充分肯定了第九届中央委员会的工作，并要求，面向21世纪，社的各级组织和全社同志一定要认真学习贯彻中国共产党第十五次全国代表大会的精神，用邓小平理论武装思想；要坚持和完善共产党领导的多党合作和政治协商制度，继续致力于建设有中国特色社会主义事业，不断提高参政议政水平，促进社会主义民主政治建设；要坚持社会主义初级阶段的基本路线，服从和服务于改革、发展、稳定的大局，集中智力资源，发挥科技优势，为实施“科教兴国”和可持续发展战略，为实现“九五”计划和2010年远景目标做出更大贡献。决议强调，实现跨世纪的新老交替和政治交接至关重要，必须要始终坚持正确的政治方向，继承和发扬社的优良传统，弘扬民主和科学精神；必须着眼于社的政治纲领、政治路线的延续和发展，着眼于九三学社与共产党亲密合作关系的延续和发展，着眼于九三学社老一辈领导人政治立场、优秀品德和优良作风的延续和发展，.以政治交接为主线，全面加强社的自身建设。

大会还通过了九三学社第七次全国代表大会给老同志的致敬信。

吴阶平作闭幕讲话。他说，这次大会对九三学社未来的健康发展将产生重要的影响。他希望，在当前很好的国际国内形势下，九三学社作为参政党，一定要加倍努力，奋发进取，为国家的富强和民族的振兴做出更多的贡献。他要求各地方组织和代表回去后，认真传达本次大会精神，组织好学习，并认真研究如何结合本地的实际，采取有力的措施，贯彻好，落实好。

第十六章　继往开来，与时俱进，努力建设适应新世纪要求的参政党，胜利跨入全面建设小康社会新阶段

九三学社第七次全国代表大会以后的五年，时值世纪交替之际。是全社在中共十五大精神指引下，认真贯彻社的“七大”决定之际。在这不寻常的五年中，我们庆祝了中华人民共和国成立 50 周年；见证了我国政府恢复对澳门行使主权，庄严宣告了近代以来西方列强对中国进行殖民统治历史的彻底终结。我们庆祝了中国共产党成立 80 年、中国正式加入世界贸易组织、北京申奥成功等喜庆盛事。在中国共产党领导下，全国各族人民共同努力，经过改革开放 20 多年的发展，我们胜利实现了现代化建设“三步走”战略的第一步、第二步目标，人民生活总体上达到小康水平。当人类社会跨入 21 世纪的时候，我国进入全面建设小康社会、加快推进社会主义现代化的新的发展阶段。我国改革开放和社会主义现代化建设取得重大进展，综合国力显著增强，国际地位明显提高，正在为逐步胜利实现宏伟的第三步战略目标而奋斗。

五年中，九三学社第十届中央委员会和地方各级组织，带领全体社员以邓小平理论、中共十五大精神为指

导，认真学习“三个代表”重要思想以及江泽民同志2001年“七一”、2002年“五·三一”等重要讲话，贯彻落实第19次全国统战工作会议精神，进一步坚持和完善中国共产党领导的多党合作和政治协商制度，按照社“七大”的总体要求和部署，积极履行参政党职能，切实加强自身建设，社的各项工作取得了新的成绩和进展，呈现出更加朝气蓬勃的气象。

第一节　围绕中心，发挥优势，参政党整体工作呈现积极活跃新局面

社“七大”以后的五年，无论是在重大政治原则问题上，还是在重大政治事件中，九三学社坚持正确的政治方向，始终同以江泽民同志为核心的中共中央保持高度一致；遵照“长期共存、互相监督，肝胆相照、荣辱与共”的方针，紧密围绕中国共产党和国家的中心任务，结合自身特点和优势，进一步疏通渠道，拓宽领域，作为参政党，发挥着越来越重要的作用。

一、积极参与高层政治协商，参加重大专题考察调研

中国共产党领导的多党合作和政治协商制度在国家政治生活中的地位和作用越来越重要。重大问题坚持协商于决策之前已基本形成制度。社中央领导人多次参加中共中央召开的党外人士协商会、座谈会，共商国是，对有关中国共产党和国家的重大方针政策提出意见与建议；参加国务院有关部门的工作会议，了解情况，建言

献策；多次陪同国家领导人参加重要外事活动。中共十五届中央委员会历次全会召开之前，社中央领导人出席中共中央召开的座谈会，代表我社分别就农业和农村工作、国有企业改革和发展、“十五”规划的制订、加强和改进中共党的作风建设等重大问题，提出意见和建议。社中央领导人出席国务院提交第九届全国人民代表大会历次会议审议的《政府工作报告》（修改稿）的征求意见座谈会；参加中共中央、国务院召开的基础教育改革和发展、公民道德建设实施纲要等问题的征求意见座谈会，提出意见和建议；紧紧围绕经济社会发展中的重大问题，深入考察调研，积极建言献策，发挥了九三学社在多党合作政党制度中的影响和积极作用。

社中央领导人积极参加各民主党派中央、全国工商联和无党派人士联合进行的大型考察活动。五年中，相继就京九铁路沿线经济和社会发展、对台工作、保护和合理利用国土资源、西部大开发、“三农”和可持续发展等问题进行专题调研。每次考察活动结束后，中共中央均举行党外人士座谈会，就上述问题征求、交换意见。社中央领导人代表九三学社中央发言，与中共中央领导一起共商大计。

二、健全机制，加大力度，参政议政、民主监督工作取得新成绩

社“七大”以后的五年间，在参政议政、民主监督方面，加大工作力度，我社主要采取了以下措施。

领导高度重视，亲自主持和参与调查研究，推动工

作。社中央常务副主席王文元亲自抓这项工作，自全国政协九届一次会议起，五年中王文元领导主持的调研课题17个，在深入调查研究后形成一批政协提案和大会发言。

充分发挥社中央各专门委员会作用。由社中央副主席分工负责科技、农林、教文、经济、医卫、联络、妇女、政法、院士专门委员会工作，各专门委员会围绕党和国家的中心工作，发挥自身优势，确定选题，工作日趋活跃，取得一系列成果。

成立参政议政工作研究中心。2000年，社中央参政议政工作研究中心成立。研究中心在深入研究论证基础上先后就西部大开发、长江沿岸城市经济发展、政府职能转变、人力资源开发与人才能力建设、环保市场化、电子政务等课题进行多次考察、调研，并具体形成提案，效果良好。

制定《九三学社中央关于加强参政议政工作的若干意见》。《意见》的制定促进参政议政工作更加科学，更加制度化、规范化。

充分发动群众，发挥组织功能，凝聚集体智慧。社中央每年在全社范围征集政协大会提案，有关部门制定了发言提案征集和奖励条例，建立起一套征集、使用、转复和激励的机制，调动广大社员参政议政的积极性，发挥社的群体优势；深入调查研究，细致论证，保证提案质量；实行社组织与社会有关方面、社内社外专家、社中央与社地方组织“三结合”。这些措施、方法有力地推动了参政议政、民主监督工作，效果显著。

拓宽参政议政、民主监督渠道。积极反映社情民意，开展信息工作，是这一届中央委员会的新举措。社中央成立了信息中心，地方组织设置了信息员，建立起全社信息网络，制定《九三学社中央关于加强信息工作的若干意见》，信息工作逐步制度化、规范化。五年来，共向社中央主席会议、全国政协信息中心、中央统战部报送信息近1,200份。从1999年起，社中央信息中心连续三年被评为全国政协信息工作先进单位。这一工作，拓宽了参政议政、民主监督渠道，为维护稳定和协助领导部门科学决策发挥了积极作用。

社中央政法委员会就特约人员工作进行调研后形成的《完善特约人员工作，推进民主监督事业》提案，得到中共中央统战部充分肯定，不仅将认真考虑和采纳提案中提供的有价值的建议，并准备切实加强对这项工作的领导，健全特约人员工作的基本制度，明确特约人员工作的主要内容，使其工作真正做到制度化、规范化，取得实效。我社已有越来越多的社员担任各级特约监察员、检察员、审计员和教育督导员等，他们以高度的政治责任感，为民主监督作出了贡献。

由于建立了工作机制，加大了工作力度，我社参政议政、民主监督工作取得了新成绩。据统计，在全国政协九届一次至五次会议期间，我社（九三学社界别）共提出提案509件，大会发言88篇。其中，以九三学社中央和政协九三学社组名义提出提案50件，以九三学社中央名义作大会发言21篇。提案和发言的数量、质量逐年提高，取得良好的社会效益。在全国政协九届五次会议上，九三学社3篇发言被选为大会口头发言；我社所提“建立智力产权制度”、“加强无形资产工作”、“推动民营科技企业发展”等一批提案受到政府部门的重视与好评。全国政协提案委员会多次召开提案办理座谈会，会同国务院有关部门就提案的办理进行协商、促进落实。如，社中央副主席、农林委员会主任洪绂曾领导调研提出的《关于切实做好我国“入世”后农业应对准备的问题》的提案，提出了我国农业“入世”所面临的问题，十分重要，具有前瞻性，所提建议切实可行，受到全国政协提案委员会和农业部的高度重视和评价，召开了协商办理座谈会。

在2002年召开的政协第九届全国委员会优秀提案和先进承办单位表彰会上，我社共有15件提案被评为优秀提案，受到表彰。其中，以九三学社中央名义提出的提案2件：《关于切实做好我国农业“入世”应对准备的紧急建议案》、《关于环保产业市场化若干建议案》；以政协九三学社组名义提出的提案1件：《关于东西部开展科技合作的思路与对策案》；以九三学社社员个人名义或领衔提出的提案12件：《提高利用外资的层次案》（陈家骅等人）、《关于切实重视和加强高等职业教育案》（谢丽娟等人）、《关于依靠科技进步促进粮食生产的建议案》（黄懋衡等人）、《关于对我国西北少数民族地区扶贫工作的建议案》（汪愚等人）、《关于固体废物污染现状及其防治对策的建议案》（冯培恩等人）、《关于吁请依法行政，切实制止耕地剧减的建议案》（邓浦东等人）、《关于调整收入分配格局实现共同富裕案》（唐大智等人）、《关于中国“入世”的法律准备的建议案》（冯培恩等人）、《关于重视非传统矿产资源研究和开发案》（蔡克勤等人）、《关于西部地区生态保护和建设的建议案》（龚振栋）、《关于加快垃圾收费及资源化的建议案》（赖明）、《建立以资源循环利用和材料无害化处理为核心的家电报废体系的建议案》（王贤才）。

为了检阅中发（1989）14 号文件颁布以来九三学社中央参政议政取得的成绩，2002 年 2 月社中央还编辑出版了《九三学社中央国是建言集萃》。

2002 年 3 月 3 日至 13 日，全国政协九届五次会议在京召开。会议期间，中共中央总书记、国家主席江泽民等中共中央和国家领导人看望了出席会议的九三学社、无党派民主人士界别的委员，参加了联组会，听取委员们的意见和建议并发表了讲话。江泽民说：“九三学社同中国共产党有着长期合作的历史。九三学社成立及其发展的历程表明，在中国，各行各业的许多杰出人士，都把个人的事业与祖国和民族的命运紧密联系在一起，都把能够将自己的学识奉献给祖国和人民作为一生最大的追求。这种爱国爱民的抱负和品质，是九三学社的光荣传统也是中华民族的光荣传统。我们应当十分珍惜并永远保持和发扬这个传统。”他的讲话是对所有爱国知识分子尤其是九三学社广大成员的充分肯定，对九三学社是巨大鼓舞。

三、拓展为完成祖国统一、维护世界和平与促进共同发展的实践空间

1999年12月20日中葡澳门政权交接仪式隆重举行，中国政府对澳门恢复行使主权。全国人大常委会副委员长、社中央主席吴阶平作为中央政府代表团成员出席了政权交接仪式。在社中央举行庆祝澳门回归座谈会上，吴阶平深情地说，追溯历史，总结经验，我们可以自豪地说，澳门的顺利回归是建设中国特色社会主义事业的伟大胜利，是邓小平同志“一国两制”战略构想的伟大胜利，向全世界充分展示了“一国两制”战略构想的科学性和可行性，也为实现祖国完全统一创造了前所未有的机遇。

实现祖国的完全统一，是海内外中华儿女的共同心愿。在历次各民主党派中央、全国工商联和无党派人士举行的纪念江泽民《为促进祖国统一大业的完成而继续奋斗》重要讲话发表座谈会以及有关两岸关系座谈会上，社中央领导人多次代表我社发言，坚决支持“一个中国”原则，支持“和平统一，一国两制”的基本方针，严正批判任何旨在制造“台湾独立”、“两个中国”、“一中一台”的言行，坚决反对“台独”分子分裂祖国的罪恶行经。

社中央领导人多次接待来访的台港澳和海外人士，介绍形势，宣传政策，增进了解。社中央联络委员会积极开展民间外交和统战工作，协办了由“茅以升科技教

育基金委员会”主办的海峡两岸土木工程合作交流活动，向台胞展示、宣传祖国内地桥梁建设的成就，组织社内土木工程方面有关专家赴台参观访问。许多成员利用多种渠道积极引进资金、技术和人才，为祖国的经济建设服务，为推动祖国和平统一做实事。

和平与发展是时代的主题。维护世界和平与促进共同发展也是九三学社义不容辞的责任。1988 年，第 43 届联合国大会通过将每年 11 月 11 日所在周定为“国际科学与和平周”的决议，要求各会员国在此期间举办相应活动，旨在宣传科技进步对维护世界和平、促进人类社会发展所起的重要作用，鼓励人们为争取和平稳定的国际环境作出努力。1989 年起由中国科学技术学会、中国人民争取和平与裁军协会，联合几十个部委、人民团体、民主党派、科研院所和新闻单位等联合组成“国际科学与和平周中国组织委员会”。1999 年，社中央主席吴阶平担任组委会主席。2000 年，我社首次作为第十二届“国际科学与和平周”组织委员会主办单位之一参与其活动。自此，社中央每年积极参与举办“国际科学与和平周”活动，号召各地方组织以“发展科学、维护和平”为主题，开展大规模的宣传活动，得到了各地方组织的热烈响应。全社上下精心组织了各种丰富多彩的热爱和平、崇尚科学的活动，为发展科学与和平事业、社会主义精神文明建设作出了努力和贡献。此后几年，社中央连续荣获国际科学与和平周中国组织委员会授予的“国际科学与和平周特别贡献奖”。

2001年11月，社中央、联合国儿童基金会、瑞典国际开发署、广西壮族自治区人民政府共同在广西南宁市主办了“首届国际生态卫生科学大会暨国际生态卫生技术与产品展示会”。这是第一次由民主党派参与主办的国际学术会议。全国人大常委会副委员长、九三学社中央主席吴阶平，社中央副主席安振东、洪绂曾、黄其兴，秘书长刘荣汉等九三学社中央领导以及来自欧洲、北美洲、非洲、亚洲的30多个国家、地区和我国20多个省、市、自治区的代表300余人就“生态卫生与人类可持续发展”进行了讨论和交流。并在8个生态卫生村进行了实地参观考察。对广西以生态卫生厕所为核心的农村贫困地区生态卫生系统的应用，为净化环境、维护人类健康和自然界的生态平衡方面所取得的成绩赞不绝口。

社中央还以周培源基金会的名义，组成科技、生态卫生等访问团，先后赴日本、澳大利亚、美国、德国等国考察，对加强对外科技文化交流、开阔眼界、提高科教服务水平，对增进了解、拓展合作、维护世界和平与促进共同发展，都起到了积极作用。

第二节　以建设适应新世纪要求的参政党为目标，努力加强自身建设

1998年8月，各民主党派中央有关部门和部分省级组织负责人举办研讨班，针对自身建设进行专题讨论。之后，各民主党派中央领导人又多次举行会议，总结近

些年来自身建设的成果和经验，分析存在的问题和面临的任务，就新形势下加强自身建设若干问题达成共识，并于1999年5月11日形成《各民主党派中央关于加强自身建设若干问题座谈会纪要》。我社中央主席吴阶平，常务副主席王文元，副主席赵伟之、金开诚及秘书长刘荣汉参加了会议。

社“七大”之后，根据各民主党派中央在新形势下加强自身建设方面达成的共识精神，以建设适应新世纪要求的参政党为目标，九三学社积极加强自身建设，做出了新的努力。

一、回顾、总结历史，坚持、完善、落实好中国特色政党制度

以史为鉴，可知兴替。社“七大”后，千年更替，世纪之交，为使广大社员深入了解社的历史，学习、弘扬社的优良传统，加强我社自身建设，社中央决定编撰《九三学社简史》，并于1998年5月出版发行。《九三学社简史》记载了自抗日战争后期我社筹建，至1997年11月社的“七大”胜利召开的历史；反映了我社在新民主主义革命时期、社会主义革命和建设时期，以及改革开放以来半个多世纪的光荣历程。吴阶平主席1996年12月所撰《民主党派的历史道路和优良传统》的报告代序。《九三学社简史》是我社自身建设的重要文献，1998年6月，社中央下发通知，决定在全社范围内开展一次“学社史，继传统，迎接新世纪”的读书活动。读书活动内容多样，包括结合基层组织活动及培训来阅

读，学习；开展专题讨论，征文；在社中央和地方组织的社刊上开辟专栏，刊登社员的学习体会文章等等。在为期一年的读书活动中，各地各级组织和广大社员积极响应，踊跃参加。1999 年 12 月社中央下发《关于颁发“学社史，继传统，迎接新世纪”读书活动组织奖和优秀文章奖的决定》，经评选，社上海市委、江苏省委、浙江省委、辽宁省委、江西省委、广东省委 6 个省级组织荣获读书活动组织奖，王留荣、王黎、祁龙威、闵乃本等 13 人荣获个人优秀文章奖。这次读书活动对于九三学社发扬优良传统，加强自身建设，坚持发展中国特色的多党合作制度起到了十分重要的作用，正如吴阶平主席 1999 年 9 月 15 日在《中国民主党派史》出版座谈会上所讲的那样：搞好政治交接，努力建设面向新世纪的参政党，是摆在各民主党派面前的重大课题，是今后一个时期自身建设最重要的任务。这当中，如何正确认识民主党派的历史道路，把民主党派老一辈在长期革命和建设实践中形成的优良传统和高尚风范一代一代传下去，保证中国共产党领导的多党合作和政治协商制度得到坚持和发展，是政治交接的核心。江泽民总书记一贯重视和提倡学习历史。他致信北京师范大学教授白寿彝，又一次强调全党全社会都应重视中国历史的学习。民主党派史是中国现代革命史的一个组成部分。九三学社中央组织全社同志开展“学社史，继传统，迎接新世纪”的读书活动，推动了全社的思想建设。

2000 年 12 月 4 日至 6 日，第 19 次全国统战工作会议在京召开。江泽民同志在会上发表的重要讲话，从跨世纪的历史高度，全面分析了统一战线面临的新形势、新情况，进一步明确了新的历史条件下统一战线的地位和作用，系统论述了当前和今后一个时期统一战线的方针政策与主要任务，深刻阐明了统一战线一系列带有根本性、全局性、战略性的重大理论和实践问题。是指导新世纪统战工作的纲领性文件。江泽民同志说："确立和实行适合国情的政治制度和政党制度，对一个国家的发展和稳定具有极为重要的意义。"指出，共产党领导的多党合作和政治协商制度，"是中国人民长期奋斗的成果，也是中国人民政治经验和智慧的结晶"，是符合中国国情的。并强调，在新世纪，必须进一步坚持好、完善好、落实好这项行之有效、具有巨大优越性的基本政治制度。这是共产党和民主党派的共同责任。

社中央及时传达了全国统战工作会议精神。为把中国共产党领导的多党合作和政治协商制度坚持好、完善好、落实好，切实做好政治交接，2000 年 12 月，九三学社第十届中央委员会第四次全体会议上，王文元常务副主席代表九三学社中央主席会议作了题为《把中国共产党领导的多党合作和政治协商制度坚持好、完善好、落实好》的闭幕讲话，对九三学社自成立以来，半个多世纪长期实践中所形成的经得起历史检验的基本经验、优良传统和自身特色进行了认真总结，概括为：第一，发扬爱国主义光荣传统，参加共产党领导的爱国统一战线，与全国人民一起，始终不渝地致力于中华民族的伟大振兴；第二，以宪法为根本活动准则，履行维护宪法尊严、保证宪法实施的职责。享有宪法规定的权利和义务范围内的政治自由、组织独立和法律地位平等；第三，坚定接受共产党政治领导，坚持“长期共存、互相监督、肝胆相照、荣辱与共”的方针，做中共的挚友、诤友；第四，坚持以邓小平理论为指导，坚持中共在社会主义初级阶段的基本理论、基本纲领、基本路线，坚定走有中国特色社会主义道路；第五，组织动员广大社员和所联系的群众，紧紧围绕中国共产党和国家的中心任务开展工作，在社会主义初期阶段，就是紧紧围绕经济建设这个中心，为实现社会主义现代化而开展工作；第六，四项基本原则是我社同共产党合作的政治基础，在共产党领导的多党合作和政治协商制度的政治体制内，作为参政党，要找准位置、明确职责，努力发挥参政党作用；第七，坚持九三学社以科技界高、中级知识分子为主体，具有政治联盟特点的组织特色，坚持进步性与广泛性相统一，代表广大社员和所联系的群众的意愿，了解他们的切身利益，反映他们的特殊要求，为共产党团结领导广大社员和我社所联系的群众发挥桥梁和纽带作用；第八，中国共产党始终代表中国先进社会生产力的发展要求、代表中国先进文化的前进方向、代表中国最广大人民的根本利益，也是最彻底地为中国民主、科学事业奋斗的政党。在共产党领导下，我社一贯坚持和弘扬民主与科学精神，为中国民主、科学事业不懈奋斗；第九，努力继承、发扬本社老一代在长期革命和建设实践中形成的优良传统和高尚风范，始终坚持正确的政治方向，在新老交替中注重政治交接；第十，努力学习马克思主义、毛泽东思想、邓小平理论，坚持不懈地加强自身建设，全面提高自身素质，以适应中国革命和建设事业发展的要求。王文元强调，上述基本历史经验、优良传统和自身特色，既是我社过去55年中能够不断健康发展的基础和条件，也是进入21世纪后，我社为坚持好、完善好、落实好共产党领导的多党合作和政治协商这一基本政治制度做出新贡献的基础和条件。

二、改进工作方法，探索思想建设新路子

社中央在总结以往思想建设工作经验的基础上，于1999年6月制定了《九三学社中央关于加强思想建设的若干意见》，在思想建设方面，不断探索新路子，采取有效措施，收到很好的效果。

以重要事件为契机，有针对性地进行思想宣传工作。抓住中共“五一”口号发布50周年、中共十一届三中全会召开20周年、《中共中央关于坚持和完善中国共产党领导的多党合作和政治协商制度的意见》发表10周年，反对“法轮功”邪教组织、抗议以美国为首的北约轰炸我驻南斯拉夫使馆的暴行、新中国成立50周年、澳门回归、中国共产党成立80周年、中国加入世贸组织、北京申奥成功等重大事件，社中央及时发出通知，作出安排，通过在广大社员中开展形式多样的爱国主义、社会主义教育活动，加深了对党的基本路线、邓小平理论、“三个代表”重要思想、多党合作重要性的认识，增强了社组织的凝聚力和向心力。

建立、完善学习制度。进一步加强社各级领导干部和骨干的学习培训，社中央多位领导人参加“统一战线和多党合作与实践研究班”。2001 年社中央和北京市委会联合对 300 多名社员骨干分批进行了培训；调整充实社中央理论中心组，吸引在京中青年成员参加，提高成员对参政党的认识和政治理论修养，努力造就高素质的干部队伍和骨干队伍；坚持每月召开一次理论学习会，把握思想建设的重点，力求做到理论学习与深入基层调研相结合，系统学习与专题学习相结合，增强学习实效性。社中央每年组织 8—10 次社中央学习会，学习有关文件，讨论有关问题。以会代训，社中央召开“全国思想建设和信息工作会议”，对与会的省级组织负责人和从事宣传工作的机关干部进行社章、社史、统战理论和多党合作形势、任务的教育，对全社的思想建设起到有力的推动作用。

发挥典型的示范和导向作用。在全社范围内开展向王选和黄昆同志学习的活动，在社内外刊物上大力宣传他们的先进事迹及社员学习他们的心得体会；召开座谈会，激励广大社员在实施科教兴国战略中奋发进取、勇攀高峰，建功立业，为国争光；在报纸刊物上刊登获国家重大奖项的社员光辉业绩，大力宣传他们追求真理的科学精神和爱国情怀；在社中央支持下，由学苑出版社提议和组织编写、出版《九三学社院士风采》，展现在中国近现代科学技术发展进程中九三学社成员以赤子之心报效祖国、献身科学的精神风貌。加强与新闻媒体的联系，开通地方组织宣传部门与新闻媒体的“直通车”，精心组织我社重要活动和典型人物的专题报道，扩大社会对九三学社的认知及影响。利用《九三中央社讯》、《民主与科学》等宣传阵地大力宣传新时期统一战线和多党合作事业。学苑出版社还为社员出版了一些学术著作，受到好评。

深入实际，把调查研究作为做好思想建设工作的基础和前提。1999 年，由社中央副主席金开诚带队，率领社中央宣传部、研究室、组织部、办公厅等部门的同志赴河南、江苏两省五市，就社的思想建设、组织建设、信息工作、社史研究与宣传等问题开展调研，与地方组织、基层社员进行了广泛接触和交流。回京后专门召开会议，对调研中了解到的情况及存在问题进行梳理和总结，使大家增长了见识，受益匪浅，也增强了工作的积极性、主动性、针对性和实效性。

召开宣传思想工作会议，总结交流经验，鼓励创新。注重总结经验，社中央每年都要召开思想建设宣传工作会议，不仅交流各地方组织思想建设情况，还研讨我社在新形势新阶段思想宣传工作的方法和改进措施。

开展理论研究。社中央同一些地方组织合作，开展了关于参政党理论的研究，结合社员思想实际，就参政党若干理论问题进行了思考和探索。

解放思想，社史研究工作逐步从封闭走向开放，开展抢救发掘社史资料的工作。通过社庆、纪念我社先贤如王淦昌、严济慈、周培源等大型活动，加强社史人物的专题研究，弘扬社的光荣传统。

三、以政治交接为主线，搞好组织建设

社“七大”后，组织建设工作有了新的变化和发展。

建立、健全组织工作制度。为使组织建设进一步制度化、规范化，根据社“七大”修订的《九三学社章程》以及 1996 年《关于民主党派组织发展若干问题座谈会纪要》、1999 年《各民主党派中央关于加强自身建设若干问题座谈会纪要》的要求和精神，在充分调查研究的基础上，社中央组织部制定了《九三学社中央关于加强组织建设的若干规定（试行)》。几年来，全社各级地方组织认真贯彻执行《规定（试行)》，组织建设稳步推进。

坚持组织发展工作的方针。在组织建设中，组织发展指导思想明确，坚持“三为主”（“以协商确定的范围和对象为主”、“以大中城市为主”、“以有一定代表性人士为主”），严格把握发展成员的条件，坚持“发展是为了工作”和“在工作中发展”的原则，处理好发展与巩固、数量与质量、重点与非重点、发展骨干成员和发展一般成员的关系，特别是保持了我社作为民主党派，进步性与广泛性统一的特点。发展的重点放在发展骨干成员，发展高素质的后备干部上。组织发展基本上步入了规范化、制度化轨道。

五年中发展新社员19,654人，其中具有高级职称的6,721人，占新社员总数的34.20%；40岁以下的13,217人，占新社员总数的67.25%；平均年净增率为4.2%。到2002年6月，我社共有社员85,543人，平均年龄54.38岁，比五年前降低了0.3岁；具有高级技术职称的占社员总数的59.60%，比五年前增长了4.9%；担任政府实职的社员2,539名，占社员总数的3.0%。组织发展呈现出新社员中具有高级技术职称的比例逐年提高、新社员平均年龄略有下降、社员年净增率下降、离退休社员的比例逐年增加等特点。既注意总体上把握了年增长5%的发展速度，做到了有计划、有重点，注重质量；也注意防止片面追求发展成员年轻化的倾向。至2002年，全国社的省级组织30个，市级组织261个，基层组织3,934个。其中新建市级组织45个，基层组织497个。

领导班子建设、后备干部队伍建设和基层组织建设取得了新进展。2000年12月，社十届四中全会上增补了社中央常委、社山东省委会主委陈抗甫，社中央委员、社北京市委会副主委韩启德为社中央副主席。2001年12月，社十届五中全会上，增补了于建华等7人为社中央委员。省级组织大部分进行了届中调整。加强后备干部建设，是奠定新老交替的坚实基础。根据中共中央印发的《2001年——2005年全国干部教育培训规划》基本精神，结合我社实际，制定了《九三学社中央关于加强后备干部队伍建设工作的意见》和我社后备干部教育培训规划。配合换届工作，后备干部队伍建设得到进一步加强。基层组织工作取得了新成绩。在2001年社中央组织工作会议上，总结交流基层工作经验，对61个先进基层组织给予表彰。

社员中有全国人大代表81人，省人大代表301人，地市人大代表673人；全国政协委员113人，省政协委员1,008人，地市政协委员3,146人。有5人担任政府省部级领导职务，62人担任厅局级领导职务。有国家级特约人员8人，省级特约人员252人，地市级特约人员1,101人。1998年3月，在全国政协九届一次会议上，九三学社中央委员会常务副主席王文元当选为全国政协副主席；在第九届全国人民代表大会第一次会议上，九三学社中央委员会主席吴阶平再次当选为全国人大常委会副委员长。五年来，社员中有870多人次获得国家级奖励，4,430多人次获得省部级奖励，5,450多人次获得地市级奖励。我社王选、黄昆两位院士同时获得2001年度国家最高科学技术奖。这是我国科技界的一大盛事，也是九三学社的光荣。

以政治交接为主线，在新老交替的基础上，做好换届工作。为把我社建设成为适应新世纪要求的参政党，第十届中央委员会以邓小平理论、“三个代表”重要思想、中共十五大及全国统战工作会议精神为指导，以政治交接为主线，认真贯彻《关于民主党派2002年换届有关方针政策》的精神，相继制定出《九三学社中央关于2002年省级组织换届的意见》，以及《关于九三学社中央2002年换届的意见》、《关于做好2002年省级组织换届工作的意见和建议》等一系列指导性文件，并成立了社中央换届领导小组，统一思想认识，加强对换届工作的领导和宏观把握。社中央召开常委会、全会、组织工作座谈会，学习、领会、贯彻、落实有关精神和基本方针、政策。多次重申，搞好政治交接，既是保障共产党领导的多党合作和政治协商制度长期存在和健康发展的基本要求，也是衡量换届工作成功与否的根本标志。对省级组织换届工作进行了部署和安排，对换届工作中可能会碰到的困难和问题进行了研讨，并提出解决处理办法。各级地方组织领导班子成员高度重视，加强政治引导，做了大量深入细致思想工作，结合本地实际认真贯彻落实有关换届文件精神，努力搞好政治交接，承担了光荣历史责任，使换届工作顺利展开，并取得圆满成果。2002年全部圆满完成了社各省级换届任务，一大批优秀同志走上了领导岗位。

第三节　紧紧围绕西部大开发、科教兴国和可持续发展战略，发挥自身特色，继续推进科教服务与支边扶贫工作

一、齐心协力，积极参与和服务于西部大开发

实施西部大开发战略，加快中西部地区发展，关系经济发展、民族团结、社会稳定，关系地区协调和最终实现共同富裕，是实现社会主义现代化建设第三步战略目标的重大举措。

世纪之交，在我国即将开始实施现代化建设第三步战略部署的时候，中共中央高瞻远瞩，不失时机地提出实施西部大开发战略，加快中西部地区发展。根据《中共中央关于制定国民经济和社会发展第十个五年计划的建议》西部大开发的基本思路和战略重点，社中央专门召开西部大开发研讨会，并多次在参政议政工作会议、常委会及全委会上研究讨论，决定集中力量，从实际出发，说做一致，把实事办好，把好事办实，坚持重实绩、重效益的原则；发挥我社优势，结合实施西部大开发战略，把科教支边扶贫、“三九合作”等工作提高到新水平；要进一步调动广大成员的积极性、创造性，鼓励、推动他们在各自的工作岗位上为实施西部大开发战略献计出力；要求社的各级组织切实加强对我社参与西部大开发工作的领导，并要制定工作计划，认真组织实施。

2000年5月，社中央常务副主席王文元，副主席洪绂曾、金开诚和社内有关专家学者参加了中央统战部组织的各民主党派中央、全国工商联和无党派人士西部大开发考察活动，与云南、贵州两省党政领导座谈，就实施西部大开发战略问题提出许多建设性意见和建议。9月，中共中央举行党外人士座谈会，征求各民主党派中央、全国工商联负责人和无党派人士对实施西部大开发战略的意见，王文元代表九三学社中央发言。11月，社中央第十届中央委员会第十一次常委会在重庆召开。期间，与中共重庆市委签订《九三学社中央与中共重庆市委关于加快重庆科技发展的合作协议》，社中央副主席安振东代表九三学社中央在合作协议上签字。这是我社为西部大开发贡献力量的又一重要举措。根据重庆市科技发展的意向，九三学社中央将组织社内专家、学者就以“以信息化带动工业化，推动重庆老工业基地改造，促进产业升级”、“对三峡库区生态环境保护和建设提供科技支持”等方面开展调查研究和咨询、论证等工作。为实践“科学技术是第一生产力”，推动重庆市国民经济、社会发展献计出力。

社的各级组织发挥自身优势，组织社内专家学者，或实地调研考察，确定合作项目；或为当地义诊讲学，赠送物资器材，免费培训科技人才；或召开研讨会、座谈会，以多种形式，为实施西部大开发战略脚踏实地做着努力和贡献。一些成员还提出申请，愿意到西部工作，把根扎在西部，充分表现出作为参政党成员的高度使命感和责任感。新闻媒体对我社积极参与、服务于西部大开发进行了专题报道。2000 年 8 月 6 日，中央电视台《焦点访谈》节目播出了对王文元《关于西部大开发问题》的访谈。2002 年 4 月 16 日的《人民政协报》报道了九三学社四川省委在智力支边、科教扶贫、维护安定、建言献策等方面的突出成绩。

二、注重实效，努力开拓，进一步加大“九广”、“九临”、“九通”科技合作区和旺苍县定点扶贫工作的力度

1998 年，社中央召开了“第六次沿海地区科技开发

暨支援‘三九’合作区研讨会”。会议总结了多年来“三九合作区”工作坚持从实际出发，从实事做起，注重实效，突出“实”字的经验，深入研究并确定今后科教合作及扶贫工作“不脱贫不脱钩；脱了贫也不脱钩”的指导思想及具体措施。

为更好地开发广元市的优质农产品资源，1998 年，社中央出资 10 万元，建立股份合作制的“九广优质种苗繁育场”。这是在实践中，对“九广合作”运作机制所做的一种积极探索和尝试。

在我社的大力帮助和协调下，四川省畜牧局将“旺苍县黄江羊改良本地山羊综合技术推广”列入全省畜禽品种改良规划，调种羊 100 只。该项目完成后，在年存栏 2 万只的基础上，发展到年存栏 10 万只，实现年出栏商品肉羊 20 万只，北部山区农户人年增收 200 元以上，年增收 200 万元。

社中央领导多次赴广元、临汾、通辽三地考察。社浙江省委为广元市引入的娃哈哈矿泉水生产线，2001 年产值已突破 7,000 万元；在社四川省委的帮助下，广元市广福制药厂从濒临倒闭发展成为年产值上千万元的现代化制药厂。社山西省委帮助临汾市安泽县建立了具有科技含量和相当规模的食用菌生产基地，取得良好的经济效益，使 1,000 农户脱贫。社北京市委为通辽市所做的城市规划已经实施，效果明显；投资援建的通辽市九三门诊部也在当地闻名。此外，我社联系农业部在通辽奈曼旗的节能、种植固沙、科学养殖、打井取水“四合一”的农舍建设，以及节能住房、沼气、大棚种植“三合一”的农业示范基地也取得可喜成果。

在加强“三九合作”工作力度基础上，重点做好我社定点扶贫联系县——旺苍县的定点扶贫工作，特别是对双峰村及木门小学进行的“一村一校”扶贫工作，成果显著，成绩喜人。

资助双峰村制定规划，加速小康村建设。1997—1999年，社中央先后投资9万元，帮助双峰村购买水管，安装饮水设备，接通了主管道、修了蓄水池，确保双峰人民喝上干净的自来水。双峰人民世世代代所困扰的水问题解决了，群众高兴地称其为“九三水”。根据双峰村发展规划，专家实地考察后，认为发展经果林更适合双峰村的长远发展，社中央即为双峰村购买价值4万元的树苗，其中雪枣2,350株，梨枣1,750株，油桃2,030株，中华寿桃560株。实行让群众自己掏钱，我社予以补助，技术由九三学社负责，收入全归农民的扶贫模式，深受当地党政领导和群众欢迎、赞赏。社中央捐资和引资帮助双峰村和农林村共修建瑞典粪尿分集式生态卫生厕所100多座，改善了农村卫生条件，受到市县领导及群众好评。

1998—2000年，社中央每年拨款1.5万元，委托社四川省委在成都实验小学对木门小学中青年教师进行三批培训，以提高教学质量。社中央给木门小学先后添置微机30台，建起了电脑室，开设微机课程。这在旺苍县小学中尚属首次，引起强烈反响。社中央拨款资助修通木门小学校前公路，为学校的建设和学生的通行提供了极大的方便。还邀请该校的优秀师生进京学习参观，接受爱国主义教育。社中央捐资和引进台资共10余万元，修建了木门小学双凤分校。

三、扶贫攻坚，为老、少、边、穷地区的经济建设和社会发展提供有力支持

社中央副主席安振东、洪绂曾、黄其兴，秘书长刘荣汉多次率队到老、少、边、穷地区进行考察和调研，检查项目运作情况，听取意见、建议，召开研讨会，组织有关社员研究论证，商讨具体事宜，以利发挥自身优势，进一步密切协作，科教扶贫攻坚，为老、少、边、穷地区的经济建设和社会发展提供有力支持。

九三学社长期坚持开展科技咨询、人才培训、送医送药等活动，涉及全国省级组织、近百个市级组织和近万名社员，收效明显，得到国务院扶贫办、当地党政部门和人民群众的好评，江泽民同志给予了充分肯定。

为了促进科技成果在农村的迅速转化，配合灾区重建家园，建立高起点的农业生产体系，1998年社中央与中华全国供销合作总社共同举办“救灾、重建与农业持续发展高层研讨会”，并组织以专家学者、农业人才为主体的科技快车形式下乡服务活动，受到地方政府的高度重视和群众喜爱。

2000年，社中央在贵州省毕节地区威宁县及贵阳市附近的乡村，结合农村生态能源建设，推广我社移植的瑞典国际开发署的生态卫生厕所项目。2001年社中央在

北京郊区和贵州省毕节地区威宁县建立了生态卫生厕所示范户。根据在旺苍县示范成功经验，又在广元四县三区边搞示范边推广，仅旺苍、青川两县就建起了200多座。经数年努力，生态卫生旱厕技术已在广西得到了全面推广，在全区20多个县市建成生态卫生旱厕约50,000座，逾百万农民从中受益，农民的居住环境得到改善，生活质量也随之提高，这项举措有力地促进了广西农村的小康建设。

为了更好地贯彻落实中共中央扶贫开发会议精神，进一步在全社形成“人人为贫困地区献爱心、送温暖”的氛围，我社与民盟中央、中国日报、中华全国新闻工作者协会、中国扶贫信息网共同倡导开展“手挽手”系列扶贫活动。2002年10月，此项扶贫活动正式启动。社中央主席吴阶平担任此次活动组委会名誉主任。活动中，我社中央、民盟中央、中国记协、北京崇文小学四家单位共向国家级贫困县甘肃省东乡族自治县和内蒙古巴林右旗捐书8,000余册。

1998年，社中央在河南郑州召开了办学工作研讨会，对我社近年工作取得的成绩、存在的问题、面临的形势进行了深入讨论和分析。1999年在全社范围内对民办学校的类别、资格、教职员工人数、专业设置、资产设备等情况进行了书面调查，并对各地方组织办学工作中出现的新情况、新问题进行了研讨。2000年，社中央向社各省级组织发出《关于开展向贫困地区捐助活动的通知》，通知发出后，各省级组织积极响应，行动迅速，仅这一次就组织捐款714,563元，捐物93,106件；全部捐款主要用于支持贫困地区的基础教育、助学、助教、师资培训、教具添置等。社中央还捐资20万元帮助贫困地区建立了“九三学社育才学校”、“九三学社兴边富民学校”。促进了当地经济发展和社会稳定，体现了九三学社对西部开发关键靠人才，人才培养关键靠教育的战略决策的明晰认识，对科教兴国、可持续发展战略的贯彻和落实。

2002年7月，社中央召开科教服务、支边扶贫总结表彰大会，会议回顾了我社开展科教服务、支边扶贫近20年来的工作，授予徐采栋、安振东、洪绂曾、黄其兴、刘荣汉、高继中、卢光琇、吴若秋等8位同志“荣誉奖”，授予社四川省委等28个地方组织“九三学社科教服务、支边扶贫先进集体奖”，授予杨宗义等58位同志“九三学社科教服务、支边扶贫先进个人奖”。

第四节　第八次全国代表大会

2002年12月3日至8日，九三学社第八次全国代表大会在北京隆重召开。时值中国共产党第十六次全国代表大会胜利闭幕不久。

中共十六大，是新世纪新阶段中国共产党在开始实施社会主义现代化建设第三步战略部署的新形势下召开的十分重要的一次大会，具有重大而深远的意义。江泽民同志所做的《全面建设小康社会，开创中国特色社会主义事业新局面》的报告，坚持以马克思列宁主义、毛泽东思想和邓小平理论为指导，站在历史和时代的高度，全面分析了新世纪中国共产党和国家面临的新形势新任务，科学总结了改革开放以来特别是十三届四中全会以来中国共产党带领人民建设中国特色社会主义的基本经验，进一步阐明了贯彻“三个代表”重要思想的根本要求，明确提出了中国共产党在新世纪头二十年的奋斗目标和推进各方面工作的方针政策，深刻回答了关系中国共产党和国家长远发展的一系列重大问题，对建设中国特色社会主义经济、政治、文化和中国共产党的建设等各项工作作出了全面部署。是中国共产党在新世纪新阶段的政治宣言，是全面建设小康社会、加快推进社会主义现代化的行动纲领。

九三学社第八次全国代表大会，正是在中共十六大精神的鼓舞下召开的。是我社进入新世纪后召开的第一次全国代表大会，具有承前启后、继往开来的重要意义。

来自全国各地的624名代表满怀喜悦的心情，肩负着全社85,000多名社员的重托，参加了九三学社第八次全国代表大会。大会的召开得到了中共中央、全国人大、国务院、全国政协的亲切关怀，备受社会各界瞩目。大会的任务是：高举邓小平理论伟大旗帜，贯彻中共十六大精神，回顾总结社“七大”以来的工作和经验，明确今后五年的奋斗目标和任务，搞好政治交接，做好换届工作，建设适应新世纪要求的参政党。大会议程是：学习、贯彻中共十六大精神；听取和审议九三学社第十届中央委员会报告；审议、通过《九三学社章程修正案》；选举九三学社第十一届中央委员会。

12月3日，大会隆重开幕。中共中央政治局委员、全国政协副主席、中共中央统战部部长王兆国，全国人大常委会副委员长曹志，全国人大常委会副委员长、民盟中央主席丁石孙，全国政协副主席宋健等党和国家领导同志，中共中央统战部常务副部长刘延东，全国政协副秘书长范西成，以及各民主党派中央、全国工商联、国家经贸委、国务院西部地区开发领导小组、科技部、农业部、卫生部、教育部、国土资源部、国家环境保护总局、国家林业局、中国科学院、中国工程院、中共北京市委等有关方面负责人出席了开幕式。开幕式前，党和国家领导人会见了全体代表，并合影留念。

大会主席团常务主席吴阶平作开幕讲话。他说，九三学社“八大”“要认真学习中共十六大报告，深刻领会报告的精神实质，把思想统一到中共十六精神上来。要充分认识中共十六大的决定和部署对国家和民族未来发展的伟大历史意义；充分认识中共十六大确定的奋斗目标，也是民主党派的共同目标，中共十六大提出的各项任务，也是民主党派的共同任务；充分认识‘三个代表’重要思想既是中国共产党的强大理论武器和长期的指导思想，也是爱国统一战线和多党合作的思想基础。”他指出：“通过换届实现社中央领导的新老交替和政治交接，是‘八大’的一项历史性任务。”他强调，“政治交接的核心是进一步加强思想建设，以邓小平理论为指导，认真学习‘三个代表’重要思想，切实履行参政党职能，巩固和发展同中国共产党亲密合作的思想政治基础。政治交接的目标是建设适应新世纪要求的参政党。”

王兆国代表中共中央致贺词。对我社的光荣历史和优良传统给予了高度评价。他说，“半个多世纪前九三学社成立的时候，中国正面临两种前途、两种命运决战的关键时刻，九三学社高举‘民主与科学’的旗帜，明确提出了反对独裁、争取民主，反对内战、争取和平的政治主张，与中国共产党并肩战斗，为民族独立和人民解放事业作出了重要贡献。新中国成立后，九三学社与我们党风雨同舟、团结合作，共同战胜了前进道路上的各种困难和风险，谱写了建设国家和促进民族振兴的光辉篇章。”对我社“七大”以来的工作给予充分肯定和鼓励。他说，过去的五年，“九三学社坚持以邓小平理论为指导，认真学习和实践‘三个代表’重要思想，切实履行参政议政、民主监督职能，组织广大成员投身社会主义现代化建设的伟大事业；以搞好政治交接为主线，大力加强自身建设，成员的政治素质不断提高；充分发挥人才智力优势，就京九铁路沿线的经济发展、保护和合理利用国土资源、东西部科技合作、农业‘入世’与挑战、民营科技企业发展和对台工作等重要问题，提出了许多很好的意见和建议，为党和国家制定政策和科学决策提供了重要依据；继续推动‘九广’、‘九临’、‘九通’科技合作区建设，为老、少、边、穷地区的经济建设和社会发展提供了有力的支持；积极参加社会主义精神文明建设，在推动社会主义道德和文化建设方面，做了许多卓有成效的工作。”他代表中共中央向九三学社的同志们致以崇高的敬意，对即将选出的社的新一届领导班子寄予厚望。殷切希望九三学社广大成员深入学习贯彻中共十六大精神，适应时代发展的要求，进一步加强自身建设，搞好政治交接，努力提高参政议政和民主监督水平，把九三学社建设成为与中国共产党亲密合作、能够经受各种困难和风险的考验、致力于建设中国特色社会主义事业的参政党。相信“九三学社新一届领导班子一定能够继承和发扬九三学社的优良传统，沿着中共十六大指引的方向，努力开创九三学社工作的新局面，为实现全面建设小康社会的目标作出新的贡献。”

丁石孙代表各民主党派中央和全国工商联宣读贺词，向大会表示热烈祝贺。

大会主席团常务主席王文元受社第十届中央委员会委托，作题为《与时俱进，开拓创新，为建设适应新世纪要求的参政党团结奋斗》的报告。报告分“七大以来工作的回顾”、“几点基本认识和经验体会”、“对十一届中央委员会工作的建议”三部分。报告对过去五年的工作和经验从七个方面进行了总结后指出，回顾五年来工作的实践，联系我社半个多世纪、特别是中共十三届四中全会和《中共中央关于坚持和完善中国共产党领导的多党合作和政治协商制度的意见》贯彻实施以来 13 年的发展历程，九三学社在一系列重大原则问题上加深了认识，更加明确了今后努力的方向。报告阐述的“几点基本认识和经验体会”是：必须认真学习“三个代表”重要思想，深刻认识中国共产党的先进性，坚定接受中国共产党领导的信念；必须坚持共产党领导的多党合作和政治协商制度，促进社会主义民主政治建设；必须高举爱国主义和社会主义旗帜，不断开拓创新，为中国特色社会主义事业贡献力量；必须坚持与时俱进，建设适应新世纪要求的参政党。报告对十一届中央委员会工作提出五点建议：深入学习中共十六大精神，加强政治思想工作，坚持正确的政治方向；勇于进取，开拓创新，完善工作机制，切实履行职能；加大力度，发挥优势，为实施科教兴国战略和可持续发展战略做出更大贡献；以政治交接为主线、领导班子建设为重点，保证组织健康发展，增强活力；大力开展科技文化交流，加强对外联络工作，促进祖国和平统一事业。

在12月3日的全体大会上，大会主席团常务主席洪绂曾就起草《九三学社章程修正案》（草案）情况作了说明。他指出，“自‘七大’以来，国内外形势发生了很大变化。……作为参政党的九三学社面临着进一步提高和完善自身来迎接时代赋予的历史使命的新形势。继承我社老一辈领导人接受共产党领导、与共产党亲密合作的优良传统，与时俱进，建设一个适应新世纪要求的参政党，把中国共产党领导的多党合作和政治协商制度坚持好、完善好、落实好，为实现新世纪新阶段全面建设小康社会、加快推进社会主义现代化、开创中国特色社会主义新局面的奋斗目标，为实现推进现代化建设、完成祖国统一、维护世界和平与促进共同发展的三大历史任务，做出我们应有的贡献，是时代向我们提出的要求，是历史赋予我们的神圣使命。为了适应我们面临的新的形势和任务，我们需要对‘七大’《章程》进行适当修改，以使其更具时代特征，更符合我社建设新世纪参政党的要求。”他介绍了《章程》修改、完善过程，对修改“总纲”和“组织部分”作了详尽的说明。

会议期间，代表们认真学习邓小平理论和“三个代表”重要思想，听取了中共十六大精神的辅导报告，讨论了中共中央贺词。分组讨论、审议了社第十届中央委员会的报告、《九三学社章程（修正案）》。代表们还对社第十一届中央委员会候选人名单进行了充分地酝酿。

在12月7日的全体会议上，审议通过了《九三学社第八次全国代表大会关于第十届中央委员会报告的决议》。决议认为，王文元代表第十届中央委员会所做的报告，以中国共产党第十六次全国代表大会的精神为指导，认真总结了“七大”以来的工作，明确了我社的奋斗目标和任务，对今后的工作提出了积极的建议，是一个与时俱进、实事求是的报告。决议充分肯定第十届中央委员会所做的工作，并要求：社的各级组织和全社同志要认真学习贯彻中国共产党第十六次全国代表大会精神，学习和实践“三个代表”重要思想，深刻认识中国共产党的先进性，坚定接受中国共产党领导的信念；要坚持中国共产党领导的多党合作和政治协商制度，促进社会主义民主政治建设；要高举爱国主义和社会主义旗帜，充分发挥我社人才荟萃的智力优势，不断开拓创新，为中国特色社会主义宏伟事业贡献力量；要坚持与时俱进，把我社建设成为适应新世纪要求的参政党。明确我社建设的目标、内涵和原则，坚持以政治交接为主线，全面加强自身建设。要继承我社在长期政治实践中形成的优良传统，弘扬民主与科学精神并根据新形势新任务的要求，切实谋划，勇于创新，努力使思想工作达到新水平，参政议政开创新局面，组织发展增添新力量，自身建设焕发新活力。

会议还审议通过了《九三学社第八次全国代表大会关于〈九三学社章程修正案〉的决议》。选举产生了由于建华（女）等225人组成的九三学社第十一届中央委员会。这一届中委，具有高级职称的占88%，平均年龄为51.5岁，比上届下降了6.2岁。

在12月7日举行的九三学社十一届一中全会上，韩启德当选为九三学社第十一届中央委员会主席，洪绂曾、金开诚、王选、刘应明、闵乃本、谢丽娟（女）、陈抗甫、冯培恩当选为副主席。推举吴阶平为九三学社中央委员会名誉主席，王文元、徐采栋、杨檦、陈明绍、陈学俊、赵伟之、黄其兴为名誉副主席。选举产生了由王选等45人组成的中央常务委员会。会议通过了《九三学社中央关于深入学习贯彻中国共产党第十六次全国代表大会精神的决议》。

12月8日大会胜利闭幕。在闭幕会上，通过了九三学社第八次全国代表大会给老同志的致敬信。信中对九三学社老领导、老同志多年以来，特别是进入改革开放和社会主义现代化建设新时期以来，所做的大量卓有成效的工作、重要贡献，及其言传身教所体现出来的以爱国主义为核心的可贵的民族精神给予高度评价。这笔珍贵的精神财富将被继承和发扬，鼓舞着九三学社同人在中共十六大精神指引下，为全面建设小康社会，加快推进社会主义现代化努力奋斗，作出新贡献。

韩启德作闭幕讲话。他说，在新世纪新阶段重要历史时期，作为九三学社新一届中央领导集体，对把我社建设成为适应新世纪要求的参政党，对在中国共产党的领导下积极促进中国特色社会主义事业，肩负着重大的责任。我们新一届中央委员会，一定要认真学习贯彻中共十六大精神，落实我社“八大”的各项决定，团结带领全社各级组织、广大社员，把九三学社老一辈在长期革命和建设实践中形成的优良传统和高尚风范一代一代传下去，保证共产党领导的多党合作和政治协商制度得到坚持和发展；我们要始终保持与时俱进的精神状态，解放思想，不断改革，不断创新；要紧紧围绕和服务于经济建设这个中心，发挥九三学社联系科技界的优势与特色；要维护团结，营造民主和谐的工作氛围，最广泛最充分地调动一切积极因素，使我社参政议政、民主监督、社会服务、对外联络、自身建设等各项工作，达到新水平，开创新局面。

第五节　中共中央总书记胡锦涛亲切走访九三学社中央

2002年12月底，寒冬岁阑，新年将至。岁月的年轮给九三学社历史上留下了具有特殊意义的一页，并必将给今后发展带来深远影响。

2002年12月27日，中共中央总书记胡锦涛和中共中央政治局常委贾庆林，中共中央政治局常委、中央书记处书记曾庆红，中共中央政治局候补委员、中央书记处书记王刚等领导同志一起走访九三学社中央。共商巩固和发展爱国统一战线、坚持和完善中国共产党领导的多党合作和政治协商制度的大计。尽管室外天寒地冻，但在走访现场一片春意盎然，暖意融融，洋溢着中国共产党与九三学社肝胆相照、亲密合作的感人气氛。

胡锦涛代表中共中央向九三学社新一届中央领导机构成员表示衷心的祝贺，向同中国共产党长期亲密合作的老同志表示良好的祝愿，向九三学社中央全体干部职工和全国八万多名成员表示诚挚的问候！

胡锦涛等中共中央领导同志与九三学社中央领导同志进行了座谈，就深入学习贯彻中共十六大精神、加强中国共产党领导的多党合作、推进改革开放和现代化建设等问题交换了意见。全国人大常委会副委员长、社中央名誉主席吴阶平，社中央主席韩启德分别介绍了九三学社主要情况和召开九三学社第八次全国代表大会的情况，并代表九三学社所有老同志和九三学社新一届领导集体、机关全体干部，代表所有九三学社社员，向中共中央领导同志表示最热烈的欢迎和衷心感谢。韩启德在介绍情况时说，12月7日九三学社第十一届中央常委会第一次会议通过的第一个决议，就是《九三学社中央关于深入学习贯彻中国共产党第十六次全国代表大会精神的决议》。我们要把学习贯彻中共十六大精神作为当前和今后一个时期的首要政治任务，社的各级组织和领导班子决心增强政治意识，责任意识，采取有力措施精心组织好学习贯彻中共十六大精神的工作。下一步，我们要把发展作为九三学社的第一要务，围绕十六大的主题，把握十六大的灵魂，结合九三学社的实际，在团结凝聚广大社员人心上下功夫，在履行参政党职能发挥参政党作用方面开拓创新上下功夫，在力求实效上下功夫。韩启德表示，一定要紧密团结在以胡锦涛同志为总书记的中共中央周围，深入学习贯彻中共十六大精神，认真实践“三个代表”重要思想，切实履行参政党职能，自觉坚持和完善共产党领导的多党合作和政治协商制度，始终不渝地同中国共产党亲密合作，为实现中共十六大提出的宏伟目标贡献力量。

胡锦涛在讲话中说，前不久召开的中共十六大和十六届一中全会选举产生了新一届中央领导机构。各民主党派也都召开了全国代表大会，选举产生了各自的新一届中央领导机构。在这样的时刻，我们中共中央的同志和各民主党派中央的同志有一个共同的心愿，那就是要继续坚持和发扬中国共产党和各民主党派在长期团结奋斗中形成的亲密合作的优良传统，更好地发挥我国社会主义政党制度的特点和优势，同心同德地为全面建设小康社会、开创中国特色社会主义事业新局面而奋斗。

胡锦涛说，九三学社具有爱国、革命的光荣历史，是中国共产党久经考验的亲密友党。长期以来，九三学社同我们党团结合作，建立了深厚的革命情谊，为我国的革命、建设和改革事业作出了重要贡献。近年来，九三学社中央努力加强自身建设，进一步发挥参政党作用，围绕改革开放和社会主义现代化建设提出了很多重要建议，为中共中央和国务院决策提供了重要依据。九三学社发挥自身优势，开展了多种形式的社会服务工作，取得了良好的社会效益。

胡锦涛说，最近，九三学社召开的第八次全国代表大会，认真贯彻中共十六大精神，动员广大成员切实履行参政党职能，为全面建设小康社会、开创中国特色社会主义事业新局面努力奋斗。这充分说明，九三学社的同志们具有为中华民族的伟大复兴而奋斗的崇高使命感和巨大政治热情。我们为此感到由衷的高兴。胡锦涛指出，中共十六大提出全面建设小康社会的奋斗目标，对我国新世纪新阶段的改革和发展作出了全面部署。现在，前进方向已经指明，大政方针已经确定，发展蓝图已经绘就。实现这一宏伟目标，需要共产党和各民主党派更加紧密地团结合作，需要全体中华儿女共同努力奋斗。只要坚定地走中国特色社会主义道路，同心同德，艰苦奋斗，我们的目标就一定能够胜利实现。

胡锦涛强调说，统一战线是中国共产党团结一切可以团结的力量，夺取革命、建设和改革事业胜利的重要法宝，也是中国共产党执政兴国的重要法宝。共产党领导的多党合作和政治协商制度是我国的一项基本政治制度，也是我国社会主义政治制度的特有优势。以毛泽东、邓小平、江泽民同志为核心的中共中央三代领导集体，为统一战线和我国这项基本政治制度的建立和发展倾注了大量心血，作出了重大贡献。中共十六大把统一战线和这项基本政治制度写入了中国共产党领导人民建设中国特色社会主义必须坚持的基本经验，表明了我们党巩固和发展最广泛的爱国统一战线、坚持和完善我国这项基本政治制度不可动摇的决心。

胡锦涛还说，九三学社人才济济，具有自己的优势。希望九三学社深入学习贯彻中共十六大精神，更广泛地凝聚广大成员的智慧和力量，进一步就经济、政治、文化建设和改革深入调研，献计出力，为实现全面建设小康社会的宏伟目标作出新的贡献。相信九三学社一定能够把学习中共十六大精神同加强自身建设结合起来，继承和发扬老一代领导人的优良传统，把九三学社建设成为同中国共产党亲密合作、能够经受住各种困难和风险的考验、致力于建设中国特色社会主义事业的参政党。

座谈会结束后，胡锦涛等中共中央领导同志还到九三学社中央专委会办公室亲切看望机关工作人员，了解有关工作情况。

全国政协副主席、社中央名誉副主席王文元，社中央副主席洪绂曾、金开诚、王选、陈抗甫，社中央名誉副主席徐采栋、陈明绍、赵伟之，秘书长徐国权参加了座谈。

中共中央统战部部长刘延东等有关部门负责人也参加了走访和座谈。

九三学社大事记
(1944——2005)

1944年11月　在抗日战争后期，日本帝国主义对我国大陆发动了新的进攻，民族存亡面临严重关头，中共代表林伯渠同志代表中共中央，适时地在重庆国民参政会上提出了“立即结束国民党一党专政，成立民主联合政府”，以利团结抗日的主张，得到社会各阶层人民的热烈响应。抗战时期从各地来到重庆的一部分文教科学技术界的人士，为响应中共的主张，乃由许德珩、褚辅成、税西恒、潘菽、黎锦熙、黄国璋等，发起了“民主科学座谈会”，主张发扬“五四”反帝反封建和民主科学的精神，要“团结、民主，抗战到底”，在重庆高等学校和知识界有一定的影响。

1945年8月—9月　毛主席在赴重庆谈判期间分别会见了许德珩、劳君展等故友和梁希、潘菽、金善宝、涂长望、谢立惠、干铎、李士豪等知名教授以及褚辅成、王卓然等社会知名人士，得知“民主科学座谈会”的情况，给予了热情的鼓励。毛主席的启发和鼓励，对九三学社的正式建立有决定性的影响。

1945年9月3日　日本签字投降正式生效。这不仅标志着抗日战争的胜利，而且标志着世界反法西斯战争的全面胜利。在这举世庆祝的一天，“民主科学座谈会”举行扩大座谈会。会上决定以九月三日这个日子给组织命名，称“九三座谈会”。在中共领导人周恩来、潘梓年同志帮助下，经潘菽介绍，卢于道、梁希、金善宝、涂长望、谢立惠、干铎、李士豪等科技界人士先后加入了“九三座谈会”。

1946年1月9日　九三座谈会为促进政治协商会议的召开，举行扩大座谈会。至此，九三座谈会的政治色彩，以学术界人士为主要成分的组织特点已明显突出。为了保护组织，加强团结，决定以“学社”名之，并成立了“九三学社筹备会”。九三学社筹备会在筹备建立九三学社的同时，为促进“政治协商会议”的召开做了积极的努力。

1946年1月17日　九三学社筹备会召开会议，会议主张：就开放中央和地方政权，大量裁兵，废除保甲，确保言论、集会、结社等自由，以及经济民主化等问题，制定具体方案，贡献政治协商会议，以资参考。

1946年1月23日　重庆《新华日报》刊登九三学社筹备会对政治协商会议的意见。

1946年2月14日　九三学社筹备会负责人对“校场口流血惨案”向新闻记者发表谈话，强烈谴责国民党特务的残暴罪行。

1946年4月10日　《新华日报》发表九三学社筹备会对东北问题的意见。

1946年4月15日—20日　九三学社筹备会领导人向中共代表团致函悼念王若飞、秦邦宪、叶挺、邓发等乘机遇难烈士并亲往中共驻重庆代表团吊唁。

1946年5月4日　九三学社筹备会经过4个多月的积极工作，在重庆召开了九三学社成立大会。到会的有：褚辅成、许德珩、梁希、税西恒、黄国璋、张雪岩、詹熊来、劳君展、潘菽、黎锦熙、李士豪、刘及辰、彭饬三、涂长望、卢于道、张迦陵、吴藻溪、王卓然等50余人。公推褚辅成、许德珩、税西恒为主席团。大会发表了《九三学社缘起》、《成立宣言》、《对时局主张》等文件，选举许德珩、褚辅成、税西恒、潘菽、涂长望、吴藻溪、彭饬三、王卓然、张雪岩、孟宪章、张西曼、李士豪、笪移今、张迦陵、严希纯、黄国璋16人为理事；梁希、卢于道、黎锦熙、詹熊来、刘及辰、何鲁、侯外庐、陈剑翛8人为监事。

1946年5月12日　召开九三学社理监事第一次联席会议，讨论了社务和时局。推举褚辅成、许德珩、税西恒、张雪岩、潘菽为常务理事；梁希、卢于道、黎锦熙为常务监事。

1946年5月24日　重庆《新华日报》发表对九三学社领导人专访，九三学社领导人主张立即停止内战。

1946年5月26日　重庆各界人士时事座谈会发起“呼吁和平、反对内战”签名运动，九三学社领导人签名。

1946年6月中旬　在许德珩亲临指导下，上海分社成立。褚辅成任主任理事；吴藻溪、孟宪章、笪移今等7人任理事。

1946年6月23日　上海10万人民反内战示威，公推马叙伦等11人为和平代表赴南京请愿，在南京下关车站遭国民党特务殴打。九三学社发表致南京受难人士慰问电。

1946年6月26日　九三学社发表对时局意见，反对内战，反对国民党当局允许外国在华驻军权、内河航行权、公海捕鱼权、放弃关税自主权、国共谈判外国公断权等。

1946年7月28日　九三学社领导人参加重庆人民追悼李公朴、闻一多大会，许德珩任主席团成员并参加陪祭。

1946年9月3日　九三学社发表《为国际民主胜利周年纪念宣言》。

1946年9月16日　九三学社领导人参加重庆各界追悼陶行知先生大会筹备工作，九三学社为发起单位之一。

1946年10月24日　九三学社发表对时局六点意见，认为目前政治局面，极端危险情形之下，八年抗战，人民困苦已极，任何一隅的内战行为，皆为违反民意。

1946年10月27日　九三学社重庆分社成立。推举税西恒、何鲁、谢立惠等15人为理事或监事。重庆分社成立后，九三学社总部迁往北平。

1946年10月31日　重庆《新华日报》发表上海航讯《九三学社发表对当前时局意见》，《意见》陈述了要求蒋介石立即由台湾回南京，下令永远停止内战，负责主持和平谈判，以求真正的和平民主之实现等六条意见。

1946年11月5日　九三学社重庆分社领导人接受重庆《新华日报》专访。发表谈话，反对召开非法国大，指出“如以国家人民为重，还是遵循各党派签定的政协决议为重。”

1946年11月10日　九三学社重庆分社参加渝人民团体呼吁全民停止伪国大。

1946年11月13日　许德珩教授发表时局观感，反对召开伪国大。许德珩称：此次国大断然召开，政局前途不堪想象，是以深感个人责任之大，故若非各方协商一致参加，渠个人不拟赴京。

1946年12月30日　九三学社许德珩、袁翰青和北京大学48位教授就北大女生沈崇被美军污辱事件，致美驻华大使司徒雷登抗议书，抗议美军暴行。

1947年1月1日　九三学社上海分社参加上海11个团体发表反对伪宪法的声明。

1947年1月6日　九三学社重庆分社参加渝16个民主团体

联合宣言，就沈崇事件抗议美军暴行及美国侵犯中国主权的行为。

1947年1月20日　九三学社留平同人发表时局意见，揭露和抗议美国马歇尔帮助国民党发动内战，制造分裂。

1947年2月6日　九三学社重庆分社参加渝16个团体慰问爱国游行学生的联合宣言。

1947年2月9日　九三学社重庆分社参加人民团体吁请各界援助爱国学生的通电。

1947年2月22日　九三学社许德珩和朱自清等10教授在北平发表《保障人权宣言》，抗议北平市当局以清查户口为名，调动警察宪兵8,000余人，夜入民宅，肆行搜捕。

1947年5月4日　九三学社为成立周年纪念“五四”发表宣言，重申九三学主张发扬“五四”反帝反封建、科学与民主的精神。

1947年5月22日　九三学社袁翰青、薛愚和北京大学教授30余人发表北京大学教授宣言，支持各地青年学生反内战、反饥饿、反迫害的斗争，反对政府当局决定断然处置的办法。

1947年8月3日　九三学社上海分社联络王造时、施复亮等知名人士发起对日问题座谈会，并发表《我们关于对日问题的意见》，揭露美国为侵略中国为目的、扶植日本军国主义的行径。

1947 年 11 月 4 日　九三学社许德珩、袁翰青和北平各院校教授 47 人发表《我们对于政府压迫民盟的看法》，抗议国民党政府突然宣布民主同盟为非法团体。

1948 年 3 月 29 日　九三学社许德珩、袁翰青、樊弘三教授在北大民主广场纪念黄花岗先烈大会上反对伪国大讲演，呼吁学习黄花岗烈士的精神，全力全心为中国的苦难大众献身。

1948 年 4 月 23 日　九三学社社员和北大、清华等四院校 90 位教授驳斥国民党北平市党部负责人恫吓许德珩、袁翰青、樊弘三教授的讲演，抗议政府当局迫害民主教授。

1948 年 5 月 4 日　九三学社南京社员梁希、潘菽、金善宝、涂长望、干铎等，参加南京各大专院校纪念“五四”营火晚会，梁希作讲演，指出：“天色就要破晓，曙光即将到来！”

1948 年 6 月 29 日　九三学社社员同北平各院校教授 104 人发表宣言，呼吁美蒋飞机停止破坏文化机关及轰炸古城开封。

1948 年 7 月 5 日　九三学社社员同北平各大学教授、讲师、助教等 404 人发表宣言，抗议北平当局杀害东北青年的“七·五”惨案。

1949 年 1 月 16 日　九三学社袁翰青、黄国璋等四教授同北平 10 余名教授应傅作义宴请，商谈北平和平解放问题。

1949 年 1 月 26 日　九三学社发表《拥护中共“五一”号召暨毛泽东八项主张的宣言》。

1949 年 1 月 31 日　人民解放军进入北平，北平宣告和平解放。九三学社许德珩、劳君展等人，被邀请在前门箭楼上欢迎人民子弟兵。

1949 年 3 月 25 日　许德珩、劳君展等九三学社成员和其他民主人士在西苑机场欢迎中共领导人毛泽东、周恩来、刘少奇、朱德等到达北平。当日晚，许德珩应邀出席了毛主席在颐和园召开的民主人士座谈会。

1949 年 3 月　由中共中央安排接送南方和香港民主党派人士到解放区的工作告一段落，其中九三社员有梁希、潘菽、涂长望、卢于道、储安平等。

1949 年 6 月 15 日—19 日　新政协筹备会第一次全体会议在北平召开，许德珩参加了会议，在这次会上，九三学社被正式确认为中国 8 个民主党派之一，成为参加新政协的 45 个单位之一。

1949 年 9 月 21 日—30 日　中国人民政治协商会议（以下简称全国政协）第一届全体会议在北京召开。九三学社推举许德珩、潘菽、黎锦熙、袁翰青、吴藻溪、薛愚为代表，叶丁易为候补代表出席了会议，以其他各界身份出席会议的社员还有11人，积极参与了制定《中国人民政治协商会议共同纲领》和建立中华人民共和国的工作。

1949年10月19日　中央人民政府委员会举行第三次会议。九三学社梁希被任命为林垦部部长。

1949年10月22日　中央人民政府政务院法制委员会成立，九三学社许德珩被任命为副主任委员。

1949年12月17日　涂长望被任命为中央人民政府人民革命军事委员会气象局局长。

1949年9月—1950年2月　新中国成立后，九三学社一些社员担任了国家政权机构的领导职务，广大社员都有了自己的工作岗位，获得了中国共产党的直接领导。这时，有些同志认为民主党派“任务已尽”、“组织可有可无”了，主张解散组织。适值1949年12月至1950年2月，毛主席正在苏联访问，沈钧儒先生领导的救国会宣布解散了，九三学社也在酝酿解散。毛主席回国后得知救国会解散了，深表惋惜并立即派中央领导同志转达他不同意九三学社解散的意见。九三学社作郑重研究，并经过各方面多次商议，决定九三学社继续存在下去。九三学社在毛主席和中国共产党关怀帮助下，遂得以保留下来，并得到发展和壮大。

1950年3月　九三学社在中国共产党的帮助下，恢复成立了中央理事会，许德珩任主席，梁希任副主席，除原有理事外，严济慈、孙承佩、薛愚、方亮同志被推举为中央理事。新的中央理事会在九三学社恢复工作，整理内部，健全机构和发展社员方面做了大量工作。

1950年10月20日　鉴于美帝于6月发动了侵朝战争，毛主席在中南海召集各民主党派、各人民团体负责人开会，讨论中国是否出兵援朝问题。许德珩代表九三学社出席会议，经过反复认真的讨论，一致拥护毛主席抗美援朝的意见，许德珩代表九三学社在决议书上庄严签字。

1950年11月4日　中国共产党同各民主党派人民团体发表抗美援朝联合宣言。

1950年12月1日—5日　九三学社召开第一次全国工作会议。主要议题是抗美援朝和加强统一战线工作。中共中央统战部李维汉部长两次到会并讲话。九三学社各部、会作了工作报告。大会通过了《本社当前任务和工作》、《本社组织的巩固与发展》两个决议。大会明确了九三学社是新民主主义政党的性质，宣布接受中国共产党的领导，以人民政协《共同纲领》为自己的纲领，参加各革命阶级的统一战线，为完成新民主主义的革命和建设而奋斗。大会选举产生了第二届中央理事会，许德珩任主席，梁希任副主席。黄国璋任秘书长，方亮、李毅、叶丁易任副秘书长，黄国璋、薛愚、孟宪章3人为常务理事。在原有理事基础上，增选洪铭声、高觉敷、金善宝、彭饬三、叶丁易、劳君展、鲁宝重、董渭川、初大告为理事，顾执中、洪涛、王克诚、漆文定、金涛、汤璪真、张效良7人为候补理事。会议决定创刊《九三社讯》为社的机关刊物。

第二届中央理事会在领导九三学社广大社员积极参加建国初期三大运动（即抗美援朝、土地改革、镇压反革命）及“三反”“五反”、知识分子思想改造运动方面，做了许多工作。

1950年12月　九三学社总人数为117人。

1951年2月22日　九三学社发表声明，拥护镇压反革命运动。

1951年3月12日　许德珩主席在《人民日报》发表专文，坚决拥护“惩治反革命条例”，号召社员站稳立场，在镇反运动中起先锋作用。

1951年3月27日　南京分社正式成立。推举潘菽任主任理事，金善宝任副主任理事。

1951年4月8日　北京市分社成立。薛愚任主任理事、劳君展、金涛任副主任理事。

1951年6月20日—7月22日　九三学社中央常务理事会两次发出指示，要求社员积极参加抗美援朝运动，开展为抗美援朝捐献、开展增产节约运动和拥军优属运动。

1951年8月14日　中央宣传委员会作报告推动社员参加抗美援朝、土地改革、镇压反革命三大运动。在抗美援朝运动中，九三学社的各级组织，先后发表宣言、声明、谈话等文件60余篇，有10多位社员子女参军参干，孙承佩、方亮等社员参加了朝鲜前线战地工作，梁希、陈明绍等不少社员参加赴朝慰问团，方亮等人并荣获朝中两国颁发的勋章或奖章。许多社员利用出席国际会议和出国访问、讲学的机会，阐述我国抗美援朝的正义立场，为争取世界和平而努力。九三学社还根据本社特点和任务，以中上层知识分子为主要对象，宣传爱国主义和国际主义，肃清亲美、崇美、恐美思想。在土地改革方面，本社积极发动社员参加政协全委会和地方政协组织的参加或参观土地改革工作，据不完全统计，仅在 1951 年，就有 100 余人参加了土改工作。至 1952 年统计，全社有 34％的社员参加或参观了土改工作，对促进社员割断与封建主义联系，站稳无产阶级立场，产生了积极作用。

1951 年 8 月 15 日　中央组织委员会作报告，推动九三学社在巩固的基础上发展组织。报告称，自 1950 年 12 月全国工作会议以后 8 个月，发展了 322.3％的新社员，建立了上海、南京、重庆（恢复工作）、北京 4 个分社。

1951 年 9 月 3 日　重庆分社恢复成立，税西恒、谢立惠任召集人。

1951 年 10 月 16 日；10 月 25 日　九三学社中央常务理事会两次向各地分社暨分社筹备机构发出指示，号召学习《毛泽东选集》，迎接学习毛泽东思想的高潮。

1951 年 12 月 3 日　九三学社中央发出关于贯彻人民政协第一届全国委员会第三次会议的三大决议（即继续加强抗美援朝运动，提倡并推进爱国增产节约运动，广泛开展思想改造运动）的指示。

1951年12月31日　九三学社中央发出《关于开展反贪污、反浪费、反官僚主义运动的指示》。在“三反”“五反”运动中，九三学社有26%的社员担任了一定的负责工作。

1952年6月2日　九三学社发出关于在“三反”运动后的新情况下大力发展组织的指示。

1952年6月4日　九三学社发出关于开展社员思想改造学习的指示。此前，毛主席于1951年秋在一届政协三次会议上提出知识分子思想改造问题。1951年9月29日周总理向首都高等学校教师作《关于知识分子的改造问题》的报告。9月底，北京、天津各高等学校教师展开了以改造思想，改革高等教育为目的的学习运动。为此，社中央号召社员在思想改造和学习运动中起带头作用。

1952年7月10日　九三学社发出关于发动社员积极参加院系调整运动的指示。此后，九三学社有大批专家、教授和学者，在院系调整中，为了建设社会主义祖国的需要，踊跃报名到祖国最需要的地区和岗位上去。他们离开北京、上海、天津等大城市，满怀报效祖国的热情，先后分赴各地。同时，把九三学社的种子传播到沈阳、长春、哈尔滨、武汉、广州、成都、昆明、贵州、西安、兰州、呼和浩特等地。

1952年9月11日—20日　九三学社召开第二届全国工作会议。这次会议是在党的巩固人民民主专政、恢复和发展国民经济的方针获得伟大胜利，全面的社会主义改造运动和大规模的经济、文化建设高潮即将到来的时刻召开的。大会着重学习并研究讨论了统一战线工作的方向问题，讨论了九三学社的性质、方针与任务，修订了社章。关于社的性质，社章中表述是“九三学社是以小资产阶级文教科学工作者为主要成分的阶级联盟的新民主主义政党，是中国人民民主统一战线的组成部分，以中国人民政治协商会议共同纲领为政纲，在中国共产党的领导下，团结并教育广大的文教科学工作者为彻底实现共同纲领而奋斗”。在组织上，会议决定社的中央领导机构由原来的理事会改为社会政治团体通常采用的委员会名称。大会选举产生了社的第三届中央委员会，许德珩任主席，梁希任副主席。涂长望任秘书长，叶丁易、李毅任副秘书长。许德珩、梁希等 47 人为中央委员，储安平等 9 人为候补中央委员。

1952 年 10 月 31 日　九三学社中央发出关于学习社章及本社的性质、方针和任务的指示。同时发出通知，废除旧社章及各分社组织暂行简章。

1953 年 1 月 1 日　孟宪章病逝。孟宪章（1895—1953），湖北均县人。著名政治经济学家。曾任中国人民银行总行专门委员，湖北省人民政府委员会委员。他是九三学社发起人之一，1947 年倡导反美扶日，并积极参加这一运动。历任九三学社中央理事，中央委员，1950—1952 年主持社中央宣传委员会工作。

1953 年 1 月　无锡分社正式成立（无锡分社筹委会成立于

1951年，是九三学社成立较早的地方组织之一，它对苏州分社、扬州直属小组、徐州直属小组的成立有直接的影响)。主任委员：彭饬三，副主任委员：伍献文、陈志安。

1953年5月4日　许德珩主席在纪念“五四”运动34周年暨本社成立7周年大会上讲话，号召为胜利完成1953年国家三大任务（继续加强抗美援朝的斗争，争取朝鲜问题和平合理解决；完成和超额完成1953年度国家建设计划；积极参加普选工作）而奋斗。

1953年5月9日　九三学社中央发出关于各地分社组织社员学习、宣传中华人民共和国全国人民代表大会及地方各级人民代表大会选举法的通知。

1953年6月28日　青岛直属小组成立。陆侃如任组长，张玺、徐佐夏任副组长。

1953年8月　社中央为加强机关建设，商调李毅同志到社任专职副秘书长，主持社中央日常工作。

1953年9月15日　九三学社在京中央委员及部分来京的分社负责同志学习讨论国家过渡时期总路线。

1953年12月27日　西安分社成立。

1954年6月19日　九三学社发出关于组织社员积极参加中华人民共和国宪法草案的学习、讨论和宣传的通知。

1954 年 6 月 20 日　长春分社成立。吴学周任主任委员、业治铮任副主任委员。

1954 年 6 月 27 日　叶丁易同志在苏联病逝。叶丁易（1913—1954），安徽桐城人。著名社会活动家、作家、文艺批评家，北京师范大学中文系教授。中国共产党党员。社中央常务委员兼中央学习委员会主任委员、中央委员会副秘书长。

1954 年 9 月 12 日　成都分社筹委会成立。柯召任主任委员，文藻青、郑衍芬任副主任委员。

1954 年 9 月 15 日—28 日　第一届全国人民代表大会第一次会议在北京举行。九三学社有 24 名社员当选为人大代表。

1954 年 10 月 9 日　九三学社发出关于组织社员学习中华人民共和国宪法及第一届全国人民代表大会第一次会议各项文件的通知。

1954 年 10 月 16 日　毛泽东给中共中央政治局的同志和其他有关同志写了关于红楼梦研究问题的信，此后，报刊发表了一批文章，形成了对俞平伯的围攻。俞平伯是我社有较大影响的社员，俞平伯的被批判、被围攻，在九三学社上下，引起很大震动和不安。九三学社中央委员会及主要领导人对俞平伯做了许多帮助和保护的工作。

1954年12月14日　兰州分社筹委会成立。陈时伟任主任委员，高诚斋任副主任委员。

1954年12月14日　中国人民政治协商会议第二届全国委员会第一次全体会议召开，九三学社有39位同志担任全国政协委员。

1955年1月19日　九三学社发出关于组织社员学习中国人民政治协商会议第二届全国委员会第一次全体会议各项文件的通知。

1955年1月　武汉直属小组成立。王家楫、伍献文、唐长孺任负责人。

1955年1月　哈尔滨直属小组成立。刘恢先任负责人。

1955年2月　济南直属小组成立。黄绍鸣任负责人。

1955年6月1日—10日　中国科学院成立学部，九三学社社员担任各学部委员的有：（一）物理学、数学、化学学部：王竹溪、王淦昌、吴学周、周培源、柯召、柳大纲、袁翰青、陈建功、黄子卿、葛庭燧、虞宏正、严济慈等12位同志。（二）生物学、地学部：尹赞勋、王家楫、王应睐、伍献文、李庆逵、李继侗、金善宝、侯德封、夏坚白、孙云铸、涂长望、梁希、陈世骧、程裕淇、冯泽芳、黄汲清、杨锺健、裴文中、赵九章、潘菽、郑万钧、顾功叙等22位同志。（三）技术科学部：朱物华、李薰、周志宏、孟昭英、茅以升、张光斗、严恺等7位同志。

（四）哲学社会科学部：黎锦熙、魏建功 2 位同志。同时，吴学周、周培源、陈建功、黄子卿、葛庭燧、严济慈、尹赞勋、侯德封、涂长望、黄汲清、杨锺健、李薰、茅以升等 13 位同志为各学部常务委员。

1955 年 7 月 3 日　杭州直属小组成立。陈立任召集人。

1955 年 8 月 1 日—3 日　九三学社中央常务委员会举行第二十七次会议（扩大），会议作了竭诚拥护第一个五年计划并为保证其胜利完成而奋斗的决议。

1955 年 10 月 20 日—11 月 3 日　社中央常务委员会举行农业合作化问题座谈会。

1955 年 11 月 20 日　青岛分社正式成立。陆侃如任主任委员。张玺、徐佐夏任副主任委员。

1955 年 11 月底—12 月　社中央常务委员会连续召开会议，讨论知识分子的团结和改造问题。

1955 年 12 月 25 日　天津分社筹委会成立。刘锡英任主任委员。

1956 年 2 月 9 日—16 日　九三学社召开第一届全国社员代表大会。这次大会的任务是总结过去的工作和确定社在我国社会主义革命高潮的新形势下的方针和任务，修改社章和选举新的中央领导机构。大会决定九三学社“以中国人民政治协商会议章程的总纲为纲领”，“全面贯彻宪法的实施，坚持对国内外敌人的斗争，为实现国家在过渡时期的总任务，把祖国建设成为一个伟大的社会主义国家而奋斗。”大会号召社员向科学大进军。大会选举产生了第四届中央委员会，许德珩任主席，梁希任副主席，涂长望任秘书长，孙承佩、陈明绍、李毅、周慧明（女）任副秘书长。方亮、孙承佩、劳君展（女）、吴学周、周培源、茅以升、侯宗濂、梁希、涂长望、袁翰青、许德珩、陆侃如、税西恒、杨肇燫、董渭川、裴文中、潘菽、黎锦熙、卢于道、薛愚、魏建功、严济慈为常委。

1956 年 4 月　国务院组成科学规划委员会。我社梁希、尹赞勋、茅以升、黄汲清、严济慈等同志被任命为委员。

1956 年 4 月 24 日　广州直属小组成立。徐贤恭任召集人。

1956 年 5 月 5 日—6 月 28 日　社中央常委会连续多次举行座谈会，一致拥护“百花齐放，百家争鸣”的方针。

1956 年 5 月 12 日　社中央委员会隆重举行招待会，欢迎出席全国先进生产者代表会议和参加制订我国科学规划的社员同志。全国先进生产者代表有杨钟健、张光斗、李璞、王应睐、王季午、朱子清、吴懋仪、张汇兰、龚畿道、章永庆、方先之、张天惠、金泽忠等 13 位同志。有 60 多位同志由于他们积年钻研所获致的在各门科学中的成就，光荣地参加了国务院和中国科学院所召集的全国长期科学规划编制工作。

1956 年 5 月 13 日　成都分社正式成立。柯召任主任委员，文藻青、郑衍芬、谢秉仁任副主任委员。

1956年6月10日　武汉分社筹委会成立。王家楫任主任委员，涂登榜、桂质廷、唐长孺任副主任委员。

1956年6月25日　社中央科学文教工作委员会发出关于学习有关“百花齐放、百家争鸣”的方针的通知。

1956年6月30日　社中央根据中共中央统战部支持民主党派发展组织的精神，重视发展组织工作，并派出机关部门负责干部牟小东、楚九英、青莱藻等同志分赴各省，推动组织发展工作。一大批著名专家、学者加入九三学社。其中从事科学研究、医药卫生工作的占28%；高校教学工作者占67%；有助理研究员、主治医师、讲师以上职称者占96%；地方组织共有21个。

1956年6月25日—7月15日　社中央常委会连续多次举行座谈会，学习讨论“长期共存，互相监督”的方针。

1956年7月20日　社中央学习委员会发出关于学习、宣传和贯彻“长期共存、互相监督”的方针的通知。

1956年7月　许德珩被任命为水产部部长。

1956年7月8日　兰州分社正式成立。陈时伟任主任委员、王文义、吕斯百任副主任委员。

1956年9月15日—27日　中共八大在京召开。许德珩作为九三学社代表列席。

1956年9月15日　社中央常务委员会发出关于学习中国共产党第八次全国代表大会文件的通知。

1956年9月23日　保定直属小组成立。杨文衡任召集人。

1956年9月28日　石家庄直属小组成立。柴景旭任召集人。

1956年10月14日　苏州分社筹委会成立。陈志安任主任委员，许国梁、陈王善继、张晓江任副主任委员。

1956年10月28日　唐山分社筹委会成立。张泽熙任主任委员，范小峰、顾宜孙、钱夔任副主任委员。

1956年10月30日　哈尔滨分社筹委会成立。朱物华任主任委员，刘恢先、胡祥璧、贾连元任副主任委员。

1956年11月18日　济南分社筹委会成立。杨德斋任主任委员。

1956年11月25日　广州分社筹委会成立。徐贤恭任主任委员，彭光钦、黄友谋任副主任委员。

1956年12月1日　昆明分社筹委会成立。秦瓒任主任委员，曲仲湘任副主任委员。

1956 年 12 月 9 日　旅大直属小组成立。李士豪任召集人。

1956 年 12 月 23 日　齐齐哈尔市直属小组成立。陈南坡任召集人。

1957 年 1 月 1 日　九三学社发言人许德珩和中央人民广播电台记者谈过去一年回顾和今后的展望。表示坚决拥护中共“百花齐放、百家争鸣”和“长期共存、互相监督”的方针。

1957 年 1 月 6 日　洛阳直属小组成立。朱增祥任召集人。

1957 年 1 月 13 日　开封直属小组成立。孟宪德任召集人。

1957 年　扬州直属小组成立。薛天游任召集人。

1957 年 1 月 20 日　合肥分社筹委会成立。万昕任主委，赵伦彝、刘钧任副主委；贵阳分社筹委会成立。罗登义任主委；太原分社筹委会成立。梁园东任主委，严开元任副主委；郑州直属小组成立。耿鸿枢任召集人。

1957 年 1 月 25 日　社中央、北京市分社约请社外人士座谈工程技术人员向科学进军问题。社中央举行座谈会，招待出席“高师教育实习讨论会”的社员同志。

1957 年 1 月 27 日　天津分社成立。刘锡英任主委，方先之、虞颂庭、雷海宗任副主委。

1957 年 2 月 8 日　社中央举行茶会，欢迎出席“第一次全国力学报告会”的社员。

1957 年 2 月 9 日　社中央科学文教工作委员会约集出席“高等药学教材编委会”和“中国地质学会第二次全国代表大会”的社员举行座谈会。

1957 年 2 月 24 日　保定分社筹委会成立。张岩任主委，杨乃俊、杨文衡任副主委。

1957 年春　张家口中央直属小组成立（该小组于 1956 年始发展社员）。王德林任召集人。

1957 年 2 月 28 日　社中央举行座谈会研究关于农业科学研究的意见。

1957 年 3 月 1 日　许德珩主席代表九三学社在最高国务会议（扩大）上发言，拥护毛主席关于正确处理人民内部矛盾问题的十二点指示。

1957 年 3 月 9　佳木斯市直属小组成立。朱焜煌任召集人。

1957 年 3 月 22 日—28 日　社第四届中央委员会第二次全体会议在京举行。中心议题是贯彻落实全国政协二届三次全体会议精神，学习讨论毛主席“关于正确处理人民内部矛盾问题的讲话”，总结我社响应中共向科学进军的号召、贯彻“百花齐放、百家争鸣”的方针的工作及经验。

1957年4月14日　旅大分社筹委会成立。李士豪任主委。

1957年5月19日　杭州分社成立。陈立任主委，王季午任副主委。

1957年5月21日　南通直属小组成立。

1957年4月25日；5月22日　社中央两次发出关于学习毛主席“关于正确处理人民内部矛盾问题的讲话”、“在全国宣传工作会议上的讲话”的指示。

1957年5月24日　中国科学院1956年度科学奖金（自然科学部分）评奖揭晓，我社葛庭燧、钟补求获二等奖；朱子清、陆仁荣、黄文魁、卢衍豪、杨敬之、穆恩之、李薰、周行健、邹元爔、李林（女）获三等奖。

1957年5月初—6月初　社中央领导参加中共中央统战部先后召开的14次民主党派负责人和无党派人士座谈会，帮助党整风，座谈对党的工作的意见。此后一年多，在全国开展了反右派斗争；但这一斗争被严重扩大化了，九三学社的一批社员也被错划为右派分子。

1957年12月　社员总人数为6,225人。

1958年5月11日　苏州分社成立。陈志安任主委，许国梁、陈王善继、张晓江任副主委。

1958年11月28日—12月15日　在“左”的错误影响下，

九三学社召开了社的第二届全国社员代表大会，通过了《九三学社改造规划》。选出社的第五届中央委员会。许德珩任主席；梁希、周培源、潘菽、茅以升、涂长望、严济慈任副主席；干铎、方亮等 26 人任中央常务委员会委员；孙承佩任秘书长，裴文中、李毅任副秘书长。

决定社刊《九三社讯》改刊为《红专》。

1958 年　南昌直属小组成立。薛士良任组长。

1958 年 12 月 10 日　梁希逝世。梁希（1883—1958），原名燨，浙江湖州市人。森林学家，教育家，九三学社创始人之一。新中国第一任林业部长，中华全国科学技术普及协会主席，中科院学部委员，全国人大代表，全国政协常委，九三学社中央第一届监事，二、三、四、五届中央副主席。

1959 年 4 月 17 日　全国政协三届一次会议在京开幕。九三学社有 62 名委员出席。

1959 年 4 月 18 日—28 日　第二届人大第一次会议在北京举行。九三学社有 43 位人大代表出席。

1959 年 12 月 5 日　徐州直属小组成立。孙纯一任召集人。

1960 年 6 月　我国召开首届全国文教战线群英会，我社有 32 位同志光荣地出席了这次盛会。

1960 年 7 月 25 日—9 月 5 日　九三学社召开第五届中央委

员会第三次全体会议（扩大），出席会议的有中央委员、候补中央委员、各级组织的负责人和基层中的代表，共278人。会议的任务是，在党的领导下，帮助社员和所联系的知识分子进一步认清形势，明确方向，自觉革命，更好地为社会主义建设服务。会议贯彻和风细雨、自我教育的精神，采取“神仙会”的方式，自己提出问题，自己分析问题，自己解决问题。会议开了43天，会议期间，毛主席和其他中央领导同志刘少奇、周恩来、朱德等接见了在京召开中央全会的六个民主党派的主席、副主席，做了亲切的指示，接见了全体与会人员并合影留念。

1961年1月31日　九三学社在《光明日报》发表专文，报道九三学社召开“神仙会”成效显著。

1962年6月9日　涂长望逝世。涂长望（1906—1962），湖北黄冈县人。中共党员，气象学家。一、二届全国政协委员，一、二届全国人大代表，中国科学技术协会书记处书记，中科院学部委员，中央气象局局长，九三学社中央委员、中常委、秘书长、副主席。

1962年12月26日—1963年1月19日　九三学社召开五届四中全会。会议主要任务是贯彻中共八届十中全会精神，推动社员进行国际主义、爱国主义、社会主义的学习，提高认识，增强信心，加强团结，明确任务，会议号召社员积极为科学文教战线上的“出成果，出人才”而充分贡献力量。

1962 年 12 月　社员总数为 5，397 人。地方分社 28 个，基层组织 340 个。

1964 年 12 月 20 日　全国政协四届一次会议开幕。九三学社有 58 名委员出席。

1964 年 12 月 21 日—1965 年 1 月 4 日　第三届人大第一次会议在北京举行。九三学社有 144 人当选人大代表。

1965 年 1 月 5 日　许德珩当选第四届全国政协副主席。

1965 年 12 月　社员总数为 5,385 人。

1966 年 5 月 4 日—26 日　中共中央政治局扩大会议在北京召开。会议通过了《中国共产党中央委员会通知》（即《五·一六通知》），为全面开展“文化大革命”做了准备。

1966 年 8 月 1 日　中共八届十一中全会在北京召开，通过《关于无产阶级文化大革命的决定》，并对中央领导机构作了调整，“文化大革命”全面展开。

1966 年 8 月 24 日　九三学社被迫宣布停止活动。

1976 年 10 月 6 日　以华国锋、叶剑英、李先念等为核心的中共中央政治局，执行中国共产党和人民的意志，采取断然措施，一举粉碎了江青等“四人帮”反革命集团，结束了“文化大革命”的十年内乱。

1978年2月24日　全国政协五届一次会议开幕。九三学社107名委员出席会议。

1978年2月26日—3月5日　第五届人大第一次会议在北京举行。九三学社社员有54人当选人大代表，出席了会议。许德珩主席当选为五届人大常委会副委员长。

1978年3月18日—31日　九三学社社员多人出席全国科学大会，并以长期科研成果卓著受到大会表彰。邓小平同志在大会讲话指出："从旧社会过来的知识分子，……他们的绝大多数，已经是无产阶级自己的一部分。"

1978年3月27日　黎锦熙逝世。黎锦熙（1890—1978）字劭西，湖南湘潭人，著名语言学家。全国人大一、二、三届代表，全国政协一、二、五届委员，九三学社创始人之一，历任九三学社监事，社中央常委。

1978年4月3日　九三学社中央领导小组成立，成员有许德珩、周培源、潘菽、茅以升、严济慈、孙承佩。

1978年12月18日—22日　中共十一届三中全会在北京召开。全会重新确立了党的马克思主义的思想路线，政治路线和组织路线，全面认真地纠正"文化大革命"中及其以前的左倾错误。这是一个伟大的历史转折。

1978年12月　社中央组成由孙承佩、李毅领导的两个调查组，分赴各地，深入调查了解社组织和社员在"文革"

中受冲击的情况，积极推动拨乱反正，落实政策的工作。

1978年12月　社员总人数为4,148人。

1979年4月　社中央召开全国工作会议。

1979年10月11日—20日　九三学社召开第三次全国代表大会，这次代表大会是在党的十一届三中全会和五届人大二次会议精神指引下，全国工作重点转移到社会主义现代化建设上来以后召开的。九三学社从1958年11月第二次全国代表大会至1979年10月第三次代表大会，已历21年。会议主要议程是：审议通过上届中央委员会的《工作报告》、修改社章选举新的中央委员会。

新社章关于九三学社在新时期的性质表述是“九三学社是中国共产党领导的革命的爱国的统一战线中的一个组成部分，是一个以社会主义知识分子为主要成份的民主党派，是社会主义劳动者和拥护社会主义的爱国者的政治联盟，是党领导下的为社会主义服务的政治力量。”

大会选举产生了第六届中央委员会。许德珩任主席，周培源、潘菽、茅以升、严济慈、税西恒、金善宝、卢于道、王竹溪、柯召、孙承佩任副主席。孙承佩任秘书长（兼），李毅任副秘书长。

1979年12月28日　国务院嘉奖农业、财贸、教育、卫生、科研战线全国先进单位和全国劳动模范的第二次授奖仪式上，九三学社有9位社员受到奖励。他们是杨鸿祖、徐采栋、吴霁棠、周尧、黄文魁、卢衍豪、卢锦汉、尚天裕、吴学周。社中央为他们举行茶话会，祝贺他们为祖国四化做出了贡献。

1979年12月29日　社中央在人民大会堂台湾厅举行迎新茶话会。周培源副主席号召九三学社老一辈科学家、教授为四化建设贡献出全部的智慧和力量。

1980年1月　社中央机关刊物《红专》复刊。

1980年1月19日　社中央邀请参加全国教育工作会议的社员座谈。参加全国教育工作会议的有周培源、柯召、赫崇本、钱钟韩、金瑞莘、严恺等同志。

1980年3月20日　社中央举行茶会，招待出席中国科协第二次全国代表大会的100多位九三学社社员。

1980年4月5日　郑州分社成立。左明生任主委。

1980年6月　据统计，九三学社又有15个地方组织召开了社员大会或代表大会，选出新的领导机构。它们是：北京市分社，主委王竹溪；上海分社，主委卢于道；天津分社，主委虞颂庭；兰州分社，主委蒋次升；长沙分社，主委张德仁；长春分社，主委吴学周；成都分社，主委柯召；武汉分社，主委伍献文；哈尔滨分社，主委刘恢先；扬州分社，主委朱白吾；南宁分社，主委刘启邠；昆明分社，主委曲仲湘；南京分社，主委陈鹤琴；重庆分社，主委税西恒；广州分社，主委黄友谋；济南分社，主委徐眉生。

1980 年 6 月　社中央科学工作委员会、工程技术工作委员会、文教工作委员会、医药卫生工作委员会连续举行座谈会，讨论我国教育计划和教育体制问题。

1980 年 6 月　国家科委成立自然科学奖励委员会，委员共 31 人。九三学社王淦昌、李薰、严济慈、周培源、茅以升、郑万钧、金善宝、张钰哲、黄昆、程绍迥、程裕淇等 11 人任委员。

1980 年 6 月 16 日　佳木分社成立。杨华任主委，宫泽任副主委。

1980 年 6 月 18 日　税西恒逝世。税西恒（1888—1980）四川泸县人。著名水电工程学家。全国人大第三、五届代表、全国政协二、三届委员，九三学社创始人之一，历任九三学社理事，常务理事、副主席。

1980 年 7 月 28 日—8 月 10 日　社中央邀集部分同志在青岛举行会议，深入讨论教育体制改革问题。此前，1980 年 2 月中共中央十一届五中全会决定，把确定适合国民经济发展需要的教育计划和教育体制列为 1980 年工作要点。半年来，各级组织上报有关文字材料 200 多件，提出上千条意见，包括系统的改进措施和建议，社中央综合整理成《关于教育计划和教育体制问题的讨论意见提要》。此次会议又拟出《对我国高等教育体制改革的几点建议》（草稿）。

1980年11月20日—12月29日　最高人民法院特别法庭开庭公审林彪、江青反革命集团案的10名主犯江青、张春桥、姚文元、王洪文等，李毅同志代表九三学社担任审判员。

1980年12月24日—31日　社中央召开为四化服务经济交流会。有17位同志介绍他们在教学、科研工作中的成果和经验。北京、天津、南京等9个分社介绍了结合社员业务实践，围绕献身四化这个中心做好社的组织工作的经验。

1980年12月30日　中共中央统战部举行茶会，招待出席九三学社经验交流会全体人员。

1981年5月9日—15日　社中央在天津召开宣传工作座谈会。

1981年5月17日　社中央举行茶会，欢迎出席中国科学院第四次学部委员会的社员。学部委员共400名，其中有九三学社社员94名。许德珩主席致词，鼓励他们在党的领导下，以不懈的努力，为四个现代化贡献一切力量。

1981年11月27日　社六届中常会第九次会议任命王志诚为中央委员会副秘书长。

1981年12月15日　社六届中央常委会举行第十次会议（扩大），贯彻五届人大、五届政协四次会议精神，推动社员为实现四化，振兴中华贡献力量。孙承佩同志在工作报告中宣布，截止1981年11月底，我社有37个地方组织，345 个基层组织都已恢复活动，发展新社员 1,636 人，约占现有社员总数 6,231 人的四分之一。茅以升副主席讲话指出，九三学社近年来重视了两个“四”字，即四项基本原则，四个现代化。会议通过政治决议并号召社员为实现四个现代化建设，保卫世界和平、完成祖国统一大业作出新的贡献。

1982 年 1 月 21 日　社中央和北京市分社联合举办迎春茶会，热烈祝贺人工合成核糖核酸的重大胜利。这一重大科研成果的主要负责人是九三学社社员王应睐、王德宝同志。他们百折不挠、苦战攻关，为四化建设作了重大贡献，被誉为“探索生命奥秘的尖兵”。

1982 年 2 月 17 日　1977—1981 年全国优秀科技图书发奖大会举行，许德珩、周培源、金善宝出席大会并向获奖者颁奖。这是我国首次对科技图书全面评奖。我社社员黄汲清、王泽农、柯应夔、徐芝纶、陈騊声、杨起等同志获奖。

1982 年 3 月 13 日—20 日　社中央全国工作会议在杭州召开。会议认真学习了全国统战工作会议文件精神，着重研讨了在新形势下，打开我社工作新局面的问题。

1982 年 3 月 12 日—15 日　浙江省工委成立。陈立任主委。

1982 年 3 月 27 日　四川省工委成立。柯召任主委。

1982 年 4 月 16 日　社中常会第十二次会议通过对知识分子

政策落实情况开展调查研究的决定。为贯彻全国统战工作会议精神和配合党中央提出的检查知识分子工作的任务，决定指示，我社各级组织都要把协助党和政府落实知识分子政策作为今年的重点工作。

1982年5月5日　社中央常务委员会发出通知，要求各地方组织迅即安排时间，组织社员讨论《中华人民共和国宪法修改草案》。

1982年5月—8月　社中央学习会连续举行座谈会，讨论宪法修改草案。

1982年8月2日　许德珩主席就日本文部省篡改侵华历史发表谈话，表示极大的愤慨。

1982年8月16日—22日　社的六届二中全会在京召开。会议通过了周培源副主席代表中常委会作的题为《振奋精神，发挥优势，面向四化，打开社的工作新局面》的工作报告，原则通过了《关于进一步落实知识分子政策的几点建议》，并增选王应睐等32位同志为社中央常务委员。

这次会议统计，我社有1,088人被选为各级人民代表大会代表或政协委员，社的各级组织负责人中有292人担任各级人大常委会和人民政协的领导职务。有94位同志被选为中国科学院学部委员。在全国性的学会任理事长、副理事长的社员有105人。有705位同志获得各级劳动模范，先进工作者称号，有558位同志受到各种奖励。

1982年9月1日　中共十二大在北京召开。这是全面开创社会主义现代化建设新局面的誓师大会；十二大报告把党的“长期共存、互相监督”的方针发展为“长期共存、互相监督、肝胆相照、荣辱与共”的16字方针，反映了我国统一战线的大好形势。

1982年9月12日　社中央第十六次中常委通过决议，号召全社认真学习中共十二大文件。

1982年9月18日　裴文中逝世，裴文中（1904—1982），号明华，河北丰南县人。著名古人类学家，古生物学家，考古学家、地质学家。九三学社中央常委，曾任九三学社副秘书长。

1982年10月23日　我国隆重召开全国科学技术奖励大会。这是对我国科学技术成果的一次大检阅。我社社员49位同志（57人次）获奖。他们是黄汲清、谢家荣、侯德封、顾功叙、顾知微、王淦昌、王晓青、郭文魁、程裕淇、王曰伦、邹承鲁、刘若庄、周培源、沈允钢、朱洪元、伍献文、穆恩之、杨敬之、余汶、卢衍豪、赵金科、徐仁、郑万钧、朱政德、赵奇僧、曾广方、金善宝、吴兆苏、葛庭燧、严东生、黄文魁、李家治、张福康、师昌绪、邹元爔、汪厚基、李林、李荫远、伍宣池、郭令智、张祖述、李寿元、唐立民、蒲保明、黄蕴慧、黄士松、章育中、季鸣时。

1982年11月2日—12日　社中央在西安举行组织和科教工作会议，讨论并部署了建立社的省级组织机构和科技咨询服务机构及发挥我社科技优势，开展科技咨询服务工作的任务。

1982年11月24日—12月11日　全国人大、政协五届五次会议召开，九三学社成员有54人任全国人大代表，107人任全国政协委员，他们积极参加国家政治生活，在两会上表现活跃。

1982年12月12日　社中央常委会第十七次会议（扩大）召开。讨论并通过了《关于号召全社认真学习、宣传、执行新宪法的决议》，《关于号召全社努力贯彻执行“六五”计划的决议》，表彰了在国务院召开的全国科学技术奖励大会上荣获科技奖的49名社员，听取了社中央在西安召开的组织和科教工作座谈会情况汇报，原则上同意社中央成立科学技术交流中心的建议。

1982年12月21日—27日　社中央在京召开宣传工作会议。

1982年12月30日　广东省工委成立。黄友谋任主委。

1982年12月　社员总人数为7,051人。

1983年1月30日　王竹溪逝世。王竹溪（1911—1983），湖北公安县人。著名物理学家，中科院学部委员，北京大学副校长。第三届全国人大代表，第五届全国政协委员。九三学社第六届中央委员会副主席。

1983年2月7日—9日　社中央邀请部分从事教学和科技工

作的社员同志座谈改革问题。拥护改革的总方针，并提出一些改革的建议。

1983年3月　社中央为贯彻中央统战部和国家民委召开的“智力支边”挂钩会议精神，召开“智力支边”工作会议，落实支边工作项目59项。

1983年3月9日　社中央常委会举行第十八次会议，讨论通过我社1983年工作计划要点和社史工作委员会名单。社史工作委员会主委：许德珩。副主委：周培源、潘菽、茅以升、严济慈、金善宝、卢于道、柯召、孙承佩。委员：方亮等23人。办公室主任：牟小东。会议任命赵伟之为社中央委员会副秘书长。

1983年3月16日　江苏省工委成立。高觉敷任主委。

1983年3月20日　李薰逝世。李薰（1912—1983），湖南邵阳人。著名物理冶金学家。中科院副院长。全国人大二、三、四、五届代表。九三学社中央常委。

1983年4月21日　福建省工委筹备组成立。王应睐任组长。

1983年4月25日　辽宁省工委筹委会成立。陈恩凤任主委。

1983年5月14日　贵州省工委成立。罗登义任主委。

1983年6月4日　全国政协六届一次会议开幕。九三学社132名委员出席。周培源当选六届全国政协副主席。

1983年6月6日　六届全国人大一次会议开幕。九三学社74人当选为代表出席会议。严济慈当选六届人大常委会副委员长。

1983年6月19日　社中央常委会举行第二十次会议（扩大），决定提前召开第四届全国社员代表大会，并号召全体社员认真学习和贯彻六届全国人大一次会议和全国政协六届一次会议精神，积极开展社的工作，为实现中共第十二次代表大会提出的宏伟目标，为社会主义现代化建设和祖国和平统一事业作出新贡献。这次会议还决定成立社中央妇女委员会。并通过妇女委员会负责人名单。妇女委员会主委：郝诒纯。副主委：李孝芳、胡媄。委员：王回珠、叶恭绍等14人。

1983年6月24日　社中央招待出席人大和政协会议的港澳代表，表示要为四化建设和祖国统一大业携手前进。

1983年7月9日—16日　社中央举行《邓小平文选》学习座谈会，认为《邓小平文选》是指引我国进行伟大历史性变革的科学论著，是拨乱反正的纲领，振兴中华的指南。

1983年7月13日　安徽省工委成立。王泽农任主委。

1983年7月20日　湖南省工委筹委会成立。张德仁任主委。

1983年8月2日—8日　社中央在哈尔滨召开全国工作会

议，为全国社员代表大会做准备。

1983年9月3日　内蒙古自治区工委会筹委会成立。陈杰任主委。

1983年9月10日　陕西省工委成立。侯宗濂任主委。

1983年9月16日　云南省工委成立。曲仲湘任主委。

1983年10月11日　宁夏回族自治区工委筹委会成立。宋汝良任主委。

1983年10月19日　黑龙江工委筹委会成立。刘恢先任主委。

1983年10月29日—11月2日　社中央连续召开学习会，传达讨论中共中央召开党外人士座谈会精神，学习中共中央关于整党和清除精神污染的有关文件。

1983年10月29日　江西省工委筹委会成立。廖延雄任主委。

1983年11月15日　山东省工委成立。徐眉生任主委。

1983年12月2日—14日　九三学社第四届全国社员代表大会召开。这次代表大会是在全国各族人民遵照党的十二大所制定的宏伟纲领，全国开创社会主义现代化建设新局面的大好形势下召开的。会议主要议程是：审议第六届中央委员会的工作报告；审议和通过新的《九三学社章程》；选举新的领导机构。中共中央派代表到会祝贺，并致贺词，贺词对九三学社的工作给予高度评价，称九三学社“是我们党的亲密战友”，赞扬我社“在我国革命和建设中发挥了重大作用”，希望九三学社社员“在科学、教育技术领域，尤其是在为国家培养又红又专的科技教育人才方面，取得新的成绩，做出自己独特的贡献”。周培源副主席代表社的第六届中央委员会，作了题为《团结奋斗、振兴中华，为社会主义现代化建设作出贡献》的工作报告。大会选举产生的第七届中央委员会：

主　　席：许德珩

副 主 席：周培源、潘菽、茅以升、严济慈、金善宝、卢于道、柯召、孙承佩、徐采栋、郝诒纯（女）、安振东

秘 书 长：赵伟之

中央执行局：

主　　任：孙承佩

委　　员：郝诒纯（女）、赵伟之、李毅、薛公绰

候补委员：金开诚

1983 年 12 月 15 日　首都各界人士和出席我社第四届全国社员代表大会的全体代表隆重集会，纪念我社已故副主席梁希同志诞辰 100 周年。方毅同志代表中共中央出席并讲话。梁希同志是林学界的一代师表，科技界的光辉旗帜。

1983 年 12 月　社员总人数 11,876 人。

1984 年 1 月 28 日　社中央举行春节茶话会，座谈祖国统一大业问题。

1984年2月18日　社中央科学、文教、工程技术、医药卫生4个工作委员会约请部分专家，就迎接世界新技术革命的挑战进行座谈。

1984年4月18日—27日　社中央在无锡召开全国工作会议，总结经验，进一步开创我社工作新局面。

1984年5月20日　社中央妇女委员会举行茶会，招待出席全国人大和政协六届二次会议的女社员。

1984年5月26日　在全国政协六届二次会议上，茅以升被增选为全国政协副主席。

1984年5月27日　社中央第七届中常会举行第三次会议(扩大)，审议通过社的全国工作会议纪要和社员缴纳社费的决定。

1984年6月28日　中共中央统战部转发我社成都、渡口两个分社开创工作新局面的材料。成都分社的材料是《对双流县开展定点多项咨询服务的情况报告》；社四川省委的材料是《关于渡口市九三学社开创工作新局面的调查报告》。

1984年7月　《半月谈》第13期介绍我国科学十杰。在10位杰出科学家中，有3位是九三学社社员，他们是王淦昌、王德宝、黄汲清。

1984 年 8 月　广西区委会成立。磨文彪任主委。

1984 年 9 月　河北省委员会成立。杨乃俊任主委。

1984 年 9 月 9 日　中共召开十二届三中全会的同时，邀请民主党派、无党派人士和各界人士举行座谈会，许德珩在座谈会上发言，表示拥护中共十二届三中全会精神，拥护《中共中央关于经济体制改革的决定》。

1984 年 9 月 28 日　许德珩主席就中英联合声明草签发表谈话，表示完全拥护政府对香港问题的立场。

1984 年 10 月 24 日—11 月 16 日　社中央连续三次举行《中共中央关于经济体制改革的决定》学习会。

1984 年 10 月 25 日　社中央发出关于认真学习《中共中央关于经济体制改革的决定》的通知。

1984 年 12 月 20 日　社中央常委会召开第四次会议，审议通过召开七届二中全会的建议和通知。

1985 年 1 月 20 日—30 日　社中央七届二中全会（扩大）暨全国为四化服务工作经验交流会在京召开。大会以学习、贯彻《中共中央关于经济体制改革的决定》为中心，是一次献计献策和大鼓干劲的会议，对科技、教育体制改革进行了认真的讨论。为四化服务工作经验交流会收到地方组织经验交流材料 42 份，充分显示了各地方组织在开展科技咨询、办学、支边、支农各项工作中取得的成果，有14个地方组织在大会发言。

社的七届二中全会一致通过了《九三学社第七届中央常务委员会工作报告》、《关于学习和贯彻〈中共中央关于经济体制改革的决定〉的决定》、《关于加强组织建设工作的意见》、《九三学社第七届中央委员会第二次会议关于拥护中英两国政府签署香港问题的联合声明的决议》。

截至1984年12月底，九三学社省市地方组织94个，基层组织325个，社员总数14,290人。

1985年3月23日　社中央举行《中共中央关于科学技术体制改革的决定》学习会，表示九三学社应责无旁贷地为科技体制改革尽力。

1985年4月7日　我社参加全国人大、全国政协六届三次会议的代表、委员140余人讨论教育体制改革问题，认为改革教育体制，提高民族素质是我国经济发展亟待解决的问题之一。

1985年4月17日—21日　我社四省（区）五方工作会议在渝召开。社中央副主席孙承佩、徐采栋出席会议并讲话。川、滇、黔、桂、渝四省（区）五方工作会议是我社开创工作新局面，加强社组织的横向联系，为改革开放和四化建设服务的一种新尝试，受到中央和地方政府极大关注和支持。

1985年6月1日　社中央举行学习会，学习讨论5月8日公布的《中共中央关于教育体制改革的决定》。

1985 年 6 月 24 日—28 日　社辽宁、吉林、黑龙江省委会在大连召开社务工作经验交流会，加强横向联系，开创社务工作新局面。

1985 年 8 月 4 日　卢于道逝世。卢于道（1906—1985），浙江鄞县人。著名神经解剖学家、社会活动家、九三学社创始人之一。全国人大代表，九三学社中央副主席。

1985 年 9 月 2 日　社中央在全国政协礼堂隆重集会，纪念建社 40 周年。习仲勋同志代表党中央到会祝贺。许德珩主席作题为《继往开来，献身四化，为振兴中华努力奋斗》的讲话。

1985 年 9 月 10 日　社中央执行局在我国第一个教师节到来之际，发表致工作在教育战线上的社员同志公开信，鼓励社员积极参加教育体制改革，为振兴中华作贡献。

1985 年 9 月 18 日　许德珩主席就中共中央十二届四中全会发表谈话，认为中共中央领导成员新老交替的决策非常英明。

1985 年 9 月 21 日—26 日　社中央举行学习会，学习座谈中共十二届四中全公报。

1985 年 10 月 2 日　各民主党派、工商联为四化服务先进表彰大会在京隆重举行。习仲勋代表中共中央、国务院向大会热烈祝贺。我社 45 个先进集体和先进个人受到表彰。

1985年10月4日　社中央举行茶话会，欢迎出席表彰大会的社员代表。

1985年10月26日　社中央执行局向全社发出关于认真学习中共十二届四中全会文件的通知。

1986年1月4日—8日　我社全国工作会议在京举行。研究讨论我社引进新人，加强领导班子及1986年工作要点。

1986年1月6日　首都科技界聚会，祝贺取得卓著成就的桥梁工程学家、我社中央副主席茅以升同志为祖国的科研、教学和科普事业辛勤工作65周年暨90寿辰。

1986年3月1日　社中央常务委员会举行第八次会议。会议审议核准了社中央执行局第72次会议通过的《九三学社1986年工作要点》和《九三学社关于省级组织引进新人加强领导班子和工作班子的意见》，会议讨论通过了《九三学社关于引进新人，加强社中央领导的几点意见》。

1986年4月12日　社中央第七届常委会举行第九次会议（扩大），通过关于认真学习贯彻国家第七个五年计划的决议。

1986年5月　王淦昌、邓稼先荣获“原子弹的突破及武器化”“氢弹的突破及武器化”两项国家科技进步特等奖。

1986年6月6日　社中央召开在京中常委和部分中委座谈会，传达中共中央书记处对统战工作的重要指示。统战工作出现新形势，形成新格局。“一国两制”是我国基本国策。统战工作在新形势下应立足国内，面向海外。民主党派要逐步实现领导班子的新老交替，多领域、多渠道、多形式、多层次地开展工作。

1986年6月　社中央工程技术工作委员会举行关于三峡工程问题座谈会，并写出了《关于三峡工程问题的意见和建议》(草稿)。

1986年7月10日　社中央举行座谈会，纪念“长期共存、互相监督”方针提出30周年。

1986年7月29日　邓稼先逝世。邓稼先（1924—1986），安徽怀宁人。核物理、理论物理学家，对我国原子弹、氢弹研制做出重大贡献，被誉为“两弹元勋”。中共中央委员、九三学社中央委员。

1986年8月16日—23日　社中央组织部分社员学习座谈中共中央19号文件《关于新时期党对民主党派工作的方针任务的报告》。

1986年8月17日—22日　我社四省（区）五方（川、滇、黔、桂、渝）第二次工作会议在贵阳召开，研究新时期统战工作新任务。

1986年10月14日—22日　社中央第七届中央常务委员会

第十次会议（扩大）在京举行，学习中共十二届六中全会关于社会主义精神文明建设指导方针的决议；学习讨论中共中央19号文件和统一战线新形势新任务。大会通过《认真学习和贯彻中共十二届六中全会精神的决议》。

1986年12月中旬　我社中南地区（广东、广西、河南、湖北、湖南）省委会在长沙召开海外联络工作会议。

1986年12月30日—1987年1月6日　社中央召开中年知识分子问题研讨会，就解决中年知识分子工资、职称等问题提出意见和建议。

1987年4月5日　社中央第七届常委会第十一次会议（扩大）在京举行。大会总结了我社在为建设四化、和平统一祖国和维护安定团结方面做的工作；通过《我社1987年工作安排要点》。

1987年5月21日—30日　我社地方组织主委工作会议在京召开，会议提出，在新形势下进一步加强自身建设已经成为我们面临的一项十分迫切的任务。

1987年6月10日　社中央执行局《关于中年知识分子问题的意见和建议》正式上报中央统战部并转党中央国务院领导同志及有关部门研究参考。

1987年6月23日　社中央执行局第142次会议通过《关于加强我社思想建设和组织建设的几点意见》。

1987年6月29日—7月4日　社中央在京召开科技服务工作座谈会。

1987年7月　许德珩主席回忆录《为了民主与科学》出版。

1987年7月12日　社中央举行茶会，庆祝潘菽副主席90寿辰。

1987年7月13日　社中央与中国科学院心理研究所、中国心理学会联合举行庆祝潘菽教授从事心理学科研和教学工作60周年大会。

1987年8月22日—9月12日　社中央副主席、社中央联络部部长郝诒纯，联络部副部长梅祖彦应全美华人协会和美籍华人教授潘毓刚先生邀请，赴美进行民间访问。

1987年9月11日—16日　我社华东地区（浙江、江苏、江西、安徽、山东、福建、上海）六省一市第一次工作会议在上海召开，交流工作经验，加强横向联系，建立协作关系。

1987年10月12日　社中央创办的学苑出版社成立。

1987年10月25日—11月1日　中国共产党第十三次全国代表大会在北京隆重举行，会议的中心议题是进一步加快和深化改革。会议提出了党在社会主义初级阶段的基本理论和基本路线。

1987年10月25日　中央致中共第十三次全国代表大会贺信，预祝大会圆满成功。

1987年11月3日　中共中央办公厅复函中央执行局，对我社《关于中年知识分子问题的意见和建设》给予重视。

1987年11月4日　社中央举行学习会，座谈中共十三大文件精神。

1987年11月23日—29日　社中央在京召开秘书长工作会议，学习贯彻中共十三大精神，研究加强地方组织领导班子建设，进一步实现领导班子年轻化和省级组织提前换届问题。

1987年12月28日—1988年1月2日　我社七届三中全会在京举行，会议主要议程是学习中共十三大文件；审议社的第七届中央常委会的工作报告；讨论社中央主席许德珩同志关于辞去主席职务的请求；讨论决定1988年召开社第五次全国社员代表大会问题。周培源同志作了题为《贯彻社会主义初级阶段基本路线，加强自身建设，为加快和深化改革而奋斗》的报告，大会接受许德珩同志辞去九三学社主席职务的请求，并一致推选他为九三学社名誉主席，一致推举周培源同志为九三学社中央委员会主席，决定1988年第四季度召开我社第五次全国社员代表大会。

1987年12月　社员总人数为30,143人。

1988 年 2 月 24 日　社中央研究室在京召开“政治体制改革和我社的任务”研讨会。

1988 年 3 月 20 日—26 日　应波兰统一农民党的邀请，由社中央副主席郝诒纯和社中央常委李孝芳等组成的九三学社代表团，赴华沙出席了波兰统一农民党第十次全国代表大会以及保护大自然和自然环境的国际会议。

1988 年 3 月 26 日　潘菽逝世。潘菽（1897—1988），字水叔。江苏宜兴人。著名心理学家。中共党员。全国人大第一、二、三届代表，全国政协第五、六届常委、七届委员。九三学社主要创始人之一，九三学社中央一、二届理事、三届常委，四、五、六、七届副主席。

1988 年 4 月 3 日　社中央第七届常委会举行第十三次会议，讨论通过《九三学社第五次全国社员代表大会代表名额和代表产生办法》（草案），研究了社的五大筹备工作。

1988 年 4 月 18 日　社中央执行局发出关于学习贯彻全国人大，全国政协七届一次会议精神的通知。

1988 年 5 月 20 日—6 月 1 日　社中央副主席徐采栋率中共中央统战部、国家民委、民主党派中央、全国工商联智力支边协调小组，赴黔考查，为探索我国西部地区经济发展模式提供决策咨询。

1988 年 6 月 27 日　社中央第七届常委会举行第十四次会议，会议主要议程是讨论修改社章和讨论决定社刊《红专》更名《民主与科学》问题。

1988年7月　社中央机关刊物《九三中央社讯》出刊。

1988年7月18日　社中央邀请在京法学界社员座谈，讨论《中华人民共和国香港特别行政区基本法（草案）征求意见稿》，提出了修改意见和建议。

1988年10月12日—17日　社中央社务研讨会在京举行。主要议题是讨论修改社章和起草社的工作报告。

1988年11月2日—8日　社七届中央委员会第十五次常委会（扩大）在京举行。会议以中共十三届三中全会精神为指针，研究讨论了社的“五大”的筹备工作。主要议程有：讨论修改社章和第七届中央委员会工作报告征求意见稿；讨论成立第五次全国代表大会筹备机构、换届方案、人事任命和本次常委会决议。

1988年11月17日—22日　社中央妇女工作座谈会在京举行。社中央妇委会主任李孝芳主持会议。郝诒纯副主席介绍了第六次全国妇代会的情况，传达了会议精神。分组讨论了在改革开放大环境下知识妇女如何发挥作用等问题。

1988年11月19日—23日　社中央和开发大西南战略研究协作中心在京举行“大西南经济振兴研讨会”。周培源主席主持会议，徐采栋副主席及有关专家学者和中央有关部门领导出席会议。

1988年12月30日—1989年1月8日　社第五次全国社员代表大会在京举行。大会是在中共十三大提出社会主义初级阶段的基本理论和基本路线，提出建设有中国特色社会主义的战略任务以后，在中共十三届三中全会全面深化改革的方针政策指引下召开的。大会议程是：审议第七届中央委员会工作报告，总结工作成绩和经验；修改社章；选举新的一届中央领导机构，向年轻化和新老合作的体制迈进。周培源同志致开幕词，中共中央向大会致了贺词，贺词说："九三学社是我国具有光荣革命历史的民主党派之一"，是"同中国共产党并肩战斗，风雨同舟的亲密友党；是我国革命和建设事业中一支重要的政治力量。"大会完成各项议程后闭幕，郝诒纯同志致闭幕词。大会选举产生的第八届中央机构是：

名誉主席：许德珩、严济慈、茅以升、金善宝

主　　席：周培源

副 主 席：孙承佩、徐采栋、郝诒纯（女）、安振东、王文元、吴阶平、陈学俊、陈明绍、杨樨

秘 书 长：赵伟之

参议委员会主任：王淦昌。

副 主 任：黄汲清、袁翰青、谢立惠、陈立、高觉敷、陈恩凤、侯宗濂、笪移今、启功、刘及辰、李毅

秘 书 长：李毅（兼）。

1989年3月28日—29日　社八届二次会议在京举行，会议通过决议，拥护李鹏总理在人大七届二次会议上的政府

工作报告，并号召全社为完成政府工作报告中提出的各项任务做出不懈的努力。

1989年春夏之交　在首都和一些地方发生政治动风波，党中央采取了断然措施予以解决。

1989年6月17日　中共中央召开党外人士座谈会，听取对平息在北京发生的政治风波的意见。社中央领导同志参加了座谈会，表示完全拥护。

1989年6月19日—23日　部分在京中委和参委会常委学习座谈邓小平同志的讲话，统一思想。

1989年6月22日　社中央发出关于认真学习贯彻邓小平同志重要讲话的通知。邓小平同志接见首都戒严部队军以上领导同志时的讲话，高瞻远瞩，精辟地阐述了首都反革命暴乱的性质、根源，深刻地总结了过去，展望了未来，指明了我国改革和建设的方向。

1989年6月28日　社中央领导同志参加中共中央举行的党外人士座谈会。孙承佩副主席代表周培源主席在会上发言，认为中共十三届四中全会召开非常及时，具有重大意义。九三学社一贯与中国共产党风雨同舟，荣辱与共，在经历了最近的一番风雨之后，我们的广大社员更加坚定了接受中国共产党领导的信心和决心。

1989年7月8日—11日　社的第八届中常会第三次会议（扩大）在京举行。中心议题是认真学习讨论中共十三届四中全会精神。社中央常务副主席孙承佩主持会议。分组学习讨论了中共十三届四中全会文件和邓小平同志的重要讲话。一致拥护四中全会的各项重要决定，拥护以江泽民为总书记的中共中央新的领导机构。研究我社在工作中如何贯彻落实全会提出的各项任务。大会作出了《九三学社中央关于学习贯彻中共十三届四中全会精神的决议》。

1989 年 7 月底　社中央主席周培源就振兴大西南经济函报江泽民总书记，社中央和开发大西南战略研究中心（四川、云南、贵州、广西、重庆四省区五方社科院联合机构）提出了《关于建立长江上游生态保护和资源开发区的建议》。

1989 年 10 月　社中央宣传部就加强思想政治工作问题举行座谈会。

1989 年 8 月 16 日　社中央组织部发出关于组织发展工作的通知，贯彻我社第五次全国代表大会提出的扎扎实实搞好社的自身建设的精神。

1989 年 9 月 17 日—22 日　社全国组宣工作会议在京召开。

1989 年 10 月 1 日　周培源主席在《人民日报》发表纪念建国 40 周年文章《坚持党的领导，创造美好明天》。

1989 年 10 月 5 日　九三学社中央举行第十七次主席会议，学习座谈江泽民同志在庆祝国庆 40 周年大会上的讲话。

1989年10月9日　社中央发出通知要求各地方组织认真学习江泽民同志国庆讲话。

1989年10月17日　许德珩名誉主席欢度百岁寿辰。党和国家领导人李鹏、万里前往祝贺，江泽民、邓颖超送花篮祝寿。社中央周培源、严济慈、金善宝等领导共祝许老大寿。

1989年10月　社中央领导人徐采栋、李毅同志参加国务院清理整顿公司巡视组工作。

1989年11月10日　社中央举行第二十次主席会议（扩大），拥护中共十三届五中全会精神。

1989年11月10日　茅以升逝世。茅以升（1896—1989），江苏镇江人。著名桥梁专家、教育家。全国人大一至六届常委。全国政协一至五届委员，六届副主席。九三学社四、五届中央常委，六、七届副主席，八届名誉主席。

1989年11月17日　我社第二次全国科技服务工作会议在京召开。

1989年12月11日—14日　社第八届中常会第四次会议（扩大）在京举行。中心议题是学习、贯彻中共十三届五中全会精神，在治理整顿和深化改革的形势下，开展社的各项工作。

1989年12月22日　社中央主办的《民主与科学》杂志创刊并公开发行，周培源主席为该刊写了题为《弘扬民主科学精神，促进社会主义事业》的发刊词。

1989年12月30日　社中央领导同志参加中共中央召开的各民主党派负责人座谈会，学习《中共中央关于坚持和完善中国共产党领导的多党合作政治协商制度的意见》这一重要文件。

1989年12月31日　中共中央统战部祝贺我社名誉主席严济慈90岁寿辰。

1989年12月31日　《中共中央关于坚持和完善中国共产党领导的多党合作和政治协商制度的意见》发表。周培源主席发表专文，称《意见》是建设多党合作和政治协商制度的纲领性文件。

1990年2月8日　许德珩逝世。许德珩（1890—1990）字楚生，江西九江人。著名社会活动家。中国共产党党员。“五四”运动学生领袖之一。全国人大四、五、六届常委会副委员长，全国政协一届委员，二、三届常委，四、五届副主席。九三学社主要创始人，一至七届中央委员会主席，八届名誉主席。

1990年2月9日　社中央发出关于学习贯彻《中共中央关于坚持和完善中国共产党领导的多党合作和政治协商制度的意见》的通知。

1990年2月10日　社中央举行在京中委学习会，学习、讨论《意见》。

1990年3月6日　社中央副主席徐采栋受国家科委委托，召开“星火计划”和“科技扶贫”试点工作座谈会。

1990年3月10日—15日　我社第八届中央委员会第二次全体会议在京举行。中心议题是审议八届常委会工作报告，学习贯彻《意见》。社中央副主席孙承佩作了题为《团结一致，振奋精神，为坚持和完善共产党领导的多党合作和政治协商制度共同奋斗》的工作报告。

1990年3月　我社91人出席七届全国人大三次会议；124人出席全国政协七届三次会议，参政议政，共商国事。

1990年4月26日—28日　社中南六省（区）社务工作交流会在郑州召开。

1990年5月16日—19日　社中央妇委会全体会议（扩大）在京召开。

1990年5月14日—29日　为联合推动“星火计划”和“科技扶贫”工作，社中央副主席徐采栋受托任考察组组长，带队赴贵州黔西南州考察。

1990年5月21日—25日　社西北及内蒙六省（区）社务工作交流协作会议在西安举行。

1990年6月9日—16日　社中央教育文化委员会、政法法律委员会座谈讨论《教师法（草案）》、《教育法（草案）》，提出意见和建议。

1990年6月16日—20日　社自身建设研讨会在京举行。学习讨论全国统战工作会议精神，研讨社的思想建设与组织建设问题。

1990年7月4日—8日　社第八届六次常委会（扩大）在京召开。学习贯彻全国统战工作会议精神，并通过加强社的思想建设和组织建设的文件。

1990年8月3日—5日　社中央研究室在北戴河召开参政议政工作研讨会。

1990年9月8日　社中央领导参加中共中央统战部在济南召开的全国民主党派工作会议。

1990年9月16日—17日　社中央第40次主席会议在京举行。主要议题是讨论审议执行局草拟的《九三学社近期工作纲要》，《纲要》根据全国统战工作会议和中共中央（89）14号文件精神，对今后社的两三年工作目标、内容和方法提出了要求。

1990年10月20日　孙承佩逝世。孙承佩（1915—1990），原名耿殿文，山东桓台人，著名社会活动家。中共党员。全国政协二至四届委员、五至七届常委。历任九三学社宣传部长，副秘书长，秘书长，一、二届中央理事，三至五届中央常委，六、七届中央副主席，八届中央常务副主席。

1990年12月16日—19日　社第八届中央委员会第三次全体会议在京召开。社中央常务副主席徐采栋代表中央委员会作了题为《加强自身建设，努力参政议政，承担参政党的光荣使命》的工作报告。会议选举增补赵伟之同志为九三学社第八届中央委员会副主席。大会通过了中央委员会的《工作报告》、《九三学社近期工作纲要》、《大会决议》，并决定社的第六次全国代表大会于1992年提前举行。

1991年1月18日—20日　社中央两次召开主席会议学习中共十三届七中全会精神。

1991年1月19日　社中央发出关于认真学习中共十三届七中全会精神和全会通过的《中共中央关于制定国民经济和社会发展十年规划和“八五”计划的建议》。

1991年3月31日　社第八届中央常务委员会第九次会议在七届人大四次会议和七届政协四次会议期间召开，中心议题是学习讨论李鹏总理《关于国民经济和社会发展十年规划和第八个五年计划纲要的报告》。

1991年5月15日—19日　我社西南、中南地区九省（区）十方社务工作会议在桂林召开。

1991年5月26日　社中央领导同志亲切会见出席科协“四

大”的我社社员。

1991年5月30日　社中央发出关于中国共产党成立70周年纪念活动的通知。

1991年5月31日　社中央各专门委员会正副主任联席会议在京召开。讨论和修改了我社《关于加强专门委员会工作的几点意见》。

1991年6月3日—6日　我社领导人应邀参加国家科委召开的全国科技成果推广工作会议。

1991年6月6日　社中央科学技术委员会、教育文化委员会、政法委员会、宣传部联合召开《著作权法》座谈会。

1991年6月18日—21日　社第八届中常会第十次会议（扩大）在京举行。中心议题是贯彻《中共中央关于坚持和完善中国共产党领导的多党合作和政治协商制度的意见》，研究社中央和省级组织1992年换届改选工作并制定相应文件，推动换届工作顺利进行。

1991年6月22日　社中央隆重举行纪念会，庆祝中国共产党成立70周年。

1991年7月1日　中国共产党中央委员会致各民主党派中央委员会和中华全国工商业联合会复信。信中说：“在中国共产党成立70周年的时候，非常高兴地收到你们充满革命友谊的贺信，特向你们表示衷心的感谢。在几十年的革命和建设中，你们是我们风雨同舟、患难与共的亲密战友。我们深信，我们之间长期共存、互相监督、肝胆相照、荣辱与共的亲密关系，在今后将会得到进一步巩固和加强。让我们更加紧密地团结起来，为建设有中国特色的社会主义而共同奋斗。”

1991年7月2日　社中央举行座谈会，学习江泽民同志在庆祝中国共产党成立70周年大会上讲话。认为《讲话》是以江泽民同志为核心的党中央领导全党和全国人民沿着建设有中国特色社会主义道路继续前进的纲领性文件。

1991年7月11日；7月12日；7月16日　社中央教育文化委员会参加讨论教育“八五”计划要点。

1991年9月25日　社中央发出关于深入学习江泽民同志“七一”讲话的通知。

1991年9月25日　社中央政法委员会和社北京市委联合召开座谈会，在中央国家机关及北京市政府兼任特邀监察员、检察员、审计员、督导员的社员应邀出席，就参政工作情况和经验作了交流和研讨。

1991年10月11日—14日　社中央应邀参加长江上游地区资源开发和生态保护总体战略研究会议。

1991年10月28日　我社已故副主席涂长望同志诞辰85周年纪念会在京举行。纪念会是由社中央、国家气象局、中国科协、中国气象学会联合举办的。

1991年10月31日　社中央副主席徐采栋同志因在协助政府实施“七五”星火计划方面的贡献，荣获“星火特别荣誉奖”。

1991年11月12日　我社已故名誉主席茅以升生平事迹展览在京开幕。

1991年11月12日　我社有8件政协委员提案被全国政协评为优秀提案。

1991年12月11日—13日　社第八届中央常务委员会第十一次会议在京举行。会议中心议题是学习讨论中共十三届八中全会精神。一致拥护《中共中央关于进一步加强农业和农村工作的决定》。会议通过《关于学习贯彻中国共产党十三届八中全会精神的决议》。

1992年1月6日　社中央经济建设委员会召开农业问题座谈会。

1992年1月12日—16日　社八届中央委员会第四次全体会议在京举行。会议议程是学习江泽民同志“七一”讲话和中共中央工作会议、中共十三届八中全会精神；审议并通过社中央委员会工作报告。这是一次统一思想、团结、鼓劲、务实的大会。徐采栋常务副主席受中央委员会委托，作了题为《同心同德，为我国在改革开放中稳步发展贡献力量》的工作报告。

1992年1月18日—2月21日　邓小平同志在武昌、深圳、珠海、上海等地视察，发表重要讲话，精辟分析了国际国内形势，科学总结了十一届三中全会以来党的基本实践和基本经验，明确地回答了许多重大认识问题，具有重大而深远的意义。

1992年2月1日　我社又有14位同志当选中科院学部委员，周培源主席致信祝贺。

1992年2月25日—27日　社中央科学技术委员会在上海举行科技发展研讨会。

1992年3月14日　社中央领导参加中共中央召开的各民主党派负责人协商座谈会。

1992年3月16日　社中央副主席王文元同志在七届全国人大常委会第二十五次会议上，被任命为最高人民检察院副检察长。

1992年3月28日　社中央举行招待会，邀请西南三省区八地州市领导同志座谈，研讨科技扶贫问题。

1992年3月29日　社第八届十三次常委会（扩大）在京举行，传达江泽民总书记在各党派负责人协商座谈会上的讲话精神，讨论1992年社中央工作要点，及修改社章等问题。会议通过决议，衷心拥护最近召开的中共中央政治局全体会议精神和邓小平同志视察南方讲话中关于建设有中国特色社会主义的一系列重要论述。要求全社认真学习，全面贯彻“一个中心，两个基本点”的基本路线。

1992年4月23日　社中央举行招待会，招待参加中科院第六次学部委员大会的社员同志。

1992年4月28日—30日　社中央第三次振兴大西南经济研讨会在京举行。主要议题是研讨论证中央提出的《大西南连片贫困岩溶地区脱贫与振兴经济建设报告》。《报告》受到中央统战部和国家有关委办负责同志高度评价。

1992年5月28日　社中央领导祝贺社中央参议委员会主任王淦昌教授85岁华诞。

1992年6月1日—3日　海内外物理学界华人在京聚会，祝贺周培源主席科研事业取得重大成果暨90寿辰。

1992年6月8日—16日　我社副主席吴阶平及化学家邹承鲁、物理学家李林夫妇访问台湾。

1992年6月16日—21日　我社全国宣传思想工作会议在大连举行，会议主要任务是：全面准确地学习邓小平同志视察南方重要谈话和中共中央政治局全体会议的精神，结合中共中央（89）14号文件对参政党的要求，研讨我社如何全面贯彻党的基本路线，围绕经济建设这个中心，加强社的宣传和思想工作。

1992年8月28日　周培源主席喜度90华诞，党和国家领导人江泽民等诚挚祝贺。

1992年10月9日　社中央向即将召开的中国共产党第十四次全国代表大会致电，表示热烈祝贺并祝大会圆满成功。

1992年10月12日—18日　中国共产党第十四次全国代表大会在北京举行。这是一次肩负重大历史使命的大会，是承前启后，继往开来，全面推进改革开放和社会主义现代化建设的大会。

1992年10月20日—23日　社第八届中常会第十四次会议（扩大）在京举行。中心议题是学习贯彻中共十四大精神；讨论修改《社章》及第八届中央委员会工作报告。会议建议12月举行社的六大。

1992年10月29日　社中央宣传部发出《关于认真学习和宣传中共十四大精神的安排意见》。

1992年12月26日—30日　社第六次全国代表大会在京隆重举行。主要议程是：学习中共十四大精神；听取和审议八届中央委员会工作报告；审议通过《九三学社章程》；讨论通过《九三学社中央参议委员会组织条例》；选举中央委员会；选举中央参议委员会；选举中央名誉主席。中共中央向大会致了贺词。周培源同志致开幕词，徐采栋同志代表八届中央委员会作了题为《发挥科技优势，提高参政水平，为加快改革开放和现代化建设贡献力量》的工作报告。大会完成各项议程后，于12月30日闭幕，吴阶平同志致闭幕词。选出的第九届中央委员会领导机构是：

名誉主席：周培源、严济慈、金善宝

主　　席：吴阶平

副 主 席：徐采栋、郝诒纯（女）、安振东、王文元、杨樾、陈明绍、陈学俊、赵伟之、洪绂曾、金开诚

秘 书 长：刘荣汉

中央参议委员会主任：王淦昌

副 主 任：黄汲清、袁翰青、柯召、谢立惠、陈立、高觉敷、陈恩凤、笪移今、启功、葛庭燧、方亮、李毅

秘 书 长：李毅（兼）

1993 年 2 月 13 日　社中央邀集我社部分科技界知名人士座谈科技体制改革问题，着重讨论我国科技体制改革的现状和需要采取的有关改革措施。吴阶平主席主持了会议。

1993 年 2 月 15 日　高觉敷同志逝世。高觉敷（1896—1993）浙江温州人。我国著名心理学家、教育家、社会活动家，九三学社中央参议委员会副主任、九三学社江苏省委名誉主委、南京师范大学教授。全国政协二届委员，江苏省政协第四、五、六届副主席。

1993 年 3 月 21 日　社中央九届一次中常委会议在北京举行。号召全社认真学习贯彻八届全国人大一次会议和全国政协八届一次会议精神。研究部署了社的工作。

1993 年 3 月 26 日　在全国政协八届一次会议上，社中央名

誉主席周培源当选为第八届全国政协副主席，这是他第四次当选为全国政协副主席。同时，我社有22位同志当选为八届全国政协常委。我社有96人任全国政协八届政协委员。在这次会议上，陈学俊副主席代表社中央作了《建立和完善科技与经济有效结合的机制，加速科技成果商品化和向现实生产力转化》的大会发言。

1993年3月27日　八届全国人大一次会议举行大会，社中央主席吴阶平当选为八届全国人大副委员长。同时，我社有6位同志当选为八届全国人大常委。我社有76人当选八届全国人大代表。

1993年4月11日—13日　社中央在杭州召开“沿海地区科技开发工作研讨会”，徐采栋副主席主持会议并作了重要讲话。

1993年4月19日—22日　赵伟之副主席赴沪视察指导换届及组织发展等工作。

1993年4月28日—29日　中共中央宣传部邀请各民主党派和全国工商联有关负责同志在京举行爱国主义教育座谈会，我社主席吴阶平、副主席兼宣传部长金开诚出席并发言。

1993年5月11日　社成都市第七次代表大会选举产生第七届委员会：

名誉主委：谢立惠

名誉副主委：乐以成

主　委：徐僖
副主委：蔡顺养、杨培全、柳企丰、涂泽伟、胡渝
秘书长：涂泽伟（兼）

1993 年 5 月 22 日　社九届二次中常委会议在京举行，吴阶平主席主持会议。讨论决定社中央专门委员会的设置和负责人名单；讨论决定社中央机关职能部门设置和人事任免。

1993 年 6 月 9 日　社上海浦东新区委员会（筹）成立。张友隽任主任委员。

1993 年 6 月 25 日—29 日　社全国工作会议在京举行。研讨加强社的自身建设、特别是社的组织建设、思想建设和机关建设等问题。

1993 年 7 月 15 日　中共中央统战部部长王兆国等领导同志到社中央机关看望机关全体同志。

1993 年 8 月 2 日—5 日　社西北及内蒙古六省（区）第三次社务交流协作会议在乌鲁木齐市召开。主要议题是在江泽民总书记视察陕西、青海等地发表的一系列重要讲话和中共中央六号文件指示下，围绕进一步深化改革、扩大开放，促进西北和内蒙古六省（区）的经济发展，发扬我社优势，履行参政议政职责。

1993 年 9 月 3 日　社中央在全国政协礼堂举行座谈会，隆重纪念九三学社建社 48 周年。

1993年9月5日—10日　赵伟之副主席赴黔参加西南六省区智力支边扶贫联系会。西南六省区七方（川、滇、黔、桂、湘、藏、渝）智力支边扶贫，形成于1986年，各级政协、民主党派及工商联，发挥智力优势，为老、少、边、穷地区的脱贫致富、促进经济发展、巩固民族团结，做了大量工作。

1993年8月6日—8日　社东北三省社务工作经验交流会在哈尔滨召开。总结交流在社会主义市场经济体制形成过程中，如何发挥社的科技优势，为经济建设服务的经验。

1993年9月11日　社中央主席吴阶平、社中央参议委员会常委严仁英荣获首届“中华人口奖”。由中宣部、国家计生委、国家科委与中国计生协、人口福利基金会等十一个部、委、会举办的“中华人口奖”，是我国人口方面的最高常设大奖，每两年颁发一次。

1993年9月13日　社中央召开在京主席工作会议，学习贯彻中共中央关于反腐败斗争决定的精神。并向全社发出《关于学习江泽总书记在中纪委第二次全体会议的讲话，积极协助配合开展反腐败斗争的通知》。

1993年9月16日　《中国现代科学家系列展览——邓稼先、梁希》展览在北京图书馆文津厅隆重开幕。

1993年9月16日—18日　郝诒纯副主席赴四川参加九广合作经验交流会。“九广合作”即社四川省委在广元建立科技扶贫点及振兴广元经济。

1993年10月7日　我社与临汾地区签订科技合作协议。

1993年10月11日—14日　社九届三次中常委会议（扩大）在京举行。主要议题是：1. 学习贯彻江泽民总书记在中纪委二次全会上的重要讲话和中纪委二次全会精神；2. 讨论经济形势；3. 决定召开九三学社九届二中全会；4. 讨论专门委员会的工作及人事安排。

1993年11月5日　我社与内蒙古哲里木盟签订"九三通辽科技合作"协议。

1993年11月7日—15日　社中央主席吴阶平、常务副主席徐采栋、副主席陈明绍参加了各民主党派中央、全国工商联领导人和无党派人士三峡工程考察活动，并写出了《关于三峡工程情况的考察报告》。

1993年11月24日　周培源逝世。周培源（1902—1993）江苏宜兴人。是中国人民政治协商会议第八届全国委员会副主席，九三学社中央委员会名誉主席，中国科学技术协会名誉主席，著名科学家、教育家和社会活动家，坚定的爱国主义者，忠诚的共产主义战士。曾任九三学社中央副主席、主席，第一、二、三、四届全国人大代表，第五届全国人大常务委员会委员，第三、四届全国政协常务委员会委员，第五、六、七、八届全国政协副主席。

1993年11月11日　社中央向全社发出《关于认真学习

〈邓小平文选〉第三卷的通知》。

1993年11月24日　社中央发出《关于学习、贯彻中共十四届三中全会精神的通知》。

1993年11月　安振东副主席参加中共中央反腐败调查组工作。

1993年12月3日　邹秉文诞辰100周年纪念会在京举行。邹秉文先生是我国著名农学家、植物病理学家、农业教育家。1956年加入九三学社。

1993年12月16日　社中央召开座谈会，隆重纪念毛泽东诞辰100周年。

社中央常务副主席徐采栋、副主席赵伟之、秘书长刘荣汉到京丰宾馆看望我社出席“全国智力支边扶贫经验交流暨表彰会”的全体代表。

1993年12月17日　在中央统战部和国家民委举办的全国智力支边扶贫先进集体和先进个人表彰大会上，我社有8名先进集体和15名先进个人受到表彰。

1993年12月18日　吴阶平主席荣获“比利时皇家医学科学院名誉勋章”。

1993年12月21日　中共中央政治局常委、全国政协主席李瑞环亲临社中央机关，看望我社领导同志。

1993年12月21日　社中央发出关于表彰社务工作先进集

体和先进工作者的决定。决定授予“九广合作”领导小组等53个单位为“社务工作先进集体”；授予李孝芳等122名同志为“先进社务工作者”。

1993年12月21日　社中央发出关于对从事社内专职工作30年以上的干部职工颁发荣誉证书的决定。决定对曾文瑞等52名从事社内专职工作30年以上的同志颁发荣誉证书。

1993年12月27日　李瑞环同志视察新建的三党派中央机关办公楼。

1993年12月24日—28日　社第九届中央委员会第二次全体会议在北京举行。出席会议的中央委员、候补中央委员共172人，中央参议委员会常委16人。徐采栋常务副主席代表常委会作工作报告，主席吴阶平、参议委员会主任王淦昌作了重要讲话。会议号召全社同志更加紧密地团结在以江泽民同志为核心的党中央周围，成为建设有中国特色社会主义的理论和党的基本路线的拥护者、宣传者、执行者，为实现社会主义现代化建设的宏伟目标开拓前进。

1994年1月4日—23日　我社徐采栋、赵伟之、金开诚、潘蓓蕾、谢丽娟、鞠庆麒参加了非中共领导干部理论研讨班。研讨班是由中组部、中宣部、中央统战部和中共中央党校协助各民主党派中央、全国工商联主办的，参加学习的有各民主党派中央、全国工商联副主席以及在省、自治区、直辖市和国务院部委、直属局担任领导职务的非中共干部共45人。

1994年1月21日—23日　吴阶平主席赴天津考察社务工作。

1994年1月23日—25日　社中央促进科技成果转化为现实生产力问题首次研讨会在天津举行。吴阶平主席、郝诒纯、王文元、陈明绍、赵伟之副主席及刘荣汉秘书长、天津市主委黄其兴出席研讨会。

1994年2月15日　吴阶平主席参加由李鹏总理主持召开的国务院第五次全体会议（扩大）。

1994年2月16日　社中央在京主席工作会议认真讨论政府工作报告（征求意见稿）。

1994年2月17日　李鹏总理邀请各民主党派中央、全国工商联的负责人和无党派人士到中南海紫光阁座谈，听取对政府工作报告（征求意见稿）的意见。社中央主席吴阶平、常务副主席徐采栋出席了座谈会。

1994年2月25日　邮电部发行许德珩纪念邮票。

1994年3月　郝诒纯副主席参加第十届亚洲议员人口与发展会议。

1994年3月2日　袁翰青逝世。袁翰青（1905—1994），江苏南通人。社中央参议委员会副主任、著名化学家、化学史家、中国科学院院士。历任九三学社第二届理事会理事、第三至七届中央常委、第一至七届全国政协委员、第六、七届全国政协常委。

1994年3月　在全国政协八届二次会议上，王文元副主席代表社中央作了《关于促进科技成果向现实生产力转化的几点建议》的大会发言；赵伟之副主席代表社中央作了《关于尽早制定〈科技成果转化法〉的建议》的大会发言（书面）。

1994年3月13日　社九届五次中常委会议在京举行。审议通过我社关于学习贯彻八届全国人大、政协二次会议精神的决议（草案），审议《社中央1994年工作要点》。

1994年3月13日　社中央举行招待会，招待出席“两会”的我社社员。

1994年3月14日　社中央副主席金开诚在“两会”新闻中心举行的记者招待会上，就教育和文化问题答记者问。

1994年4月26日　金显宅诞辰90周年暨铜像落成揭幕仪式在津举行。李瑞环电贺并题词。

1994年5月2日　天津大学举行座谈会，纪念刘锡瑛教授诞辰100周年。赵伟之副主席出席并讲话。

1994年5月10日—14日　社中央在南京召开沿海地区科技开发和支援“三区”（社中央科技扶贫的三个区）研讨会。

1994年5月28日　社中央召开在京主席工作会议。通过关于做好当前工作的几点意见。

1994年5月24日　金开诚副主席邀请部分在宁高校社员座谈高校教改问题。

1994年5月25日—26日　社中央研究室召开专题调研工作预备会。

1994年5月30日　社中央机关工会成立。

1994年5月31日　社中央参议委员会召开在京参议委员座谈会。

1994年6月8日　社中央领导应邀参加党外人士座谈会。党中央、国务院为准备即将于6月中旬召开的全国教育工作会议，李鹏总理邀请各民主党派和全国工商联中央负责人在中南海举行座谈会，征求对全国教育工作会议报告（征求意见稿）的意见。我社常务副主席徐采栋、副主席金开诚应邀出席了会议。

1994年6月5日—9日　社中央专门委员会办公室“土地资源合理配置”问题研讨会在京举行。

1994年6月16日　吴阶平主席在江苏省委机关与社员代表亲切座谈社的自身建设等问题。

1994年6月23日　社九届六次中常委会议在京举行。会议两项议程是：一、传达、讨论中央统战部召开的全国民主党派工作座谈会精神；二、讨论农业问题。

1994年7月2日　金善宝百岁诞辰茶话会在京举行。金善宝是我社中央名誉主席、中国农业科学院名誉院长、中国科学院院士。茶话会是由我社、中国科协、中国科学院、中国农业科学院联合举办的。江泽民、李瑞环同志派人给金老送了花篮。

1994年7月4日—7日　社中央全国组织工作会议在京举行。

1994年7月9日—25日　社中央专职负责人徐采栋常务副主席、赵伟之、金开诚副主席、刘荣汉秘书长赴山东考察。这次活动是经中共中央批准，中央统战部组织的。各民主党派中央、全国工商联专职负责人参加了考察活动。

1994年7月17日—24日　吴阶平主席视察大连。

1994年7月—8月　社中央副主席安振东、社中央研究室主任刁培德参加了中共中央组织的反腐败调查组工作。

1994年8月3日　陈明绍副主席在京欢度80寿辰。

1994年8月5日—9日　社西北及内蒙古六省（区）（陕西、甘肃、宁夏、新疆、内蒙古、青海）第四次社务工作交流协作会议在西宁举行。

1994年8月23日—25日　社东北三省举行第六次社务工作经验交流会。

1994年8月23日　社中央召开纪念建社50周年筹备组会议。

1994年9月3日—4日　郝诒纯副主席作为联合国亚洲议员人口与发展论坛副主席、全国人大常委会教科文卫委员会副主任，应邀出席了在埃及首都开罗召开的“联合国国际议员人口与发展会议”并任我国代表团团长。

1994年9月7日　金开诚副主席、社中央宣传部副部长苏达出席贯彻《爱国主义教育实施纲要》座谈会。座谈会是中共中央宣传部、统战部在京举行的。

1994年9月12日　社中央宣传部召开《爱国主义教育实施纲要》学习座谈会。

1994年10月6日—9日　社华北三省（区）（河北、山西、内蒙古）、二市（天津、北京）工作座谈会在京召开。

1994年10月7日—10日　社全国宣传思想工作研讨会在苏州召开。

1994年10月7日　社中央专委办召开参政议政座谈会。

1994年10月10日—13日　社九届七次中常委会议（扩大）在京举行。主要议题是学习中共十四届四中全会精神；

结合全国民主党派工作座谈会的精神和我社实际情况，深入研究社的自身建设问题。

1994年10月11日—19日　金开诚副主席率调研组赴江苏考察，就促进高新技术产业开发区科技成果转化为现实生产力问题开展调研。

1994年10月11日　吴阶平主席看望社湖北省委机关同志。

1994年10月　吴阶平主席致函江泽民总书记，建议隆重纪念抗击日本军国主义侵华战争和国际反法西斯战争胜利50周年，统一部署，加强舆论宣传，深入进行爱国主义教育。

1994年11月2日—6日　中南六省（区）社务工作经验交流会在穗召开。

1994年11月11日　“周培源生平展览”在京举行。展览是由周培源基金会主办的。

1994年11月30日　社中央机关档案工作获奖。该奖是由国家档案局、中央档案馆颁发的。

1994年12月2日　深圳市委第一次社员代表大会召开。

1994年12月15日—17日　社中央研究室召开“促进科技成果转化为现实生产力问题”第二次专题研讨会。

1994年12月7日—10日　社九届三中全会在京举行。主要议程是：学习中共十四届四中全会精神；审议中央常务委员会《工作报告》；审议《九三学社中央关于加强自身建设的意见》；审议三中全会《决议》。徐采栋常务副主席代表常委会作工作报告；吴阶平主席和王淦昌主任作了重要讲话。

1994年12月12日　社中央向中国南极考察站赠送气象卫星接收设备。

1995年1月4日　中共中央、社中央领导同志祝贺社中央名誉主席严济慈95寿辰。

1995年1月12日　我社黄汲清、王淦昌、邹承鲁、师昌绪获何梁何利基金奖。

1995年2月11日　社中央部分负责同志在京学习座谈江泽民总书记关于台湾问题的重要讲话。吴阶平主席撰文盛赞江总书记八项主张是“推进祖国统一进程的历史性举措”。

1995年2月12日　社中央做出《关于表彰孙斌权同志的决定》，表彰他在人民群众生命财产受到威胁的时刻，挺身而出、见义勇为的精神。社中央干部孙斌权于1月7日见义勇为，与持刀歹徒搏斗，身负重伤，受到社会普遍关注和好评。

1995年3月3日—14日　全国政协八届三次会议在京举行，

我社发挥群体优势、深入调查研究，提案数量多，质量提高。王文元和陈明绍副主席代表社中央，特别以《加大支持力度，强化科技的第一生产力地位》和《关于进一步办好开发区，促进高新技术产业发展的建议》的书面发言。

1995 年 3 月 7 日　徐采栋副主席听取星火计划联络组的工作汇报。

1995 年 3 月 7 日　洪绂曾副主席主持召开社中央与农业部工作联系会议。

1995 年 3 月 10 日　社石嘴山市委员会成立。朱慧芝任主委。

1995 年 3 月 12 日　社九届九次中常委会议（扩大）在京举行。主要议题是学习和讨论全国人大、全国政协八届三次会议精神；讨论通过关于学习、贯彻全国人大、全国政协八届三次会议精神的决议。

1995 年 3 月 12 日　社中央发出《关于学习、贯彻全国人大、全国政协八届三次会议精神的决议》。

1995 年 3 月 22 日　黄汲清逝世。黄汲清（1904—1995）四川仁寿人。九三学社中央参议委员会副主委、中国共产党优秀党员、中国地质科学院名誉院长、中国科学院院士、我国著名地质学家。1954 年入社，历任社中央委员、中央常委、参议委员会副主任。曾任第一、二、三届全国人大代表，第五、六、七届全国政协常委。

1995年3月31日　中共山西省委作出“向徐大毅同志学习”的决定。我社社员徐大毅，是中共党员、知名医学专家，任山西省卫生厅副厅长。他以全心全意为人民服务的精神，赢得党和人民的赞誉。

1995年4月6日　吴阶平主席在陕西视察期间，同社陕西省、市委负责同志座谈。

1995年4月7日　吴阶平主席在陕西视察工作期间看望社西安交大社员。

1995年4月16日　胡厚宣逝世。胡厚宣（1911—1995）河北望都人。社中央参议委员会委员、我国著名史学家、古文字学家。

1995年4月10日—17日　社参议委员会副主任启功先生陪同乔石委员长访问日本、韩国。

1995年4月12日　社中央参议委员会副主任、著名数学家柯召在京欢度85寿辰。社中央和统战部领导前往祝贺。

1995年4月18日　社中央法制委员会召开会议，讨论《中华人民共和国老年人权益保障法〈征求意见稿〉》。

1995年4月21日　社中央教育卫生委员会召开会议，讨论《中华人民共和国职业教育法（草案）（征求意见稿）》。

1995年4月27日　社中央召开学习会，座谈参政议政民主监督制度化问题。

1995年5月　吴阶平主席致函江泽民总书记，就延安革命遗址的保护、建设成为革命传统和精神文明教育基地、制定长远规划问题提出重要意见，并建议将现代化经济建设与基地建设更加和谐地结合起来，江总书记对此十分重视，指示有关部门认真研究解决。

1995年5月4日—5日　社四川省委第三次从政社员座谈会在自贡市召开。

1995年5月4日　社成都市委成立青年工作委员会，培养跨世纪参政党接班人。

1995年5月7日—12日　社第三次沿海地区科技开发和支援“三九”合作区研讨会在海南省海口市举行。

1995年5月13日—17日　徐采栋副主席赴广东考察。

1995年5月18日　社中央专委办、法制委员会召开特约人员工作座谈会。

1995年5月23日—29日　社中央科技服务中心赴内蒙巴林右旗科技咨询考察。

1995年5月25日　社中央参议委员会例会在京举行。

1995年5月25日　社天津市委举行参政、议政专题研讨会。

1995年5月29日　社中央法制委员会召开座谈会，讨论《节约能源法（草案）》。

1995年6月7日　社中央科技经济委员会召开主任会议。

1995年6月7日—9日　社中央九届十次中常委会议（扩大）在京举行。主要议题是传达、学习全国科学技术大会精神，审议《九三学社中央关于加强参政议政、民主监督的暂行规定》（草案）。

1995年6月8日　社中央教育卫生委员会召开第二次主任会议，学习贯彻全国科学技术大会精神。

1995年6月8日　国家计委与我社就有关提案进行座谈。

1995年6月9日　社中央发出《关于学习贯彻全国科学技术大会精神的决议》。

1995年6月12日　安振东副主席到大连检查指导工作。

1995年6月17日　阴法鲁先生执教50周年暨80华诞庆祝活动在北京大学举行。阴法鲁是我社社员、北大中文系古典文献专业创始人之一。

1995年6月18日　社中央科技经济委员会与北京市委联合

召开贯彻落实全国科技大会精神座谈会。

1995年6月20日　纪念张西曼先生诞辰100周年座谈会在京举行。座谈会是由我社中央和民革、民盟中央联合举行的。张西曼是我社创始人之一。

1995年7月4日—5日　社中央研究室召开“农业科技成果转化与推广”专题研讨预备会。

1995年7月4日—7日　社华北三省（区）二市（河北省、山西省、内蒙古自治区、北京市、天津市）举行第二次工作座谈会。

1995年7月13日　社中央法制委员会、教卫委员会座谈讨论《中华人民共和国执业医师法（草案)》。

1995年7月20日　社中央召开第16次在京主席工作会议（扩大），研究纪念建社50周年筹备工作。

1995年8月2日—5日　社西北及内蒙古六省（区）召开第五次社务工作交流协作会议。

1995年8月16日　吴阶平主席参加国际学术会议回国途经深圳，到社市委看望机关工作同志。

1995年9月1日　我社建社50周年纪念大会在京隆重举行。江泽民、李鹏、乔石、李瑞环分别题词；乔石出席大会并代表中共中央致词表示祝贺。吴阶平主席、王淦昌主任在会上发表重要讲话。卢嘉锡代表各民主党派中央、全国工商联致贺词。

1995年9月　我社各级地方组织以各种形式隆重纪念纪念建社50周年。

1995年9月6日　袁翰青90诞辰纪念活动暨《袁翰青文集》首发式在京举行。

1995年9月4日—6日　社中央科技扶贫“广临通”（四川省广元市、山西省临汾地区、内蒙古自治区哲里木盟）第二次联谊会在广元市举行。

1995年9月4日—6日　吴阶平主席、刘荣汉秘书长参加社重庆市委、四川省委分别召开的庆祝建社50周年大会及活动。

1995年9月13日　王文元副主席在青海视察工作期间到社省委看望机关同志。

1995年9月21日　王文元副主席在银川视察工作期间，看望了社宁夏区委机关工作人员。

1995年9月22日　社中央专委办，就爱国主义教育问题举行座谈会。

1995年9月25日—28日　社全国组织工作会议在京举行。

1995年10月4日　社中央召开学习会，介绍联合国第四次世妇会情况。

1995年10月5日　社中央召开第21次全体主席会议，学习座谈中共十四届五中全会精神。

1995年10月10日—13日　社华东地区1995年工作研讨会在宁波举行。

1995年10月11日　社中央召开学习会，座谈中共十四届五中全会精神。

1995年10月15日—29日　金开诚副主席率社中央研究室干部一行赴江苏、浙江调研“农业科技成果转化与推广问题”。

1995年10月16日　徐采栋、洪绂曾副主席出席“九五年纪念国际消除贫困日座谈会”并作重要发言。座谈会是由国务院扶贫开发领导小组举行的。

1995年10月16日　我社吴阶平主席、参议委员会主任王淦昌、常务副主席徐采栋、副主席郝诒纯、社员、双院士王选等五人，被国家教委、中国科协聘为科技教育顾问。

1995年10月16日　纪念地质大师孙云铸百年诞辰在京举行。孙云铸（1895—1979），是中国地质事业的开拓者，中国古生物学和地层学的奠基人。曾任九三学社中央委员、第二、三届全国人大代表、第二、三届全国政协委员。

1995年10月24日—26日 社甘肃省五市（兰州、天水、白银、金昌、嘉峪关）举行第一次社务工作协作会议。

1995年11月20日—24日 徐采栋副主席率考察团视察黔西南州“星火计划、科技扶贫”试验区。

1995年11月20日 社中央妇委会主办的“改革开放与知识妇女”征文评选揭晓，入选作品65篇。

1995年11月21日 社中央法制委员会座谈《中华人民共和国行政处罚法（草案）》。

1995年11月28日—12月1日 社九届中央常务委员会第十一次会议（扩大）在京举行。主要议题是学习、贯彻中共十四届五中全会精神；审议通过《九三学社中央关于参政议政、民主监督的暂行规定》、《关于中央和地方组织增选委员会委员或进行中间调整若干问题的决定》和《关于召开九届中央委员会第四次全体委员扩大会议的决定》。

1995年11月29日—30日 社中央组织专家论证内蒙古《哲里木盟近中期经济与社会发展战略规划》。

1995年12月7日—9日 社中央法制委员会和专门委员会办公室召开特约人员工作研讨会。

1995年12月22日—26日　社第九届中央委员会第四次全体委员会议（扩大）在京举行。会议主要议题是学习中共十四届五中全会精神；审议通过徐采栋常务副主席代表中央常务委员会所作的工作报告；增选中央领导机构成员（增选王选、黄其兴为九届中央委员会副主席等）；审议通过《九三学社第九届中央委员会第四次全体委员扩大会议决议》；决议认为，《中共中央关于制定国民经济和社会发展“九五”计划和2010年远景目标的建议》规划了跨世纪的宏伟蓝图，是指引全国各族人民沿着建设有中国特色社会主义道路阔步前进的行动纲领，一致表示坚决拥护。会上，吴阶平主席作了题为《认真学习，跟上形势，发扬传统，矢志奉献，不辱使命》的重要讲话。王淦昌主任也作了重要讲话。

1995年12月23日　社中央科技经济委员会“好建议征集活动”、社中央妇委会“征文活动”颁奖仪式在京举行。

1995年12月　吴阶平主席代表社中央就我国农业存在的问题致函江泽民总书记，呼吁建立我国“农业建设基金”，引起国家有关部门的重视。

1996年1月9日　我社已故名誉主席茅以升诞辰100周年座谈会在京举行。

1996年1月10日　四川广元市领导专程来社中央汇报“九（三）广（元）”合作有关工作。

1996 年 1 月 11 日　社中央法制委员会座谈讨论《中华人民共和国戒严法》等法律草案。

1996 年 1 月 12 日—14 日　社中央研究室在石家庄召开农业科技成果转化与推广专题研讨会。

1996 年 1 月　社中央科技经济、教育卫生、妇女和联络委员会分别召开了工作会议。

1996 年 1 月 20 日—4 月 30 日　社中央联络委员会和专委办对省级组织开展联络工作情况进行调查。

1996 年 1 月 24 日　山西临汾行署领导专程来社中央汇报“九（三）临（汾)”合作有关工作。

1996 年 2 月 12 日　我社参议委员会常委邓家栋教授从医 63 周年暨 90 寿辰庆祝活动在京举行。

1996 年 2 月 17 日　我社郝诒纯、唐有祺等 11 位科学家关于建立“国家基础科学人才培养基金”的建议已获国务院批准实施。

1996 年 3 月 3 日—13 日　全国政协八届四次会议期间，我社（九三界别）共提出大会发言 18 件，提案 68 件，数量质量均有提高，标志着我社参政议政工作达到新水平。

赵伟之副主席代表社中央作了《关于强化科教兴农，提高农业整体素质的几点建议》的大会发言。陈学俊、黄其兴副主席代表社中央分别作了《加快西线南水北调工程前期工作刻不容缓》和《规范国有产权转让行动，推动存量资产合理流动》的书面发言。

1996年3月4日　江泽民总书记在全国政协八届四次会议上参加九三组讨论，听取意见发表重要讲话，鼓励我社继续发挥参政党作用，为实施“科教兴国”战略振兴中华作出新贡献。

1996年3月10日　社九届十三次中常委会议在京举行。传达中共中央总书记江泽民在全国政协八届四次会议九三组讲话精神以及八届全国人大四次会议和全国政协八届四次会议精神。

1996年3月10日　社中央发出《关于学习贯彻八届全国人大四次会议和全国政协八届四次会议精神的决议》。

1996年3月13日　王淦昌基础教育奖励基金会成立。

1996年3月14日　社中央领导祝贺李孝芳教授80寿辰。祝贺她为我社科技支边扶贫工作作出突出的贡献。

1996年4月7日　吴阶平主席出席茅以升塑像揭幕等活动。

1996年4月8日　社中央五个专门委员会联合开展“为贯彻实施‘九五’计划和2010年远景目标纲要建言献策活动”。

1996年4月10日　社中央召开第三十次主席会议。传达中共中央统战部召开的民主党派换届工作研讨会情况和中共中央统战部副部长刘延东在研讨会上的讲话；审议《九三学社关于1997年省级组织换届的几点意见》（讨论稿）。

1996年4月12日—14日　黄其兴副主席赴温州视察。

1996年5月3日　社中央宣传部召开学习会、座谈精神文明建设问题。

1996年5月9日　王选副主席在重庆作学术报告，引起热烈反响。

1996年5月14日　社中央教育卫生委员会召开“研究生思想道德教育问题与对策”预调研座谈会。

1996年5月16日　吴阶平主席、徐采栋副主席接见中共广元市委负责人，推动“九（三）广（元）”合作。

1996年5月16日—29日　吴阶平主席及社中央专职副主席参加京九铁路及其沿线考察，并写出了《关于京九铁路沿线考察情况的报告》。这次考察活动是中央统战部经中共中央批准组织的。

1996年5月21日　王选副主席在西安开会期间，看望社陕西、西安省市委机关同志。

1996年5月23日　为纪念茅以升诞辰100周年，“中国桥梁建设成就大型图片展”在京举行。

1996年5月30日—31日　陕西师大召开黄国璋诞辰100周年，暨学术思想研讨会。黄国璋是我社创始人之一。

1996年6月24日　徐采栋常务副主席听取保定情况汇报，关于支持、协助开发“华北明珠”白洋淀考察情况的汇报。

1996年6月24日—27日　社中央研究室主持的地方组织调研室主任会议在承德召开。

1996年6月17日—20日　社九届中常委会议第十四次会议（扩大）在京举行。主要议题是审议通过《九三学社中央关于1997年省级组织换届的意见》，研究讨论组织发展问题，听取徐采栋常务副主席关于京九铁路沿线考察情况的报告。吴阶平主席在会上作了题为《换届工作必须做好政治交接》的重要讲话。

1996年6月29日—7月1日　社四川省委召开专职干部培训会。

1996年6月底　中国共产党建党75周年前夕，中共中央在中南海怀仁堂召开座谈会，邀请前不久考察京九铁路及沿线部分省市的各民主党派中央、全国工商联领导人和无党派人士座谈。我社中央主席吴阶平，常务副主席徐采栋，副主席赵伟之、金开诚出席了座谈会。会上吴阶平主席代表九三学社发了言；江泽民总书记发表了重要讲话。

1996年7月4日　国家有关部委与我社座谈农技站“三定”工作的提案。

1996年7月5日　徐采栋常务副主席听取社河北省委关于治理白洋淀问题的汇报。

1996年7月9日　社中央常务副主席徐采栋、听取临汾行署副专员一行关于“九（三）临（汾）”合作情况的汇报。

1996年7月30日—8月1日　徐采栋、黄其兴副主席在山西省检查工作。

1996年8月9日　社北京市委召开新任部委负责人座谈会。

1996年8月21日　王文元副主席在大连检查指导工作期间到社大连市委看望机关同志。

1996年8月27日　第三次“广（元）临（汾）通（辽）”联系会在通辽召开。

1996年8月27日　由我社中央宣传部、学苑音像出版社联合拍摄的九集历史专题片《莫忘国耻》发布座谈会在京举行。

1996年8月29日　黄其兴副主席赴广元考察。

1996年8月30日—9月6日　吴阶平主席率《教育法》执法检查组赴四川各地检查工作。

1996年8月　我社已故中央常务副主席孙承佩文集出版。

1996年9月5日　金开诚副主席等领导同志出席爱国主义教育工作座谈会。座谈会是中共中央宣传部、统战部召开的。

1996年9月9日　金开诚副主席及社中央研究室干部一行赴湘考察调研关于“促进中西部地区农村经济发展问题”。

1996年9月16日—20日　社中南六省（区）社务工作经验交流会在湘召开。

1996年9月23日—27日　徐采栋常务副主席获“星火特殊荣誉奖”。

1996年9月25日—27日　郝诒纯副主席当选为“联合国亚洲议员人口与发展论坛”第一副主席。

1996年9月25日　农业部与我社就进行《农业法》和《农业技术推广法》执法检查的提案进行座谈。

1996年9月　社中央领导同志对中共十四届六中全会即将通过的《中共中央关于加强社会主义精神文明建设若干

重要问题的决议》（征求意见稿）提出意见和建议。

1996年10月6日—9日　社中央科技服务中心组织专家赴河南民权县考察。

1996年10月16日—18日　社九届中央常委会议第十五次会议（扩大）在京举行。主要议题是学习中共十四届六中全会精神，学习《中共中央关于加强社会主义精神文明建设若干重要问题的决议》和江泽民总书记的重要讲话。审议通过《九三学社中央关于1997年中央换届的意见》、《九三学社第七次全国代表大会代表名额和代表产生办法》、《关于推荐九三学社第十届中央委员会委员、候补委员候选人的通知》。吴阶平主席在会上作了《积极投身于社会主义精神文明建设的新高潮》的重要讲话。

1996年10月16日　社中央科技经济委员会、教育卫生委员会分别召开主任会议。

1996年10月17日　我社葛庭燧、唐有祺、王德宝、严东生、张光斗、陈芳允、陈学俊、徐僖等8位科技专家获何梁何利基金奖。

1996年10月18日　社中央发出《关于认真学习、贯彻中国共产党十四届六中全会精神的决议》。

1996年10月23日　社中央宣传部召开学习会，学习中共十四届六中全会、社十五次中常委会议精神。

1996年10月30日—11月1日　社全国组织工作座谈会在京举行。

1996年11月2日　严济慈逝世。严济慈（1900—1996）浙江东阳人。第六、七届全国人大常委会副委员长、我社中央名誉主席、中国科学院学部主席团名誉主席、中国科学技术协会名誉主席、中国共产党党员、著名科学家、教育家、社会活动家、坚定的爱国主义者、忠诚的共产主义战士。1948年入社，历任九三学社第一、二届中央理事会理事，第三、四届中央常务委员，第五、六、七届中央副主席，第八、九届中央名誉主席。第一、二届全国人大代表，第三至七届全国人大常委，第六、七届全国人大副委员长。

1996年11月7日　吴阶平主席在各民主党派、工商联为两个文明建设服务经验交流会上作题为《团结合作，再接再厉，为社会主义两个文明建设做出新贡献》报告。.

1996年11月10日—11日　郝诒纯副主席出席日内瓦国际议员粮食安全、人口和发展会议。

1996年11月14日—16日　社联络工作研讨会在京举行。

1996年11月26日—30日　社全国教育科技工作会议在南宁举行。

1996年11月　社中央第二十次在京主席工作会议决定，社中央职能部门设科教部（原科技服务中心）。

1996年11月—12月　吴阶平主席率各民主党派中央、全国工商联负责人及部分特邀国家土地监察专员对江苏、广东、北京二省一市的耕地保护工作进行调研。王文元副主席也参加了调研团的工作。

1996年12月10日—12日　社京、津、沪三直辖市市委工作座谈会在京召开。

1996年12月13日—16日　社九届五中全会在京举行。主要议题是学习、贯彻中共十四届六中全会精神；审议通过徐采栋常务副主席代表中央常务委员会所作的工作报告；增选中央领导机构成员；决定社第七次全国代表大会于1997年下半年适当时间在北京举行。吴阶平主席、王淦昌主任在会上作了重要讲话。

1996年12月13日　社中央各专门委员会联合开展的"为贯彻实施'九五'计划和2010年远景目标纲要建言献策活动"颁奖会在京举行。

1996年12月15日　社中央教育卫生委员会召开工作会议。

1996年12月　王文元、赵伟之、金开诚、黄其兴副主席参加中组部、统战部和中共中央党校联合举办的研究班。

1997年1月1日　社中央领导吴阶平、徐采栋、陈明绍、赵伟之、王淦昌、刘荣汉应邀出席全国政协举行的新年茶话会。

1997年1月5日—24日　社中央副主席王文元、赵伟之、金开诚、黄其兴参加中央党校在北京举办的“统一战线和多党合作专题研究班”学习。吴阶平主席给研究班作了题为“民主党派的历史道路和优良传统”的报告。社中央常务副主席徐采栋出席了研究班开学典礼。

1997年1月7日　中共中央政治局委员、国务院副总理、外交部长钱其琛在中央统战部礼堂向党外人士作了国际形势报告。社中央局级以上领导干部出席了报告会。

1997年1月12日—14日　社中央研究室关于加快中西部地区农村经济发展研讨会在北京举行。北京、上海、辽宁、内蒙古等16个省级组织的30位代表出席了会议。会议由社中央研究室主任刁培德主持，社中央常务副主席徐采栋，副主席金开诚、黄其兴，秘书长刘荣汉分别出席了开幕式和闭幕式，并作了重要讲话。

1997年1月14日　中共中央政治局常委、国务院副总理朱□基在中央统战部礼堂向党外人士作了经济形势报告。社中央主席吴阶平、常务副主席徐采栋、副主席王文元、陈明绍、赵伟之、金开诚、黄其兴以及社中央部分局级领导干部出席了报告会。

1997年1月18日—19日　中共中央、国务院有关部门，各民主党派中央，全国工商联联合召开推动黔西南州星火计划科技扶贫工作会议。徐采栋副主席作为联合推动各方负责人之一在开幕式及闭幕式上发表了讲话。

1997年1月21日　徐采栋常务副主席听取临汾行署关于“九临合作”（九三学社与临汾行署科技扶贫合作）工作汇报。

1997年1月23日　首届统战系统期刊专项评奖揭晓，社中央主办的《民主与科学》杂志获奖三项。

1997年1月28日　社中央举行迎新春联谊座谈会，来宾有中共中央统战部、农业部、国家民委、国家教委、国家计委、卫生部、建设部、国务院扶贫办、中国国际工程咨询公司等单位有关部门的负责同志。徐采栋常务副主席代表社中央感谢大家一年来对九三学社工作的支持。

1997年2月4日　中共中央举行党外人士迎春座谈会，江泽民、李瑞环、胡锦涛等中共中央领导同志与各民主党派中央、全国工商联负责人和无党派人士欢聚一堂，就做好对香港恢复行使主权和中共召开十五大这两件大事，以及巩固壮大爱国统一战线和坚持完善共产党领导的多党合作等话题，亲切交谈，共叙友情，共话未来。社中央主席吴阶平、常务副主席徐采栋应邀参加了座谈会，吴阶平主席发了言。

1997年2月16日　卢鹤绂逝世。卢鹤绂（1914—1997）山东掖县人。社中央参议委员会委员、著名物理学家、中科院院士、复旦大学物理系教授。

1997年2月17日　国务院总理李鹏在中南海主持召开座谈

会，征求各民主党派、全国工商联负责人和无党派人士对即将提请八届全国人大五次会议审议的《政府工作报告》（征求意见稿）的意见。社中央主席吴阶平、常务副主席徐采栋应邀参加座谈会。吴阶平主席就增加教育投入，进一步发展教育事业和加强耕地保护，尽快遏制大量耕地被滥占的趋势等问题发了言。

1997 年 2 月 19 日　邓小平逝世。

1997 年 2 月 25 日　邓小平追悼大会在人民大会堂举行。江泽民致悼词，他说，邓小平同志留给我们的最可宝贵的财富就是他创立的建设有中国特色社会主义理论和在这个理论指导下制定的党在社会主义初级阶段的基本路线。更高地举起邓小平建设有中国特色社会主义理论的伟大旗帜，更好地贯彻执行党的基本路线，是我们党中央领导集体坚定不移的决心和信念，也是全党全军全国各族人民的共识和愿望。

1997 年 2 月 27 日—3 月 12 日　全国政协八届五次会议召开。我社有政协委员 77 人出席会议。我社（九三界别）积极参政议政，共提出大会发言和提案 92 件（其中大会发言 10 件，提案 82 件）。黄其兴副主席代表九三学社中央作了题为《实行产业化经营，大力推进中西部农村经济的发展》的发言。这些发言、提案和小组讨论围绕党和国家的中心工作，就改革和建设中的一些重要问题进行深入分析，提出了切实可行的建议。这是我社进一步发挥群体作用，深入调查研究取得的成果。

1997 年 3 月 1 日—14 日　第八届全国人大第五次会议举行。我社有人大代表 74 人出席会议。

1997 年 3 月 9 日　社第九届中央常务委员会第十七次会议在北京举行。会议通过《关于学习贯彻八届全国人大五次会议和全国政协八届五次会议精神的决议》。

1997 年 3 月 17 日—18 日　社中央副主席郝诒纯，以“亚洲议员人口与发展论坛”副主席身份，出席了在日本神户召开的“第 13 次亚洲议员人口与发展会议”。

1997 年 3 月 21 日　社中央召开会议，传达、座谈“两会”精神

1997 年 3 月 25 日　受李鹏总理委托，中共中央政治局委员、国务院副总理邹家华与姜春云共同主持召开党外人士座谈会，就进一步加强土地管理，切实保护耕地问题，征求各民主党派中央、全国工商联负责人和无党派代表人士的意见。社中央主席吴阶平，常务副主席徐采栋出席了座谈会。

1997 年 4 月 3 日—4 日　社中央科教部召开实施“星火计划”科技扶贫座谈会。

1997 年 4 月 3 日—5 日　社全国宣传和信息工作会议在北京召开。会议主要内容是研讨和部署社近期的宣传和信息工作。社中央及来自全国 23 个省级组织的专职副主委或秘书长共 28 人出席了会议。

1997年4月7日—19日　社中央副主席郝诒纯率全国人大常委会食品卫生法执法检查组在北京、天津对贯彻食品卫生法的执行情况进行了检查。

1997年4月26日—5月2日　社中央秘书长刘荣汉率扶贫工作组赴广元考察。

1997年5月22日　社中央参议委员会举行在京委员座谈会。

1997年5月28日　王淦昌院士从事科技事业68年暨90寿辰学术报告会在京举行。

1997年5月29日　江泽民在中共中央党校省部级干部进修班毕业典礼上发表重要讲话。指出，在社会主义改革开放和现代化建设的新时期，在跨越世纪的新征途上，一定要高举邓小平建设有中国特色社会主义理论伟大旗帜，旗帜问题至关重要。旗帜就是方向，旗帜就是形象。

1997年5月30日　社中央科技部召开再就业工程座谈会。

1997年6月12日　社中央举行迎香港回归院士座谈会，20多位我社院士和社中央领导同志吴阶平、王淦昌、徐采栋、郝诒纯等出席，畅谈“雪百年国耻，振千秋雄风”。

1997年6月22日—24日　社九届十八次中常委会在京举行。会议听取了赵伟之副主席关于社省级组织换届情况的汇报和刁培德主任就九届中央委员会工作总结材料所作的说明。

1997年6月23日　社中央举行座谈会，隆重纪念潘菽同志诞辰100周年。吴阶平主席和中央统战部副部长刘延东在会上作重要讲话。

1997年6月26日　金善宝逝世。金善宝（1895—1997）浙江诸暨人。我国著名农业科学家、教育家和社会活动家，九三学社中央名誉主席，中国科学技术学会荣誉委员，中国科学院院士，中国农业科学院名誉院长，中国共产党优秀党员。全国人大第一至六届代表，九三学社第六、七届中央副主席，第八、九届中央名誉主席。

1997年6月30日　江泽民率中国政府代表团，出席香港政权交接仪式，我社吴阶平主席作为代表团成员出席。

1997年7月1日　首都各界庆祝香港回归祖国大会在北京工人体育场举行，江泽民在会上讲话指出，香港回归，标志着中国人民洗雪了香港被侵占的百年国耻，开创了香港和祖国内地共同发展的新纪元。

1997年7月4日—8日　社第五次沿海地区科技开发暨支援“三九合作区”研讨会在广州召开。社沿海地区14个省市及社四川、山西、内蒙古、贵州、北京、河南省（区、市）委的负责同志，以及中共中央统战部、农业部、广元市、临汾地区、哲里木盟、黔西南州、旺苍县的领导同志共80余人出席了会议。社中央副主席徐采栋、黄其兴，秘书长刘荣汉出席会议。

1997年7月8日　社中央召开学习会，畅谈香港回归，社的各级地方组织举办各种活动喜迎香港回归。

1997年7月中旬　截止7月中旬，社30个省级组织先后顺利完成换届工作，实现新老交替，搞好政治交接。

1997年7月24日—29日　社中央社章修改研讨会在京举行。社中央副主席郝诒纯、安振东，秘书长刘荣汉出席会议。

1997年8月1日　中共中央在中南海怀仁堂举行党外人士座谈会，邀请各民主党派中央、全国工商联负责人和无党派代表人士出席，征求对党的十五大报告的意见。我社常务副主席徐采栋在会上发言。

1997年8月12日—15日　社中央第三十九次主席会议在青岛举行。主席吴阶平，副主席徐采栋、郝诒纯、安振东、王文元、杨樾、陈明绍、洪绂曾、赵伟之、金开诚、王选、黄其兴，秘书长刘荣汉出席了会议。这次会议是为社的七大召开作准备。讨论了《工作报告》起草、《社章》修改，及地方组织换届和社中央换届等有关事项。

1997年8月18日—20日　徐采栋副主席参加贵州省第三次智力支边暨表彰大会。

1997年8月19日　社中央常务副主席徐采栋应聘担任贵州大学校长。

1997 年 9 月 3 日　社中央召开座谈会，迎接中共十五大召开和纪念建社 52 周年。社中央副主席陈明绍、洪绂曾，社中央参议委员会副主委柯召、方亮、李毅等出席座谈会。

1997 年 9 月 9 日—14 日　社中央组织考察组到九三科技支边扶贫点旺苍考察。

1997 年 9 月 9 日　《人民政协报》报道九三学社强化科技服务，贯彻“科教兴国”战略的情况。

1997 年 9 月 18 日　中共中央就各民主党派中央、全国工商联向中共十五大发出的贺信、贺电发出感谢信。社中央宣传部向全社发出关于学习贯彻中共十五大精神的通知。

1997 年 9 月 23 日　吴阶平、肖伦、杨遵仪、刘建康、严恺五位九三社员获何梁何利基金奖。

1997 年 9 月 26 日—28 日　社九届十九次中常会在京举行。会议主要任务是：学习贯彻中共十五大精神，审议通过《关于学习贯彻中共十五大精神的决议》。会议决定，九三学社第七次全国代表大会将于 1997 年 11 月 8 日至 13 日在北京举行。

1997 年 9 月 30 日　中共中央召开民主党派、工商联、无党派人士座谈会。在党的十五届一中全会上新当选的七位中共中央政治局常委江泽民、李鹏、朱□基、李瑞环、胡锦涛、尉健行、李岚清，在中南海怀仁堂与各民主党派中央、全国工商联负责人、无党派代表人士亲切见面座谈，共同庆祝中共十五大的胜利召开和即将到来的国庆佳节，畅谈祖国的建设和发展。江泽民在会上强调；高举邓小平理论伟大旗帜，加强同一切爱国力量的团结，把我们的事业全面推向新世纪。

1997 年 9 月 30 日　各民主党派中央、全国工商联负责人和无党派代表人士举行学习中共十五大精神座谈会。吴阶平主席在会上发言强调，九三学社在学习贯彻中共十五大精神的同时，也将动员广大成员进一步学习江泽民同志对科技工作的重要指示，以加深对科技作用和发展方向的认识，激励广大社员立足本职，为科技兴国作出最大的奉献。

1997 年 10 月 9 日　《人民政协报》报道：各民主党派二百多省级组织换届圆满完成，实现新老交替，搞好政治交接。

1997 年 10 月 10 日　社中央主办、主管的中央一级出版社——学苑出版社在京举办建社 10 周年庆祝活动。

1997 年 11 月 8 日　洪绂曾副主席参加三峡截流仪式。

1997 年 11 月 8 日—13 日　九三学社第七次全国社员代表大会在北京召开。这次代表大会是在中共十五大精神鼓舞和指引下召开的，大会主要议程是：以邓小平理论为指导，学习贯彻中共十五大精神；听取并审议九三学社第九届中央委员会的工作报告；讨论通过《九三学社章程修正案》；选举第十届中央委员会。

大会推举王淦昌为第十届中央委员会名誉主席；徐采栋、柯召、郝诒纯、杨樾、陈明绍、陈学俊为名誉副主席；方亮、叶恭绍、师昌绪、汤定元、李毅、启功、张光斗、陈立、陈恩凤、唐有祺、笪移今、葛庭燧、程裕淇、魏寿昆为九三学社中央顾问。

十届一中全会上，吴阶平再次当选为中央委员会主席，安振东、王文元、赵伟之、洪绂曾、金开诚、王选、黄其兴、刘应明、闵乃本、谢丽娟当选为副主席。任命刘荣汉为秘书长。

1997年12月2日　中共中央政治局常委李瑞环在统战部礼堂与各民主党派中央领导见面。我社吴阶平、徐采栋、郝诒纯、安振东、王文元、陈明绍、赵伟之、金开诚、王选、黄其兴、闵乃本出席。

1997年12月15日　受中共中央委托，全国政协副主席、中共中央统战部部长王兆国向各民主党派中央、全国工商联负责人和无党派人士代表传达中央经济会议精神。社中央领导陈明绍、王文元、洪绂曾、赵伟之、刘荣汉出席。

1997年12月21日　京九沿线地区经济合作与社会发展研讨会闭幕。我社吴阶平主席主持了闭幕会。这次研讨会是各民主党派中央、全国工商联和深圳市联合召开的。它是民主党派工商联运筹京九沿线发展大计的会议。国务院副总理邹家华出席会议，称这是一次高层次高水平的研讨会。

1997年12月23日　中共中央召开党外人士座谈会，江泽民与各民主党派工商联新老领导人亲切座谈。吴阶平主席和徐采栋名誉副主席出席会议。江泽民总书记发表重要讲话，指出：各民主党派、工商联已基本完成了组织上跨世纪新老交替的历史任务。进一步搞好政治交接，是民主党派、工商联各级组织当前和今后一个时期自身建设的首要任务。政治交接的核心，是把民主党派、工商联的老一辈在长期革命和建设实践中形成的优良传统和高尚风范一代一代传下去，保证中国共产党领导的多党合作和政治协商制度得到坚持和发展。吴阶平主席在座谈会上发言。

1997年12月　由中国科学技术协会组织的首次“全国优秀科技工作者”评选活动在京揭晓，我社社员葛庭燧、范滇元、陈厚生、荆其一四人榜上有名。

1998年1月6日　社中央召开学习会，学习座谈1997年12月23日江泽民在党外人士座谈会上的重要讲话。与会同志一致认为，江泽民的讲话总结了中国共产党与各民主党派在长期合作中的历史经验，对我们今后工作有重大指导意义。

1998年1月6日—7日　社中央召开水资源合理开发利用问题研讨会。社中央副主席王文元主持会议。中科院院士张光斗、陈梦熊，社北京、天津市委会及社河北、河南等省委会的有关专家，国家水利部、地矿部、建设部等有关部门的负责同志约30余人出席了会议。

1998年1月14日　社中央召开加快水电开发研讨会。社中央副主席王文元主持会议。会议围绕我国水电发展现状，客观、公正地分析了我国火电、水电、核电三大电力的优劣势和发展前景，并提出一些好的思路与建议。

1998年2月13日　社中央召开座谈会，就我社如何在即将召开的全国政协九届一次会议和九届全国人大一次会议上更好地履行职能，征询大家的意见和建议。社中央副主席王文元、洪绂曾，秘书长刘荣汉，在京部分中委、社员及社中央机关部门负责同志40余人参加会议。

1998年2月27日　社中央在京召开纪念周恩来诞辰100周年座谈会。

1998年3月1日　社十届中央委员会第二次主席会议在京举行。社中央主席吴阶平主持会议。会议决定3月8日在京召开九三学社十届一次中常委会议；一致推举王文元任社中央常务副主席。

1998年3月3日—14日　全国政协九届一次会议在京举行。社中央常务副主席王文元当选为全国政协副主席。我社以九三学社中央名义提交大会发言2件，提案3件；以政协九三学社组名义提交提案1件。王文元委员代表社中央作《树立水资源危机意识　合理开发反对浪费》的大会口头发言。闵乃本委员代表社中央作《实施可持续发展战略，加快我国水电开发步伐》的大会书面发言。

1998年3月5日—18日　九届全国人大一次会议在京举行。社中央主席吴阶平当选为全国人大常委会副委员长。

1998年3月8日　社十届一次中常委会议在京举行。会议认真学习了九届全国人大一次会议和全国政协九届一次会议精神，讨论并原则通过了学习“两会”精神的决议；审议并通过了九三学社中央1998年的工作要点；确定了九三学社中央各专门委员会的设置及负责人名单。社中央主席吴阶平主持会议并讲话。社中央常务副主席王文元，副主席安振东、赵伟之、洪绂曾、金开诚、王选、黄其兴、刘应明、闵乃本、谢丽娟，秘书长刘荣汉出席了会议。社中央名誉副主席徐采栋、柯召、郝诒纯也出席了会议。

1998年3月12日　朱物华逝世。朱物华（1902—1998）江苏扬州人。无线电电子学家、水声工程学专家、中科院院士。1952年加入九三学社。社第三至七届中央委员会委员。

1998年3月18日—25日　社中央秘书长刘荣汉率考察组赴四川广元考察“九广”科技扶贫工作。

1998年3月23日　社中央召开学习会，传达座谈九届全国人大一次会议和全国政协九届一次会议精神。社中央常务副主席王文元，副主席赵伟之、洪绂曾、金开诚，在京部分中委、社员近40人出席了会议。

1998年4月4日—5日　社中央名誉副主席郝诒纯以联合国人口基金“亚洲议员人口与发展论坛”第一副主席身份，出席了在印度新德里由联合国人口基金亚洲人口与发展联合会主办的“关于人口与发展的第十四次亚洲议员大会”。

1998年4月5日　叶恭绍逝世。叶恭绍（1908—1998）广东番禺人。著名预防医学家、教育家、社会活动家，新中国少儿卫生学奠基人之一。第六、七届全国政协常委。社第四至七届中央委员会委员。

1998年4月27日　社中央致函北京大学，对北京大学百年诞辰表示热烈祝贺。

1998年5月　社中央研究室编写的《九三学社简史》由学苑出版社出版发行。全书记述了我社自抗日战争后期筹建到1997年“七大”召开长达50多年的光荣历程。6月，社中央向社各省、自治区、直辖市委员会发出《关于开展“学社史，继传统，迎接新世纪”读书活动的通知》。

1998年5月11日　社中央科技委员会召开全体会议，研究1998年工作。社中央副主席、科技委员会主任王选主持会议。

1998年5月14日　社中央经济委员会召开全体会议，研究1998年工作。

1998年5月21日—22日　中共中央统战部、各民主党派中央、全国工商联在京共同举办“东南亚金融危机情况下，我国经济形势分析和未来发展趋势展望”研讨会。社中央主席吴阶平，常务副主席王文元，副主席赵伟之、洪绂曾、金开诚、王选，秘书长刘荣汉及有关专家出席。王文元代表九三学社中央发言。社中央委员、国家统计局副局长贺铿也在会上发言。

1998年5月27日　社中央向社各省、自治区、直辖市委员会发出《关于纪念中共十一届三中全会召开二十周年的通知》。

1998年5月30日—6月7日　九三学社全国思想建设和信息工作会议在京召开。

1998年6月2日—13日　全国政协副主席、社中央常务副主席王文元在福建就闽台经贸合作与交流工作进行考察。

1998年6月9日—12日　社第六次沿海地区科技开发暨支援“三九合作区”研讨会在天津举行。社中央副主席洪绂曾、金开诚、黄其兴，名誉副主席徐采栋，秘书长刘荣汉出席。

1998年6月20日—23日　社十届二次中常委会议在京召开。会议认真学习了中共十五大和社“七大”精神，进一步研究了新形势下我社工作的指导思想和基本思路；审议并通过了《九三学社中央常委会工作规则》和《九三学社中央专门委员会组织通则》；部署了1998年下半年的工作。社中央常务副主席王文元出席会议并讲话。他指出，在强调提高全社整体素质的基础上，关键是要努力建设高素质的各级领导班子，以保证我社始终坚持正确的政治方向，以崭新的面貌跨入21世纪。

1998年6月27日　郑作新逝世。郑作新（1906—1998）福建长乐人。著名鸟类学家、中科院院士、中国共产党党员。1951年加入九三学社。社第七届中央委员会委员。

1998年6月28日　社中央院士委员会与东方集团合作签字仪式在哈尔滨举行。

1998年8月4日—6日　社中央在浙江召开纪念中共十一届三中全会20周年专题理论研讨会。社中央副主席金开诚出席。

1998年8月11日—16日　社中央副主席洪绂曾赴哲里木盟考察农林牧业。期间，洪绂曾主持了社内蒙古区委与哲盟行署继续开展科教合作协议的签字仪式。

1998年8月13日　何婉芬逝世。何婉芬（1925—1998）广东番禺人。第七、八届全国人大常委。社第七、八、九届中央委员，第八、九届中央委员会常委，社湖北省委副主委，社武汉市委名誉主委。

1998年8月29日　社中央农林委员会在京召开农产品质量问题研讨会。会议由社中央副主席、农林委员会主任洪绂曾主持。

1998年9月7日　社中央在京召开座谈会，纪念响应中共“五一”口号50周年暨九三学社建社53周年。

1998年9月11日　中共中央在中南海召开座谈会，就准备提交中共十五届三中全会讨论的《中共中央关于农业和农村工作若干重大问题的决定（征求意见稿）》，征求各民主党派中央、全国工商联负责人和无党派人士的意见和建议。中共中央总书记、国家主席江泽民主持座谈会并发表重要讲话。社中央主席吴阶平，常务副主席王文元代表九三学社中央发言。

1998年9月22日　各民主党派中央负责人在京举行座谈会，纪念响应中共“五一”口号50周年。社中央主席吴阶平代表九三学社中央发言。

1998年9月25日—26日　社中央农林委员会、社北京市委会和中国农学会在京召开都市农业发展研讨会。社中央副主席洪绂曾出席。

1998年10月上旬　社中央领导人参加各民主党派中央赴西柏坡参观学习活动。期间，各民主党派中央在西柏坡举行了“风雨同舟，继往开来”纪念活动，参观了中共中央西柏坡旧址和西柏坡纪念馆。

1998年10月　社中央与中华全国供销合作总社共同举办了“救灾、重建与农业持续发展高层研讨会”，并组织了科技快车下乡服务活动。

1998年10月24日—26日　社十届三次中常委会议在京召开。会议认真学习了中共十五届三中全会公报和《中共中央关于农业和农村工作若干重大问题的决定》；审议并通过了《九三学社中央关于认真学习贯彻中共十五届三中全会精神的决议》；听取了社中央领导人参加各民主党派中央赴西柏坡参观学习活动的情况汇报；研究了自身建设的有关问题。

1998年10月28日　社中央常务副主席王文元，秘书长刘荣汉在社中央机关听取了中共广元市委、市政府、市政协及市委统战部有关领导关于“九广合作”的工作汇报。

1998年11月13日　社中央召开学习王选精神座谈会。与会同志认为，王选同志是当代中国知识分子的优秀代表，也是我社广大社员学习的楷模；要深入学习王选的先进事迹，发扬王选的精神，做好本职工作，为国家的经济建设和社会发展做出更大贡献。

1998年11月16日—19日　九三学社全国工作会议在京举行。会议对《各民主党派中央关于加强自身建设若干问题座谈会纪要》（讨论稿）进行了研讨，听取了中共中央统战部副部长刘延东关于如何建设一个面向新世纪的参政党的报告。

1998年12月10日　王淦昌逝世。王淦昌（1907—1998）江苏常熟人。我国著名核物理学家、中科院院士、中国共产党党员。第三至六届全国人大常委。1950年加入九三学社。社第四、五、六届中央委员会委员，第七届中央委员会常委，社中央参议委员会主任，第十届中央委员会名誉主席。

1998年12月12日—15日　社十届二中全会在京召开。社中央主席吴阶平在开幕式上作重要讲话。社中央常务副主席王文元代表社中央常务委员会作题为《服务大局，提高素质，建设面向新世纪的参政党》的工作报告。期间，举行了纪念中共十一届三中全会召开20周年全体大会和学习王选精神报告会。

1999年1月11日　社中央在京召开“科技创新与人才”座谈会。社中央副主席王选主持会议。社中央副主席赵伟之、金开诚，秘书长刘荣汉等出席。

1999年1月29日　各民主党派中央在京召开纪念江泽民《为促进祖国统一大业的完成而继续奋斗》重要讲话发表4周年暨全国人大常委会《告台湾同胞书》发表20周年座谈会。社中央副主席金开诚出席并代表九三学社中央发言。

1999年3月3日—11日　全国政协九届二次会议在京召开。我社以九三学社中央名义提交大会发言5件，提案4件。闵乃本委员代表社中央作了题为《加强创新人才建设，迎接知识经济挑战》的大会口头发言。期间，中共中央政治局常委、国务院副总理李岚清到九三学社小组讨论会场，认真听取委员们的发言并发表讲话。

1999 年 3 月 11 日　社十届五次中常委会议在京举行。会议审议并原则通过了《关于学习贯彻九届全国人大二次会议和全国政协九届二次会议精神的决议》；听取了九三学社中央关于 1999 年工作安排的汇报并做出了相应决定。

1999 年 3 月 24 日　社中央召开学习会，传达学习九届全国人大二次会议和全国政协九届二次会议精神。

1999 年 4 月　社中央副主席黄其兴率队赴毕节地区威宁县进行考察。通过考察，社中央确定了威宁县作为我社对毕节实验区支边扶贫工作的重点联系县。

1999 年 4 月 12 日—21 日　中共中央统战部和中共中央台办组织各民主党派中央、全国工商联和无党派人士分三路赴沿海 7 省市进行考察。社中央主席吴阶平，常务副主席王文元，副主席洪绂曾、金开诚参加了第二路考察团。返京后，吴阶平在中共中央、国务院领导同志召集的座谈会上畅谈收获，并就进一步做好对台工作、积极促进祖国和平统一大业发表了意见。

1999 年 5 月 5 日　社中央召开座谈会，学习座谈胡锦涛在五四运动 80 周年纪念大会上的讲话。与会者围绕如何发扬五四运动“爱国、进步、民主、科学”的光荣传统，更好地履行参政党职能，进行了热烈讨论。

1999 年 5 月 5 日—17 日　全国政协副主席、社中央常务副主席王文元率由全国政协提案委员会组织的建设工程质量调研组，对上海、广东、安徽的工程质量问题进行了专题调研与考察。

1999年5月6日—13日　社中央副主席金开诚率社中央组织部、宣传部、研究室、办公厅干部组成的社务工作调研组，对河南、江苏的社组织进行调研。

1999年5月9日　社中央召开座谈会，强烈谴责以美国为首的北约在5月7日轰炸中国驻南联盟使馆的野蛮暴行，坚决支持我国政府的严正声明。社中央主席吴阶平主持会议并发表讲话。

1999年5月11日　《各民主党派中央关于加强自身建设若干问题座谈会纪要》颁发执行。

1999年5月13日　社中央在上海召开“科技创新与法制建设”研讨会。社中央副主席赵伟之、谢丽娟出席会议并讲话。

1999年5月15日—28日　社中央常务副主席王文元，副主席黄其兴，秘书长刘荣汉随中共中央统战部、国家民委、各民主党派中央、全国工商联智力支边协调小组赴贵州省毕节地区、黔西南州，广西百色地区进行综合考察。

1999年6月2日　社中央召开中心组学习会，学习座谈江泽民等中共中央领导同志就以美国为首的北约轰炸我驻南使馆发表的一系列讲话，研究如何将“认清美国霸权主义本质，弘扬爱国主义精神教育活动”引向深入。

1999年6月3日 社中央主席吴阶平在社中央机关亲切接见了中科院研究生院副教授、我社社员杨佳。吴阶平对杨佳身残志坚、自强不息的精神给予了高度评价，鼓励她再创佳绩。

1999年6月7日—12日 九三学社全国组织宣传信息工作会议在京召开。会议的主题是贯彻落实《各民主党派中央关于加强自身建设若干问题座谈会纪要》精神。会议具体内容是：各地方组织交流宣传信息工作的经验；讨论修改社中央《关于加强信息工作的若干意见》、《关于加强思想建设工作的若干意见》、《关于加强组织建设的若干规定》（试行稿）；对今后一段时期的组织、宣传、信息工作进行部署。

1999年6月10日 薛公绰逝世。薛公绰（1913—1999）江苏涟水人。1950年加入九三学社。社第三至八届中央委员会委员，第五至八届中央委员会常委。曾任社中央执行局委员、组织部部长。

1999年6月17日—19日 社第五次华北地区协作会暨第二次四直辖市协作会在天津召开。会议总结交流了《中共中央关于坚持和完善中国共产党领导的多党合作和政治协商制度的意见》发表10周年来社务工作取得的成绩和经验；研究了地区间科技开发与合作的有关事宜。

1999年6月22日—24日 社中央与国家科技部联合举办中国乡镇企业科技创新高级研讨班。北京、上海、湖南、浙江等10多个省市的40多位企业家参加了研讨班的学习。社中央副主席洪绂曾、秘书长刘荣汉出席了研讨班。

1999年6月27日—30日　社十届六次中常委会议在京召开。会议认真研究了如何进一步加强我社参政议政工作和自身建设的有关问题；审议并原则通过了九三学社中央《关于加强组织建设的若干规定》、《关于加强思想建设工作的若干意见》和《关于加强信息工作的若干意见》。

1999年7月2日　社中央宣传部、社中央文教委员会召开学习会，学习座谈全国教育工作会议精神。

1999年7月5日　社中央和社北京市委在北京联合举办“中关村科技园区发展研讨会”。

1999年7月15日—20日　社中央在广西桂林召开“科教扶贫工作研讨会”。社中央副主席安振东、黄其兴，秘书长刘荣汉出席。

1999年7月21日　全国政协副主席、社中央常务副主席王文元赴辽宁视察，并到九三学社大连市委会检查指导工作。

1999年7月22日　《吴阶平传》出版新闻发布会在京召开。

1999年7月27日　社中央宣传部召开学习会，座谈中共中央关于处理和解决“法轮功”问题的决策的重要意义，讨论破除封建迷信，倡导科学精神、科学思想，普及科学知识的措施建议。

1999年8月15日—24日　全国政协副主席、社中央常务副主席王文元率全国政协委员视察团在新疆视察，重点就民族地区基础教育工作进行调研。

1999年9月7日　社中央召开学习会，学习座谈全国技术创新大会精神，为推进国家创新体系的建设，加速高新技术产业的发展建言献策。

1999年9月15日　全国人大常委会副委员长、社中央主席吴阶平出席《中国民主党派史》一书的出版座谈会并发表讲话。

1999年9月16日　统一战线各界人士200多人参加由中共中央统战部举办的座谈会，热烈庆祝中华人民共和国成立50周年。全国人大常委会副委员长、社中央主席吴阶平出席。

1999年9月18日　中共中央、国务院、中央军委在人民大会堂隆重举行大会，表彰当年为研制“两弹一星”作出突出贡献的23位科技专家。我社社员王淦昌、邓稼先、赵九章、陈芳允、程开甲荣获“两弹一星功勋奖章”。

1999年9月22日　庆祝中国人民政治协商会议成立50周年大会在全国政协礼堂举行。中共中央总书记江泽民出席大会并发表重要讲话。他指出，坚持中国共产党的领导，是巩固和发展爱国统一战线的根本保证，是我国多党合作成功进行的首要政治前提。坚持和发展最广泛的爱国统一战线是一项关系国家和社会主义事业兴旺发达的战略任务。全国人大常委会副委员长、社中央主席吴阶平出席。

1999年9月26日　社十届七次中常委会议在京举行。会议认真学习了中共十五届四中全会公报和《中共中央关于国有企业改革和发展若干重大问题的决定》，审议通过了《关于认真学习、贯彻中共十五届四中全会精神的决议》。

1999年10月5日　王泽农逝世。王泽农（1907—1999）江西婺源人。我国著名茶叶专家、茶学教育家。1956年9月加入九三学社。社第五、六、七届中央委员会委员，第七届中央委员会常委，中央参议委员会常委。

1999年10月10日　社中央召开学习会，学习座谈中共十五届四中全会精神，为国有企业改革和发展建言献策。

1999年10月21日　何梁何利基金第六届颁奖大会在京举行。社中央名誉副主席柯召、郝诒纯，社员郭令智、彭司勋、卢柯、沈善炯6人获何梁何利基金"科学与技术进步奖"。

1999年10月26日　第六次李四光地质科学奖颁奖仪式在京举行。社中央名誉副主席郝诒纯，社员郭令智获李四光地质科学奖荣誉奖。

1999年12月7日—8日　社中央举行院士学术报告会。王选、程裕淇、韩启德就各自领域所研究的专业做了报告。报告会分别由社中央名誉副主席徐采栋、郝诒纯主持。参加社十届三中全会及社全国参政议政工作会议的与会人员近300人出席了报告会。

1999年12月8日—11日　社十届三中全会在京召开。会议认真学习了中共十五届四中全会精神；审议并通过了社中央常务委员会1999年工作报告。

1999年12月11日　社中央下发《关于颁发“学社史，继传统，迎接新世纪”读书活动组织奖和优秀文章奖的决定》。

1999年12月20日　中葡澳门政权交接仪式隆重举行，中国政府对澳门恢复行使主权。全国人大常委会副委员长、社中央主席吴阶平作为中国政府代表团成员出席了政权交接仪式。

1999年12月22日　社中央举行座谈会，庆祝澳门回归。社中央主席吴阶平出席会议并讲话。他指出，随着香港和澳门的顺利回归，向全世界充分展现了“一国两制”伟大构想的科学性和可行性，为实现祖国完全统一创造了前所未有的机遇。

1999年12月27日　中共中央统战部和各民主党派中央在人民大会堂举行“坚持多党合作，走向新的世纪”座谈会，纪念中国共产党领导的多党合作和政治协商制度创立50周年。中共中央统战部部长王兆国在座谈会上指出，中国共产党领导的多党合作和政治协商制度是我国的一项基本政治制度，是符合中国国情的社会主义政党制度，也是中国共产党和各民主党派的一个共同创造。社中央常务副主席王文元代表九三学社中央发言。

1999年12月27日　九三学社中央、中国物理学会、周培源基金会在京举行“王淦昌先生逝世周年纪念会”。

1999年12月28日　社中央召开纪念《中共中央关于坚持和完善中国共产党领导的多党合作和政治协商制度的意见》发表10周年座谈会。社中央副主席金开诚传达了各民主党派中央、无党派人士纪念中共中央［1989］14号文件发表10周年大会的盛况和中共中央统战部部长王兆国的重要讲话。

2000年1月19日　社中央宣传部召开学习会，学习江泽民对宣传思想工作和精神文明建设的重要批示，座谈如何在新形势下探索做好思想政治工作的规律和办法，进一步加强和改进社的宣传思想工作。

2000年1月29日　《吴阶平文集》首发式在京举行。社中央主席吴阶平到会并作讲话。社中央常务副主席王文元，中共中央宣传部，中共中央统战部等部门有关领导、专家、学者出席。与会者对《吴阶平文集》的学术价值以及对青年一代的教育意义给予了高度评价。《吴阶平文集》全书分为上下两卷，共150万字，收录了作者的328篇文章，内容包括泌尿外科、医学评论、医学科普、书序书评、讲话、九三学社工作、缅怀回顾等诸多方面。

2000年2月18日　社中央在京举办新春茶话会。全国政协、科技部、国土资源部、国家环保局、国务院扶贫办、中国农学会有关部门的负责同志应邀出席。茶话会由社中央副主席赵伟之主持，社中央常务副主席王文元在会上讲话。

2000年2月22日　社中央召开会议，学习座谈国务院台湾事务办公室、国务院新闻办公室发表的《一个中国的原则与台湾问题》白皮书。社中央主席吴阶平出席会议并讲话，常务副主席王文元主持会议，副主席洪绂曾，名誉副主席柯召、郝诒纯，秘书长刘荣汉，顾问方亮、张光斗、唐有琪、启功，在京部分中央委员及社员代表出席了会议。

2000年3月3日　全国政协九届三次会议在京召开。我社以九三学社中央名义提交大会发言4件，提案4件；以政协九三学社组名义提交提案1件。黄其兴委员代表社中央作题为《建立智力产权制度，推动高科技产业蓬勃发展》的大会口头发言。

2000年3月11日　社十届九次中常委会议在京召开。会议学习讨论了九届全国人大三次会议和全国政协九届三次会议精神，审议并通过关于学习贯彻“两会”精神的决议；讨论并通过了人事任命事项。九三学社中央主席吴阶平主持会议并讲话。

2000年3月15日　社中央在京举行参政议政工作研究中心成立大会。社中央常务副主席王文元，副主席赵伟之、洪绂曾、金开诚，秘书长刘荣汉等出席。会议由赵伟之主持。

2000年3月16日　社中央召开学习会，传达学习九届全国人大三次会议和全国政协九届三次会议精神。社中央副主席赵伟之、洪绂曾，社中央中心学习组成员及社中央机关全体干部70余人参加了会议。

2000年3月24日　社中央常务副主席王文元，副主席洪绂曾，秘书长刘荣汉在社中央机关听取了中共广元市委、市政协及市委统战领导关于"九广合作"的工作汇报。王文元就抓住西部开发机遇、推进"九广合作"工作作了重要讲话。

2000年3月27日　社中央召开学习会，学习座谈中共中央关于解决台湾问题的方针精神。社中央常务副主席王文元，副主席赵伟之、金开诚，在京部分顾问及中央学习会成员30余人参加了会议。

2000年4月4日—10日　社中央名誉副主席、中科院院士徐采栋，九三学社社员、中科院院士吴全德应社江苏省委邀请，赴南京、无锡举行了两场院士报告会。

2000年4月29日　葛庭燧逝世。葛庭燧（1913—2000）山东蓬莱人。著名金属物理学家，中科院院士。1951年加入九三学社。社第三至六届中央委员会委员，第七、八届中央委员会常委，中央参议委员会副主任。

2000 年 5 月 4 日　黄子卿教授百年诞辰纪念座谈会在京举行。社中央有关部门负责人参加了座谈会。黄子卿（1900—1982）广东梅县人。物理化学家、化学教育家，中科院院士。1953 年加入九三学社。社第四、五届中央委员会委员，第六届中央委员会常委。

2000 年 5 月 10 日—24 日　社中央常务副主席王文元，副主席金开诚和社内的有关专家学者等一行 10 余人赴云南和贵州考察调研，社中央副主席洪绂曾参加了贵州段的考察。

2000 年 5 月 26 日　社湖北省委在武汉举行了座谈会，纪念九三学社湖北省委会的创建人，著名动物学家、教育学家、鱼类学家，中科院院士伍献文诞辰 100 周年，并编辑出版《伍献文纪念文集》。社中央主席吴阶平，社中央常务副主席王文元等为该文集题词。

2000 年 5 月 29 日　社中央向社各省、自治区、直辖市委员会发出《关于学习江泽民同志“三个代表”重要论述的通知》。

2000 年 6 月 1 日—6 月 4 日　九三学社全国组织工作会议在京举行。会议传达学习了中共中央统战部常务副部长刘延东在全国民主党派工作会议上的讲话精神；交流了基层组织工作经验，表彰了先进基层组织；修改了《九三学社中央关于加强后备干部队伍建设工作的意见》（征求意见稿）。社中央常务副主席王文元，副主席赵伟之、金开诚出席。大会由赵伟之主持。

2000 年 6 月 6 日—10 日　九三学社中央西部大开发问题研讨会在西安举行。社中央常务副主席王文元，副主席赵伟之、洪绂曾、黄其兴、谢丽娟，秘书长刘荣汉和各级省级组织负责人、专家共 80 余人出席会议。会议学习了中共中央关于西部大开发战略的决策精神，动员全社各级组织为西部大开发献计出力；交流了有关西部大开发的意见和建议；围绕西部大开发对黄陵县生态建设工程和杨凌农业高新技术产业示范区进行了考察。

2000 年 6 月 15 日　社中央宣传部召开学习会，学习座谈江泽民关于“三个代表”重要思想的论述。社中央副主席赵伟之、金开诚出席。

2000 年 6 月 26 日—28 日　社十届十次中常委会议在京召开。会议传达学习了全国民主党派工作会议精神；审议通过了《九三学社中央关于加强后备干部队伍建设工作的意见》。

2000 年 7 月 6 日　社中央向社各省、自治区、直辖市委员会发出《关于认真学习贯彻江泽民同志在中共中央思想政治工作会议上的重要讲话精神的通知》。

2000 年 7 月 14 日　社中央参政议政工作研究中心召开会议，就有关国家“十五”计划的参政议政选题工作进行研讨。社中央常务副主席王文元主持会议。

2000年8月2日—5日　社中央参政党理论问题研讨会在长春召开。社中央副主席金开诚出席会议并讲话。

2000年8月5日　金克木逝世。金克木（1912—2000）安徽寿县人。著名梵语学家。1951年加入九三学社。社第四至七届中央委员会委员，第五至七届中央委员会常委，中央参议委员会常委。曾任社中央宣传部部长。

2000年8月6日　中央电视台《焦点访谈》节目播出社中央常务副主席王文元《关于西部大开发问题》的访谈。

2000年8月9日　社中央向社各省、自治区、直辖市委员会下发《关于开展向贫困地区捐助活动的通知》。

2000年8月14日—18日　社中央副主席赵伟之参加东北三省第七次社务工作经验交流会。

2000年8月21日—23日　社中央副主席、天津市委主委黄其兴考察宁夏回族自治区社务工作。

2000年8月28日　社中央常务副主席王文元在京主持召开“中国城市垃圾问题专家咨询会”。

2000年8月29日　全国政协副主席、社中央常务副主席王文元在全国政协机关会见斯里兰卡议会秘书长塔米卡·基都高达及夫人。

2000年8月30日　社中央在京召开“二十一世纪中国内河

航运发展高级研讨会”。社中央常务副主席王文元在会上作了题为《振兴内河航运，促进国民经济发展》的讲话。

2000 年 9 月 3 日　社中央在京召开“纪念九三学社建社五十五周年座谈会”。社中央常务副主席王文元主持会议并讲话，副主席赵伟之、金开诚，名誉副主席陈明绍，顾问方亮，秘书长刘荣汉及有关方面的同志近 40 人参加了会议。

2000 年 9 月 14 日　社中央政法委员会召开特约人员工作研讨会。社中央副主席、政法委员会主任赵伟之出席并主持会议。

2000 年 9 月 15 日　中共中央在中南海举行党外人士座谈会，就实施西部大开发战略，征求各民主党派中央、全国工商联负责人和无党派人士的意见。中共中央总书记、国家主席江泽民主持座谈会并发表重要讲话。社中央常务副主席王文元，副主席赵伟之、金开诚出席。王文元代表九三学社中央发言。

2000 年 9 月 19 日—24 日　全国政协副主席、社中央常务副主席王文元率全国政协委员视察团赴河南郑州、新乡、许昌、开封、洛阳等地视察高校体制改革情况。

2000 年 9 月 25 日—27 日　社中央副主席赵伟之赴浙江考察社务工作。

2000 年 9 月 30 日　社中央常务副主席王文元，副主席赵伟之在人民大会堂出席由国务院举办的国庆招待会。

2000年10月9日—11日　社中央参政议政工作研究中心与社湖南省委在岳阳联合召开“长江沿岸城市经济发展研讨会”。会议提出了以新思路建设长江经济带的设想。社中央常务副主席王文元在会上作了题为《建设面向二十一世纪的长江经济带》的报告。社中央副主席赵伟之，秘书长刘荣汉和来自长江沿岸的8省22个城市共50余位专家学者参加了会议。

2000年10月10日—15日　社中央院士委员会组织院士考察团共7人赴株州进行考察。社中央副主席、中科院院士闵乃本，社中央名誉副主席、中科院院士徐采栋等参加。

2000年10月11日　2000年国际工程科技大会在京开幕。中共中央总书记江泽民致辞说，21世纪必将是科学技术特别是工程技术高速发展的世纪。社中央主席吴阶平出席。

2000年10月13日　社中央主席吴阶平，常务副主席王文元，副主席洪绂曾、金开诚，名誉副主席陈明绍、郝诒纯参加中共中央统战部召开的情况通报会。中共中央统战部部长王兆国向大家介绍了中共中央十五届五中全会情况，传达了江泽民的重要讲话。

2000年10月15日　社中央主席吴阶平致函北京奥申委，代表九三学社全体社员全力支持北京市申办2008年奥运会，并预祝申办成功。

2000 年 10 月 15 日　社十届中央委员会第十六次主席（扩大）会议在京召开。会议学习座谈了中共十五届五中全会精神，通过了《九三学社中央关于学习贯彻中共十五届五中全会精神的决议》。社中央主席吴阶平主持会议。

2000 年 10 月 23 日—29 日　全国政协副主席、社中央常务副主席王文元率全国政协委员考察团赴广西南宁、百色、柳州等地考察工作。

2000 年 10 月 25 日　社中央主席吴阶平，副主席赵伟之、金开诚参加在中共中央统战部举行的座谈会。座谈的重点是：中共十三届四中全会以来民主党派与中国共产党亲密合作、肝胆相照、患难与共的主要体会和基本经验。

2000 年 10 月 27 日—29 日　社中央副主席金开诚出席社中央在苏州举行的“民主与法制理论研讨会”。

2000 年 10 月 31 日　中共中央统战部召开座谈会，就起草统战工作会议文件征求各民主党派中央的意见。社中央副主席赵伟之出席。

2000 年 10 月 31 日—11 月 2 日　社中央副主席金开诚出席在南京召开的社第十次华东六省一市研讨会，并看望社南京市委机关干部。

2000 年 11 月 9 日—12 日　社十届十一次中常委会议在重庆

召开。社中央主席吴阶平作开幕讲话。会议学习了中共十五届五中全会文件；审议了《九三学社中央关于2002年省级组织换届的意见》（征求意见稿）。社中央领导同中共重庆市委领导举行了座谈，并签定了加快重庆科技发展合作协议。最后，社中央常务副主席王文元作了闭幕讲话。

2000年11月17日—19日　社中央思想建设和宣传工作会议在宁波举行。会议学习了江泽民在中共中央思想政治工作会议上重要讲话精神，总结了近年来我社在宣传思想和理论工作的经验，研究了新形势下我社思想政治工作的规律和特点，探讨了思想工作在内容、形式、方法等方面的改进措施。社中央副主席赵伟之、金开诚出席。

2000年11月22日　受社中央主席吴阶平，常务副主席王文元的委托，社中央副主席、天津市委主委黄其兴出席在贵州省普定县坪上乡中学举行的“社中央机关及九三学社北京、天津、江苏、山东、贵州五省市向贫困地区群众捐助物资交接仪式”，向坪上乡贫困群众捐物三万余件，捐款20万元。

2000年11月24日　社中央副主席金开诚出席中共中央统战部召开的《当代中国民主党派》一书出版座谈会。

2000年11月28日　王丙戌逝世。王丙戌（1924—2000）河北翼县人。1951年加入九三学社。社第八、九届中央委员会委员，第九届中央委员会常委。

2000年12月4日—6日　全国统战工作会议在北京召开。中共中央总书记江泽民发表重要讲话。他指出：统一战线工作的根本任务就是争取人心、凝聚力量，为实现党和国家的宏伟目标而团结奋斗。进入新世纪，党对统一战线的基本要求是：高举爱国主义、社会主义旗帜，团结一切可以团结的力量，调动一切积极因素，化消极因素为积极因素，为建设有中国特色社会主义的经济、政治、文化服务，为维护安定团结的政治局面服务，为实现祖国完全统一服务，为维护世界和平与促进共同发展服务。

2000年12月7日　社中央常务副主席王文元，副主席赵伟之、洪绂曾、金开诚，名誉副主席徐采栋、陈明绍、郝诒纯在中共中央统战部听取王兆国部长传达全国统战工作会议精神。

2000年12月16日—20日　社十届四中全会在京召开。社中央主席吴阶平作开幕讲话；社中央常务副主席王文元作常委会2000年工作报告。会议认真学习了中共十五届五中全会、全国统战工作会议精神；选举社中央常委、社山东省委主委陈抗甫，社中央委员、社北京市委副主委韩启德为社中央副主席；决定分别对2000年政协提案和信息工作10个先进单位进行表彰和奖励；审议、通过了《九三学社中央关于2002年省级组织换届的意见》；审议了常委会2000年工作报告并通过相应决议。

2000年12月20日　社中央副主席金开诚在京会见南非驻中国大使馆政治处公使衔参赞康笃楷先生，介绍了九三学社的历史发展、组织建设、参政议政工作及作为参政党的重要地位、作用等情况。

2000年12月21日　中共中央统战部召开学习贯彻全国统战工作会议精神座谈会。社中央常务副主席王文元，副主席赵伟之出席。王文元代表九三学社中央发言。

2000年12月23日—24日　社中央召开提案工作会议。会议重点研究了为全国政协九届四次会议准备提案问题，并邀请了国家有关部门的领导给与会人员介绍"十五"计划制定情况。社中央常务副主席王文元主持会议，副主席金开诚，秘书长刘荣汉等出席。

2000年12月29日　九三学社中央、中国科学院、中国科学技术协会在人民大会堂联合举办我国著名科学家、教育家、社会活动家、坚定的爱国主义者、忠诚的共产主义战士，九三学社中央名誉主席、中国科学院学部主席团名誉主席、中国科学技术协会名誉主席严济慈同志诞辰100周年座谈会。中共中央政治局常委、全国政协主席李瑞环出席座谈会。座谈会由全国政协副主席、社中央常务副主席王文元主持。全国人大常委会副委员长、社中央主席吴阶平，全国政协副主席、中共中央统战部部长王兆国等有关方面负责人讲话。

2001年1月1日　全国政协举行新世纪、新千年的第一个新年茶话会。江泽民发表重要讲话。社中央主席吴阶平出席。

2001年1月8日　社中央在机关召开人力资源开发和人才能力建设研讨会。研讨会由社中央常务副主席王文元主持。副主席赵伟之、洪绂曾、金开诚，秘书长刘荣汉等出席。

2001年1月18日　社中央副主席金开诚在中共中央统战部出席各民主党派中央、全国工商联负责人和无党派人士纪念江泽民《为促进祖国统一大业的完成而继续奋斗》讲话发表6周年座谈会，并代表九三学社中央发言。

2001年1月19日　社中央主席吴阶平，常务副主席王文元在中共中央统战部出席学习和贯彻全国统战工作会议精神座谈会。吴阶平代表九三学社中央发言。

2001年1月21日　中共中央在中南海举行党外人士迎春座谈会。中共中央总书记，国家主席江泽民强调，必须凝聚起全民族的力量，集中起全民族的智慧，继续同心同德，艰苦奋斗，开拓创新，万众一心地为完成三大任务而奋斗。座谈会由中共中央政治局常委、全国政协主席李瑞环主持。社中央主席吴阶平代表九三学社中央发言。

2001年1月31日　各民主党派中央、全国工商联和无党派民主人士举行座谈会，深入揭批“法轮功”邪教本质。全国政协副主席、中共中央统战部部长王兆国主持会议。社中央常务副主席王文元，副主席赵伟之、金开诚，秘书长刘荣汉出席。王文元代表九三学社中央发言。

2001年2月2日　社中央向社各省、自治区、直辖市委员会下发《关于积极配合党和政府把对“法轮功”邪教组织的斗争进行到底的通知》。

2001 年 2 月 5 日　国务院总理朱镕基在中南海主持召开座谈会，就即将提请九届全国人大四次会议审议的《关于国民经济和社会发展第十个五年计划纲要的报告（征求意见稿）》，征求各民主党派中央、全国工商联负责人和无党派人士的意见。社中央常务副主席王文元，副主席赵伟之出席。王文元代表九三学社中央就积极推进经济结构调整，扎实做好农村、农业、农民工作等发表了意见。

2001 年 2 月上旬　江泽民《论科学技术》一书出版发行。该书收入 1989 年 12 月至 2000 年 10 月江泽民关于科学技术问题的讲话、文章、书信等共 49 篇。

2001 年 2 月 14 日　社中央在京召开民营高科技企业发展研讨会。社中央常务副主席王文元主持会议。

2001 年 2 月 14 日　《人民日报》报道：863 计划实施十五年以来成就突出，少花钱办大事，获国内外专利 2000 多项，产生间接经济效益 2000 多亿元。1986 年 3 月 3 日，我社社员王淦昌、陈芳允与另外两位科学家王大珩、杨嘉墀给中共中央写信，提出要跟踪世界先进水平，发展我国的高技术的建议。经过科学论证后，中共中央、国务院批准实施了《高技术研究发展计划（863 计划）纲要》。

2001年2月19日—21日　中共中央、国务院在京召开国家科学技术奖励大会，向荣获2000年度国家科学技术奖的人员和集体颁奖，我社有9名社员获奖。

2001年3月2日　社十届中央委员会第二十一次主席会议在京召开。会议审议、决定了社中央在全国政协九届四次会议上的发言和提案；听取了社中央副主席赵伟之关于2002年换届组织情况的汇报和专委办负责人关于增补专门委员会委员的情况汇报，增补了4名专门委员会委员。

2001年3月3日—3月13日　全国政协九届四次会议在京召开。我社以九三学社中央名义提交大会发言4件，提案9件；以政协九三学社组名义提交提案7件。陈抗甫委员代表社中央作题为《实施人才战略，建设世纪强国》的大会口头发言。期间，中共中央政治局常委、国家副主席胡锦涛出席政协九届四次会议民进、农工、九三学社界别联组讨论会并作重要讲话。联组讨论会由社中央常务副主席王文元主持。

2001年3月3日　高由禧逝世。高由禧（1920—2001）福建福清人。著名气候学、高原气象学家，中科院院士。1956年加入九三学社。社第七、八届中央委员会委员。

2001年3月11日　社十届十三次中常委会议在京召开。会议审议并原则通过了九三学社中央《关于学习贯彻九届人大四次会议和全国政协九届四次会议精神的决议》。

2001年3月20日　社中央召开中央学习会，传达学习九届全国人大四次会议和全国政协九届四次会议精神。

2001年3月25日—30日　社中央常务副主席王文元，副主席安振东、赵伟之、洪绂曾、金开诚、黄其兴、刘应明、谢丽娟、陈抗甫在京参加学习全国统战工作会议精神研讨班。

2001年4月2日—8日　社中央常务副主席王文元赴江苏考察工作，并出席九三学社江苏省四届十二次常委会暨四届五次全委（扩大）会议闭幕式。

2001年4月5日　社中央副主席、社天津市委主委黄其兴和社中央秘书长刘荣汉在天津会见“九广”合作领导小组组长、四川广元市政协负责人一行，双方就“九广”合作的有关工作进行了商谈。

2001年4月16日　全国政协副主席、社中央常务副主席王文元在人民大会堂会见尼日利亚阿比亚州州长卡鲁，与其进行了亲切友好地交谈。

2001年4月17日—22日　社中央副主席安振东、黄其兴，秘书长刘荣汉等一行7人赴四川广元、旺苍进行考察，出席了广元市科技扶贫表彰大会，与中共广元市委领导进行了座谈，看望了基层组织的社员。

2001年4月19日—4月20日　社中央副主席金开诚，社中央研究室负责人在中共中央统战部先后参加了“民主监督理论座谈会”和“民主党派思想建设座谈会”。

2001年4月23日—27日　社中央副主席安振东、黄其兴，秘书长刘荣汉等一行7人从四川广元赴锦阳、成都考察，并与社四川省委机关干部进行座谈。

2001年5月10日　社中央副主席韩启德，秘书长刘荣汉宴请台湾新党大陆事务委员会两位召集人，并与他们进行了亲切友好地交谈。

2001年5月13日—5月19日　社中央院士委员会组织院士考察团赴浙江宁波进行考察。社中央副主席、中科院院士韩启德，社中央名誉副主席、中科院院士徐采栋等参加。

2001年5月中下旬　经国务院批准，自2001年起每年5月份的第三周在全国开展群众性的“科技活动周”活动。这是国家为全面实施科教兴国战略，加速全社会科技进步的重要举措。九三学社各级组织和广大社员以各种形式积极参加了“科技活动周”活动。

2001年5月24日—27日　社中央组织工作座谈会在京召开。座谈会认真学习了中共中央第十九次全国统战工作会议精神；学习领会了2002年省级组织换届的指导思想、基本方针和有关政策；确定了2002年省级组织换届工作的时间安排和具体操作程序；对换届工作中遇到的困难和问题，以及一些具体政策性问题进行了研讨。社中央副主席赵伟之、陈抗甫，秘书长刘荣汉等40余人参加会议。

2001年6月7日—17日 社中央常务副主席王文元，副主席洪绂曾、金开诚赴山西考察“三农”问题。

2001年6月9日 社中央主席吴阶平在《人民日报》发表文章，纪念中国共产党建党80周年。他说，九三学社作为接受共产党领导，与共产党通力合作，共同致力于建设有中国特色社会主义伟大事业的民主党派，决心发挥以科技界高中级知识分子为主体的优势，努力贯彻全国统战工作会议精神，认真履行参政党的职能，为“十五”计划纲要实施贡献力量。

2001年6月11日—19日 全国政协副主席、社中央常务副主席王文元率全国政协委员视察团赴西安，视察民办高等教育发展情况。

2001年6月13日 郝诒纯逝世。郝诒纯（1920—2001）湖北咸宁人。著名地质学家、教育家和社会活动家，中科院院士。第七、八届全国人大常委。1950年加入九三学社。社第七、八、九届中央委员会副主席，第十届中央委员会名誉副主席。

2001年6月18日 社中央副主席陈抗甫在济南出席社山东省委三届五次全委会议，并作学习贯彻全国统战工作会议精神的辅导报告。

2001年6月中下旬 由国家发展计划委员会，科学技术部共同编制的《国民经济和社会发展第十个五年计划科技教育发展专项规划（科技发展规划）》经国务院领导审定，正式印发。“十五”国家科技发展规划是国民经济和社会发展“十五”计划的重要组成部分，是“十五”计划纲要的进一步细化和具体化。

2001年6月21日　社十届中央委员会第二十二次主席会议在京召开。会议由社中央主席吴阶平主持。会议决定增补师昌绪、吴全德、吴传钧三位中科院院士为九三学社中央院士委员会委员；决定9月中旬召开社十届十五次中常委会议。

2001年6月22日　社中央在京召开纪念中国共产党成立80周年座谈会。会议由社中央常务副主席王文元主持。社中央主席吴阶平出席并讲话，名誉副主席徐采栋结合自己的亲身经历作了发言。

2001年6月22日—24日　社十届十四次中常委会议在京召开。社中央主席吴阶平作开幕讲话。会议重点研究讨论了2002年省级组织换届问题和加强信息工作的有关问题。

2001年6月22日—25日　中国科学技术协会第六次全国代表大会在京召开。这是进入新世纪全国科技工作者的首次盛会。江泽民发表重要讲话。他说，科学技术工作，是党和国家工作的重要组成部分。各级党委和政府都要为科技进步和创新做好引导、支持、管理、服务工作，充分发挥科学技术在促进经济发展、社会进步和维护国家安全中的重要作用。

2001年6月30日　各民主党派中央、全国工商联致信中共中央，热烈祝贺中国共产党成立80周年。

2001年7月1日　中共中央统战部在人民大会堂召开统一战线纪念中国共产党成立80周年暨学习江泽民“七·一”重要讲话座谈会。社中央主席吴阶平出席并代表九三学社中央发言。

2001年7月3日—14日　全国政协副主席、社中央常务副主席王文元率全国政协委员视察团一行7人赴甘肃，就文化资源保护利用情况进行视察。

2001年7月3日　社中央召开座谈会，学习座谈江泽民在庆祝中国共产党成立80周年大会上的讲话。会议由社中央副主席金开诚主持，副主席赵伟之、陈抗甫，秘书长刘荣汉等40余人出席。

2001年7月14日　社中央给北京2008年奥运会申办委员会发去贺信，热烈祝贺北京申奥成功。

2001年7月21日—24日　社中央信息工作研讨会在安徽召开。会议传达学习了全国政协九届十四次常委会议及社十届十四次中常委会议有关加强反映社情民意工作的重要精神，对各省信息员进行了业务培训。社中央副主席金开诚，社中央研究室负责人及各省信息员等参加了会议。

2001 年 7 月 25 日　全国政协副主席、社中央常务副主席王文元率全国政协委员视察团赴青海省视察经济、文化和社会发展情况。

2001 年 8 月 7 日—14 日　全国政协副主席、社中央常务副主席王文元率全国政协委员考察团赴吉林省考察反走私情况。

2001 年 8 月 22 日　中共中央在中南海召开座谈会，征求各民主党派中央、全国工商联负责人和无党派人士对《中共中央关于加强和改进党的作风建设的决定（征求意见稿)》的意见和建议。中共中央总书记、国家主席江泽民主持座谈会并发表重要讲话。社中央主席吴阶平，常务副主席王文元出席。吴阶平代表九三学社中央发言。

2001 年 8 月 22 日—26 日　社中央副主席黄其兴赴内蒙古通辽视察九通合作落实情况。

2001 年 8 月 24 日　社中央主席吴阶平，常务副主席王文元在中共中央统战部出席“双月学习座谈会”，学习座谈江泽民“七・一”重要讲话精神。吴阶平在发言中提出，我们要以江泽民“七・一”重要讲话为指导，履行好参政议政、民主监督的职能，并在维护社会稳定、协调化解矛盾等方面发挥积极作用。

2001 年 9 月 2 日—11 日　全国政协副主席、社中央常务副主席王文元率全国政协委员视察团赴内蒙古自治区视察生态建设情况。

2001 年 9 月 3 日　社中央在机关召开纪念九三学社成立 56 周年座谈会。与会人员畅谈了我社在中国共产党的坚强领导下，坚持多党合作制度，积极投身于社会主义现代化建设所取得的成绩；回顾了我社发展的光荣历史。

2001 年 9 月 17 日　社十届十五次中常委会议在南昌召开。会议认真学习了江泽民“七・一”重要讲话精神；审议通过了社中央 2002 年换届的有关文件和领导小组名单；决定 2001 年第四季度召开社第十届中央委员会第五次全体委员扩大会议；任命师昌绪同志为社中央院士委员会副主任。

2001 年 9 月 28 日　社中央宣传部在机关召开学习会，学习座谈中共十五届六中全会精神。

2001 年 9 月 29 日　社中央副主席赵伟之、洪绂曾、金开诚，秘书长刘荣汉出席在中共中央统战部召开的“中共十五届六中全会精神通报会”。

2001 年 10 月 4 日　北京青年报报道：国家天文台以我国五位著名科学家的姓名来命名该台新发现的五颗小行星，其中有三位是我社社员，即王淦昌、陈芳允、茅以升。

2001 年 10 月 9 日　辛亥革命 90 周年纪念大会在人民大会堂隆重举行。中共中央总书记江泽民发表重要讲话，民革中央主席何鲁丽代表各民主党派中央、全国工商联讲话。社中央副主席赵伟之、陈抗甫等参加了会议。

2001年11月5日—8日　九三学社中央委员会、联合国儿童基金会、瑞典国际开发署共同主办的首届国际生态卫生科学大会在南宁召开。社中央主席吴阶平，副主席洪绂曾、黄其兴等出席。

2001年11月5日—8日　全国政协副主席、社中央常务副主席王文元在长沙出席全国政协社会和法制委员会召开的“依法行政及城市贫困群体问题座谈会”。

2001年11月10日—15日　九三学社中央宣传思想工作研讨会在福州召开。社中央副主席金开诚出席。

2001年11月10日　社中央副主席赵伟之出席在人民大会堂举办的第十三届国际科学与和平周开幕式。

2001年11月12日—15日　社中央专门委员会办公室在京召开九三学社中央参政议政工作研讨会。社中央常务副主席王文元出席会议并作开幕、闭幕讲话。社中央副主席赵伟之、洪绂曾，秘书长刘荣汉出席会议。

2001年11月16日　全国政协副主席、社中央常务副主席王文元在全国政协礼堂会见“日中文化交流协会代表团”。

2001年12月9日—12日　社十届五中全会（扩大）在京召开。社中央主席吴阶平作开幕讲话。会议认真学习了江泽民“七·一”重要讲话和中共十五届六中全会精神；

审议了常委会《2001 年工作报告》并通过相应决议；增选了于建华、许九君、杨雄里、吴博威、余道虎、陈振中、赵匀七名同志为社十届中央委员会委员；通过了《关于召开九三学社第八届全国代表大会的决定》。最后，社中央常务副主席王文元作闭幕讲话。

2001 年 12 月 9 日　社中央妇女委员会在京召开会议，交流总结 2001 年妇委会工作情况，研究 2002 年工作。会议由社中央副主席、妇委会主任谢丽娟主持。

2001 年 12 月 9 日　社中央教育文化委员会在京召开“高等教育扩大规模与质量问题”研讨会。

2001 年 12 月 12 日　社中央联络委员会在京召开座谈会，总结 2001 年联络工作情况，交流开展海外联络工作的经验。社中央副主席、联络委员会主任黄其兴主持会议并讲话。

2001 年 12 月 15 日—17 日　九三学社机关建设研讨会在南京召开。社中央副主席陈抗甫作开幕讲话。社中央副主席、江苏省委主委闵乃本致欢迎词。会议结合学习贯彻“三个代表”重要思想，中共十五届六中全会和社十届五中全会的精神进行了工作交流和研讨。社中央副主席金开诚作闭幕讲话。

2001 年 12 月 17 日　中共中央在中南海召开党外人士座谈会，征求各民主党派中央、全国工商联负责人和无党派人士对“三农”问题的意见和建议。中共中央总书记、国家主席江泽民主持座谈会并发表重要讲话。社中央常务副主席王文元，副主席洪绂曾出席。王文元代表九三学社中央发言。

2001年12月29日　社中央常务副主席王文元，副主席赵伟之在中共中央统战部出席报告会，听取国家外经贸部部长石广生作关于中国加入WTO情况的报告。

2002年1月1日　社中央主席吴阶平，副主席赵伟之在全国政协礼堂出席“全国政协新年茶话会”。江泽民在会上作重要讲话。吴阶平代表各民主党派中央、全国工商联和无党派人士发言。

2002年1月2日　程裕淇逝世。程裕淇（1912——2002）浙江嘉善人。著名地质学家，中科院院士。第六、七届全国政协常委。1953年加入九三学社。社第七届中央委员会委员。

2002年1月8日　社中央在京召开探讨“中国入世与科技事业发展”问题座谈会。社中央副主席赵伟之、金开诚、陈抗甫，秘书长刘荣汉及社内外专家参加了会议。

2002年1月25日　社中央常务副主席王文元，副主席金开诚、陈抗甫在中央统战部出席江泽民《为促进祖国统一大业的完成而继续奋斗》讲话发表7周年座谈会。王文元代表九三学社中央发言。

2002年2月1日　中共中央、国务院在京召开国家科学技术奖励大会。我社社员有24人获奖，其中王选院士、黄昆院士荣获2001年度国家最高科学技术奖。

2002年2月5日　社中央发出通知，要求全社广大成员向王选、黄昆同志学习，努力在科教兴国事业中建功立业。

2002年2月6日　中共中央统战部部长王兆国，常务副部长刘延东等到九三学社中央机关走访。王兆国指出，九三学社集中了许多科技精英和名人，在社会上有良好的声誉和形象，在科教兴国战略的实施中发挥了很大的作用。他对九三学社在参政议政、民主监督等方面所做的工作给予了充分的肯定和赞扬。

2002年2月10日　中央统战部召开情况通报会，通报全国金融工作会议精神。社中央主席吴阶平，常务副主席王文元，副主席赵伟之、洪绂曾、陈抗甫，名誉副主席陈明绍，秘书长刘荣汉出席会议。

2002年2月28日　吴阶平医学基金会成立。

2002年3月　社中央信息中心被全国政协评为2001年度信息工作先进单位（一等奖）。

2002年3月1日　中共中央统战部部长王兆国向各民主党派中央、全国工商联负责人和无党派人士通报了中共中央领导同志在“国际形势与世贸组织”专题研究班上重要讲话的精神。社中央主席吴阶平，常务副主席王文元，副主席赵伟之、洪绂曾、金开诚、陈抗甫、韩启德，名誉副主席徐采栋、陈明绍，秘书长刘荣汉听取了通报。

2002 年 3 月 3 日—13 日　全国政协九届五次会议在京召开。我社以九三学社中央名义提交大会发言 3 件，提案 8 件；以政协九三学社组名义提交提案 14 件。韩启德委员、谢丽娟委员、姜信真委员分别代表社中央作题为《加强自主技术创新，应对入世挑战》、《顺应信息时代要求，积极推进电子政务》、《大力发展和规范民办高等教育》的大会口头发言。期间，中共中央总书记、国家主席江泽民看望了出席会议的九三学社、无党派界别的委员，参加了联组会，听取了委员们的意见和建议并发表讲话。他指出，九三学社同中国共产党有着长期合作的历史。九三学社成立及其发展的历程表明，在中国，各行各业的许多杰出人士，都把个人的事业与祖国和民族的命运紧密联系在一起，都把能够将自己的学识奉献给祖国和人民作为一生最大的追求。这种爱国爱民的抱负和品质，是九三学社的光荣传统也是中华民族的光荣传统。我们应当十分珍惜并永远保持和发扬这个传统。

2002 年 3 月 30 日—31 日　社中央在京召开“九三学社中央参政议政选题研讨会”。会上传达了“两会”精神；通报了我社在全国政协九届五次会议上的提案情况；总结了社中央参政议政工作研究中心 2001 年的工作。会议还邀请全国政协提案委员会办公室负责人介绍了 2002 年提案选题情况。社中央常务副主席王文元主持研讨会并讲话。社中央副主席金开诚，秘书长刘荣汉及社中央参政议政研究中心有关专家 40 余人出席研讨会。

2002年4月5日　社中央主席吴阶平，常务副主席王文元，副主席金开诚在中共中央统战部出席报告会，听取中共中央宣传部领导作《中国加入“世贸”后，思想文化战线面临的新情况及应对措施》的形势报告。

2002年4月6日—8日　社中央在京举行换届工作座谈会。社中央副主席洪绂曾就修改《九三学社章程》发表讲话；社中央副主席赵伟之就有关民主党派中央委员人选提名的原则，九三学社第十一届中央委员名额分配方案的建议进行了说明。社中央副主席陈抗甫作了总结讲话。

2002年4月8日—9日　应哈萨克斯坦共和国的邀请，全国政协副主席、社中央常务副主席王文元率领中国政府代表团前往阿拉木图出席第二届欧亚经济峰会。期间，王文元代表中国政府先后进行两次大会发言。

2002年4月16日　《人民政协报》报道了九三学社四川省委在智力支边、科教扶贫、维护安定、建言献策等方面取得的突出成绩。

2002年4月18日—26日　全国政协副主席、社中央常务副主席王文元率中国人民对外友好协会代表团访问安哥拉、纳米比亚。

2002年5月10日　第三届“高校青年教师奖”颁奖会在人民大会堂举行。中共中央政治局常委、国务院副总理李岚清出席大会并为获奖代表颁奖。我社社员吴立新、章梅荣、彭喜元、李怀恩获奖。

2002年5月20日　社中央发出通知，要求社各省、自治区、直辖市委员会切实做好维护社会稳定的工作，为中共十六大胜利召开创造良好的政治和社会氛围。

2002年5月27日—29日　全国统战宣传工作会议在京召开。社中央宣传部结合自身工作实际就新形势下统战宣传工作的新做法、新经验作了大会交流发言。

2002年5月28日　中国科学院第十一次院士大会、中国工程院第六次院士大会在人民大会堂开幕。中共中央总书记江泽民在会上发表重要讲话。他指出，面对新世纪新发展，我国科技界的使命是：全面贯彻“三个代表”要求，坚持实施科教兴国战略，大力推进科技创新，努力为我国先进生产力和先进文化的发展，为维护和实现我国最广大人民的根本利益不断贡献智慧和力量。社中央主席吴阶平出席。

2002年5月31日　中共中央总书记江泽民出席中共中央党校省部级干部进修班毕业典礼，并发表重要讲话（“5·31”讲话）。他指出，在我国进入全面建设小康社会，加快推进社会主义现代化的新的发展阶段，全党同志和全国上下一定要高举邓小平理论伟大旗帜，全面贯彻“三个代表”要求，努力开创建设有中国特色社会主义事业新局面。

2002年5月31日　李林逝世。李林（1923—2002）北京人。著名物理学家、中国科学院院士。1952年加入九三学社。

2002年6月4日—9日　社中央在京召开《九三学社章程》修改工作研讨会。社中央常务副主席王文元看望了与会人员并讲话。社中央副主席洪绂曾、秘书长刘荣汉及部分省（市）长期从事社务工作的领导同志、青年社务工作者共十余人参加了研讨会。

2002年6月6日　社中央发出通知，要求社各省、自治区、直辖市委员会认真学习江泽民“5·31”讲话。

2002年6月14日　社中央常务副主席王文元在机关主持召开“海水资源开发利用”研讨会。国家经贸委、国家建设部及天津海洋局等单位的专家、学者出席会议。

2002年6月24日　社中央副主席金开诚在杭州出席中青年骨干社员座谈会。

2002年6月30日　社中央主席吴阶平，常务副主席王文元在中共中央统战部出席“双月学习座谈会”，学习座谈江泽民“5·31”讲话精神。吴阶平代表九三学社中央发言。与会者表示，要认真学习“5·31”讲话精神，深刻领会“三个代表”重要思想的科学内涵，在中国共产党的领导下，为实现中华民族的伟大复兴同舟共济、努力奋斗。

2002年7月2日—12日　全国政协副主席、社中央常务副主席王文元率全国政协委员视察团到江苏、安徽视察青年志愿者工作。团中央书记处书记崔波陪同。

2002年7月7日—14日 为了配合“各民主党派中央、全国工商联领导人和无党派人士可持续发展调研活动”，社中央选定的关于“海水资源开发利用及可持续发展中的科技进步问题”调研组赴青岛、烟台、莱州、天津等地进行调研。社中央主席吴阶平，常务副主席王文元，副主席洪绂曾、黄其兴，中共中央统战部、国家经贸委、科技部、建设部、海洋局等有关单位的领导、专家共20余人参加了调研活动。

2002年7月16日 中共中央统战部召开“关于收集各民主党派中央、全国工商联有关历史资料”的会议。社中央副主席金开诚等出席。

2002年7月16日 社中央主席吴阶平就学习江泽民“5·31”重要讲话精神在《人民政协报》发表文章，表示要把讲话精神落实到九三学社的各项工作中去。

2002年7月25日—27日 九三学社科教服务支边扶贫总结表彰大会在昆明举行。会上对科教服务和支边扶贫先进集体、先进个人进行了表彰。会议由社中央副主席安振东主持，副主席黄其兴做工作报告，名誉副主席徐采栋在会上讲话。最后，副主席洪绂曾作了总结讲话。

2002年7月26日 九三学社中央委员会顾问、北京师范大学中文系教授启功先生90寿辰暨从教70周年座谈会在京举行。中共中央政治局常委、国务院副总理李岚清，中共中央统战部常务副部长刘延东等写来贺信。社中央副主席赵伟之、金开诚代表九三学社中央在座谈会上作了发言。

2002年7月　由徐采栋名誉副主席担任编委会主任，吴阶平主席题写书名，王文元常务副主席作序，社中央宣传部与学苑出版社组织编定的《九三学社院士风采》由学苑出版社出版。介绍了150位九三学社的院士（学部委员）的奋斗与成功历程，该书为第一部完整全面记述九三学社院士生平和功绩的大型传记。

2002年8月9日　各民主党派中央、全国工商联和无党派人士联合召开座谈会，强烈谴责台湾当局领导人陈水扁分裂国家的“台独”言论。社中央副主席陈抗甫代表九三学社中央发言。

2002年8月9日　九三学社《社讯》及信息工作研讨会在黑龙江省牡丹江市召开。会议就如何办好《社讯》及做好信息工作进行专题研究。社中央研究室、宣传部负责人，各省级组织《社讯》通信员及负责信息工作的同志参加了会议。

2002年8月28日　纪念周培源诞辰100周年座谈会在京举行。中共中央政治局常委、全国政协主席李瑞环出席座谈会。全国政协副主席、中共中央统战部部长王兆国代表全国政协和中共中央统战部在会上发言。全国人大常委会副委员长、九三学社中央主席吴阶平，全国人大常委会副委员长、中国科协主席周光召在会上讲话。座谈会由全国政协副主席、九三学社中央常务副主席王文元主持。

2002年9月3日　中央社会主义学院举行秋季开学典礼。社中央副主席金开诚代表各民主党派中央和全国工商联讲话。

2002年9月17日　中共中央在中南海召开党外人士民主协商会，征求各民主党派中央、全国工商联负责人和无党派人士对中共十六大报告的意见。中共中央总书记、国家主席江泽民主持座谈会并发表重要讲话。社中央主席吴阶平、常务副主席王文元出席。吴阶平代表九三学社中央发言。

2002年9月27日　社中央常务副主席王文元，副主席赵伟之、金开诚、陈抗甫，秘书长刘荣汉在社中央机关会见九三学社北京市委新一届领导班子成员，并与他们进行亲切交谈。

2002年10月9日—15日　全国政协副主席、社中央常务副主席王文元率全国政协代表团赴韩国出席中韩建交10周年暨韩中文化协会成立60周年庆祝活动。

2002年10月12日　学苑出版社成立15周年纪念座谈会在京举行。社中央副主席赵伟之、金开诚出席并讲话。

2002年10月14日　各民主党派中央、全国工商联和无党派人士在京召开座谈会，畅谈学习《江泽民论有中国特色社会主义》（专题摘编）的体会。社中央主席吴阶平，副主席金开诚出席。吴阶平代表九三学社中央发言。他说，江泽民同志对科技界知识分子提出的号召和要求，既是我们的历史使命，也是我们的重要任务。

2002 年 10 月 23 日　《人民政协报》报道，九三学社中央提出的《关于切实做好我国农业“入世”应对准备的紧急建议案》、《关于环保产业市场化若干建议案》和九三学社组提出的《关于东西部开展科技合作的思路与对策案》获得政协第九届全国委员会优秀提案。

2002 年 11 月 5 日　社中央副主席金开诚在机关接受英国路透社驻北京记者专访，畅谈对中共召开十六大的感想，并介绍了九三学社的基本情况和履行参政党职能情况。

2002 年 11 月 8 日　中共十六大召开。社中央主席吴阶平，常务副主席王文元等应邀列席中共十六大开幕式。九三学社中央向中共中央发去贺信，热烈祝贺中共十六大的召开，并预祝大会取得圆满成功。11 月 16 日，中国共产党中央委员会致信各民主党派中央、全国工商联，对他们发来的贺信表示衷心感谢。

2002 年 11 月 8 日　柯召逝世。柯召（1910—2002）浙江温岭人。我国著名数学家、教育家和社会活动家，中国科学院院士。1950 年加入九三学社。社第三、四、五届中央委员会委员，第六、七届中央副主席，第十届中央名誉副主席。

2002 年 11 月中下旬　九三学社各级组织纷纷召开会议，认真学习贯彻中共十六大精神。大家一致认为，十六大报告中提出的中国未来发展的宏伟目标，充分反映了全国人民的共同心声，代表了全国人民的共同意志。

2002年11月29日　各民主党派中央、全国工商联、无党派人士召开学习贯彻中共十六大精神座谈会。中共中央政治局常委贾庆林出席会议并讲话。社中央主席吴阶平代表九三学社中央发言。

2002年11月30日　社中央副主席赵伟之、陈抗甫在人民大会堂出席吴阶平院士从医60周年纪念大会。

2002年11月30日　《人民政协报》报道了我社景德镇市副主委陈齐达的先进事迹。陈齐达1985年加入九三学社，曾任江西省浮梁县副县长、县政协副主席。荣获江西省“人民最满意的公务员”、“党外十佳人物”等上百项称号。2000年8月2日病逝。

2002年12月1日　《人民日报》发表社中央主席吴阶平关于学习贯彻中共十六大精神的文章。文章说，我社将以中共十六大精神为指针，积极加强参政党建设，全面推进我社的各项工作，进一步动员全体社员在科教兴国事业中建功立业。

2002年12月3日—8日　九三学社第八次全国社员代表大会在京召开。大会的主要议题是：学习贯彻中共十六大精神；听取和审议社第十届中央委员会报告；修改社的章程；选举新一届中央委员会。王兆国代表中共中央向九三学社致贺词，丁石孙代表各民主党派中央、全国工商联致贺词。吴阶平做开幕讲话，王文元做题为《与时俱进，开拓创新，为建设适应新世纪要求的参政党团结奋斗》的工作报告，韩启德做闭幕讲话。会议选举产生了由225人组成的第十一届中央委员会。通过了《社第八次全国代表大会关于第十届中央委员会报告的决议》和《社第八次全国代表大会关于九三学社章程修正案的决议》。会上，宣读了《九三学社中央关于深入学习贯彻中共十六大精神的决议》和《给老同志的致敬信》。

大会推举吴阶平为第十一届中央委员会名誉主席；王文元、徐采栋、杨槱、陈明绍、陈学俊、赵伟之、黄其兴为名誉副主席；方亮、师昌绪、安振东、汤定元、李毅、启功、张光斗、陈立、陈恩凤、唐有祺、魏寿昆为中央委员会顾问。

十一届一中全会上，韩启德当选为社中央主席；洪绂曾、金开诚、王选、刘应明、闵乃本、谢丽娟、陈抗甫、冯培恩当选为副主席。任命徐国权为社中央秘书长。

2002年12月9日　中共中央政治局常委贾庆林在中央统战部亲切会见了社中央新老领导班子成员，并进行了座谈。中共中央统战部部长刘延东参加了会见。

2002年12月17日　社中央宣传部在机关召开中央学习会，传达座谈社第八次全国代表大会精神。

2002年12月21日　社中央副主席冯培恩带领社浙江省委科技服务团一行24人赴丽水进行科技、文化、医疗三下乡服务活动。

2002年12月27日　胡锦涛、贾庆林、曾庆红、王刚等中共中央领导同志走访社中央机关，同社中央领导机构成员进行了座谈，就深入学习贯彻中共十六大精神，加强中国共产党领导的多党合作，推进改革开放和现代化建设等问题交换了意见。社中央名誉主席吴阶平，社中央主席韩启德分别介绍了我社的主要情况和召开社第八次全国代表大会的情况，并代表九三学社中央向中共中央领导同志表示最热烈的欢迎和衷心的感谢。胡锦涛发表了重要讲话。他强调，要把一切积极因素充分调动和凝聚起来，万众一心地实现十六大提出的宏伟目标。最后，胡锦涛、贾庆林、曾庆红、王刚看望了部分机关干部并与机关局以上干部合影留念。中共中央有关部门负责人刘延东等也参加了走访和座谈。

2003年1月1日　社中央主席韩启德，副主席洪绂曾、金开诚，名誉主席吴阶平，名誉副主席王文元，在全国政协礼堂出席“全国政协新年茶话会”。中共中央总书记、国家副主席、中央军委副主席胡锦涛在会上发表重要讲话。

2003年1月2日　社中央主席韩启德，副主席洪绂曾、金开诚到农工党中央和致公党中央学习参观考察。

2003年1月21日　社中央主席韩启德，副主席洪绂曾、金开诚、陈抗甫赴九三学社北京市委视察工作。

2003年1月24日　社中央主席韩启德，副主席洪绂曾，名誉副主席王文元在人民大会堂出席纪念江泽民《为促进祖国统一大业的完成而继续奋斗》重要讲话发表8周年座谈会。韩启德代表各民主党派中央、全国工商联发言。

2003年1月26日　中共中央在中南海举行党外人士迎春座谈会。中共中央总书记胡锦涛出席座谈会并发表讲话。座谈会由中共中央政治局常委贾庆林主持。社中央主席韩启德代表九三学社中央发言。

2003年1月28日—30日　社中央主席韩启德，副主席洪绂曾、陈抗甫，秘书长徐国权分别走访慰问了社中央老领导、老同志，机关离退休老干部，向他们表示春节问候。

2003年1月31日　社中央主席韩启德，副主席陈抗甫，名誉主席吴阶平，名誉副主席王文元，在人民大会堂出席由中共中央办公厅、国务院办公厅联合举办的春节团拜会。

2003年2月12日　国务院总理朱镕基在中南海主持召开座谈会，就即将提请十届全国人大一次会议审议的《政府工作报告》（征求意见稿），征求各民主党派、全国工商联负责人和无党派人士的意见。社中央主席韩启德，副主席陈抗甫，名誉副主席王文元出席。

2003年2月13日—14日　社中央主席韩启德赴九三学社上海市委视察社务工作。韩启德认真听取了社上海市委的汇报，强调要加强民主党派自身建设，加强九三学社中央与地方的联系。

2003年2月18日　最高人民法院院长肖扬等一行5人走访我社，就有关最高人民法院的工作征求意见。社中央主席韩启德，副主席陈抗甫与其进行了座谈，秘书长徐国权参加。

2003年2月20日　社中央在京举办我社与首都新闻单位新春联谊会暨九三学社在全国政协会议上发言及提案情况介绍会。新华社、人民日报等20多家新闻单位负责人、记者到会。社中央副主席洪绂曾、金开诚、陈抗甫，秘书长徐国权等人参加了会议。

2003年2月26日　中共中央在中南海举行民主协商会，就深化行政管理体制和机构改革、中共中央拟向十届全国人大一次会议推荐的国家机构领导人员人选建议名单和拟向全国政协十届一次会议推荐的全国政协领导人员人选建议名单，向各民主党派中央、全国工商联负责人和无党派人士征求意见。中共中央总书记胡锦涛主持会议并发表重要讲话。社中央主席韩启德代表九三学社中央发言。

2003年3月2日　社十一届中央委员会第一次主席会议在京举行。社中央主席韩启德主持会议。会议决定在2003年"两会"期间召开九三学社十一届二次中常委会议；一致推举陈抗甫任社中央常务副主席；审议通过了《九三学社中央参政议政通则》。

2003年3月3日—14日　全国政协十届一次会议在京召开。

我社共有104名社员担任全国政协委员。社中央副主席王选当选为全国政协副主席。我社以社中央名义提交大会发言5件，提案8件；以政协九三学社组名义提交提案10件。吴伯明委员、赵乃岩委员代表社中央分别作题为《实施国家知识产权战略，大力培育我国核心竞争力》、《深化改革，解决高校毕业生就业难问题》的大会口头发言。

2003年3月4日—6日　社十一届二次中常委会议在京召开。社中央主席韩启德主持会议，并就认真学习贯彻中共十六大和"两会"精神，全面加强自身建设等问题发表讲话。会议审议通过了《九三学社关于学习贯彻十届全国人大一次会议和全国政协十届一次会议精神的决议》，审议并原则通过了《九三学社中央委员会专门委员会条例》、《九三学社中央常务委员会工作制度》、《九三学社中央2003年工作要点》。

2003年3月5日—18日　十届全国人大一次会议在京召开。我社共有70名社员当选第十届全国人大代表。社中央主席韩启德当选全国人大常委会副委员长。

2003年3月17日—18日　社中央常务副主席陈抗甫先后视察社广汉市委、德阳市委、成都市委和四川省委。听取了工作汇报和基层社员对参政议政、组织发展和培训等问题的意见。

2003年3月19日　中共中央统战部召开座谈会，就近年来中共党员队伍建设、开展党员先进性教育活动等问题，征求各民主党派中央的意见和建议。社中央常务副主席陈抗甫出席。

2003年3月25日　社中央召开学习会，传达学习“两会”精神。社中央主席韩启德等出席。

2003年3月29日—31日　社中央和社上海市委、江苏省委、浙江省委在杭州举行“长江三角洲地区经济一体化发展”研讨会，并成立了九三学社长江三角洲经济一体化发展课题协调组。社中央主席韩启德，副主席闵乃本、冯培恩，秘书长徐国权出席。

2003年3月31日　社中央常务副主席陈抗甫视察社山东省委机关，并与机关干部进行座谈。陈抗甫介绍了社中央新一届班子换届以来主要工作的情况，就如何加强学习，搞好自身建设，做好2003年社的工作作了讲话。

2003年4月6日　社中央在机关召开新一届参政议政研究中心成立大会，研究了社中央2003年参政议政选题，并向参政议政研究中心的研究员、特邀研究员颁发了聘书。

2003年4月8日　《光明日报》发表全国政协副主席、社中央副主席王选的文章《破除迷信，勇于创新》。

2003年4月11日　国务院总理温家宝在中南海主持召开座谈会，就当前经济形势和非典型肺炎防治工作，听取各民主党派中央、全国工商联负责人和无党派人士的意见和建议。社中央主席韩启德，常务副主席陈抗甫出席。

韩启德代表九三学社中央发言。

2003 年 4 月 13 日—14 日　社中央副主席洪绂曾到漯河市考察“三农”问题。

2003 年 4 月 13 日—17 日　社中央主席韩启德一行 5 人在贵州就农村卫生工作和九三学社社务工作进行考察和调研。

2003 年 4 月 20 日　社中央主席韩启德在中共中央统战部出席各民主党派中央、全国工商联负责人和无党派人士座谈会。会议传达了中共中央关于“非典”防治工作的指示。韩启德针对当前“非典”防治工作存在的问题，提出五条重要建议。

2003 年 4 月 21 日　社中央主席韩启德写信给全国人大常委会委员长吴邦国，呼吁防治“非典”工作要严格按照《传染病防治法》进行，切实做到依法办事。

2003 年 4 月 21 日—6 月 6 日　社中央机关顺利进了“三定”工作（定职能配置、定内设机构、定人员编制）。通过“三定”工作，提高了机关工作效率，使机关建设上了一个新的台阶。

2003 年 4 月 22 日　社中央发出“积极行动起来，切实做好非典型肺炎防治工作”的紧急通知，坚决拥护中共中央、国务院对“非典”防治工作的有关决定和采取的重大措施。

2003年4月23日—24日　社中央主席韩启德多次与北京市委书记刘淇、代市长王岐山进行直接沟通，就目前北京市“非典”疫情防治工作提出意见和建议。

2003年4月27日　社中央主席韩启德应约与国务院副总理吴仪就防治“非典”进行了深入交谈，交换看法和意见。

2003年4月30日　中共中央政治局常委、全国政协主席贾庆林在中共中央统战部主持召开各民主党派中央“防治‘非典’工作座谈会”。社中央主席韩启德代表九三学社中央发言。社中央常务副主席陈抗甫，副主席洪绂曾、金开诚出席。

2003年5月7日　各民主党派中央、全国工商联负责人和统一战线各界人士到北京市慰问抗击“非典”斗争第一线的干部群众和医务人员。社中央主席韩启德代表各民主党派中央、全国工商联讲话，对战斗在抗击“非典”第一线的北京市广大干部群众和医务人员表示崇高敬意。社中央常务副主席陈抗甫出席捐赠仪式。各民主党派中央、全国工商联为北京防治“非典”工作捐款192万元(其中九三学社中央捐款20万元)。

2003年5月12日　各民主党派中央、全国工商联专职副主席会议在京召开。会议传达学习了胡锦涛关于抗击“非典”斗争的指示，研究了防治“非典”期间民主党派工作的有关问题，决定对广大成员进行“三增强”、“四热爱”教育活动。社中央常务副主席陈抗甫，副主席洪绂曾、金开诚出席。

2003 年 5 月 13 日　社中央向全体社员发出了《万众一心抗‘非典’，迎难而上促发展》的公开信。号召全体社员响应中共中央关于“一手抓防治非典，一手抓经济建设”的号召，献计献策，爱岗敬业，无私奉献，为夺取抗击“非典”斗争最终胜利和促进社会经济持续发展贡献力量。

2003 年 5 月 15 日　社中央副主席洪绂曾等到北京大学第一医院抗击“非典”医疗队驻地看望首都劳动奖章获得者、九三学社社员、北京大学第一医院“非典”防治医疗队总护士长柴洁。

2003 年 5 月 23 日　社中央向社各省、自治区、直辖市委员会发出《关于开展“三增强”、“四热爱”教育活动的意见》。

2003 年 5 月 26 日　社中央社会服务部与国家科技部政策法规与体制改革司就我社如何在科普方面发挥作用举行座谈会。社中央副主席洪绂曾出席。

2003 年 5 月 29 日　《光明日报》发表社中央主席韩启德的文章《发扬民主，依靠科学，战胜非典》。

2003 年 6 月上旬　中共中央办公厅、国务院办公厅以联合通知的形式，转发了《全国政协办公厅关于办理政协提案的意见》。这是对人民政协提案工作和其他各项工作的一个有力促进。

2003年6月20日　社中央理论学习中心组召开学习会，学习《“三个代表”重要思想学习纲要》。社中央主席韩启德主持会议。社中央副主席王选、洪绂曾、金开诚出席。

2003年6月23日　九三学社抗击“非典”优秀人物事迹报告会在社中央机关举行。报告会邀请柴洁、聂立功、林谦三位战斗在一线的社员作报告。社中央主席韩启德，常务副主席陈抗甫，副主席洪绂曾、金开诚，秘书长徐国权及社北京市委领导出席。

2003年6月23日　国内近百名科技、经济、社会、企业等各方面知名专家出席了在京开幕的国家中长期科技发展规划战略研究论坛。这标志着国家中长期科技发展规划的制定全面启动。制定这一规划，是中共十六大提出的一项重要任务，也是科技界的一件大事。九三学社多名成员参加论坛。12月，社中央副主席、南京大学固体微结构国家重点实验室学术委员会主任、中国科学院院士闵乃本被国家中长期科学和技术发展规划领导小组聘为骨干研究人员，参加基础科学专题规划的战略研究。

2003年6月30日　统一战线纪念“七·一”座谈会在人民大会堂召开。社中央主席韩启德出席并代表九三学社中央发言。会前，中共中央政治局常委、全国政协主席贾庆林等领导同志接见了统一战线抗击“非典”先进个人。我社社员柴洁、邹金盘、丁惠国、林材元受到接见。

2003年7月1日—6日　社中央主席韩启德率九三学社专家

考察团就“三江源”生态环境的保护和治理问题赴青海进行考察。韩启德在考察时强调，要认真贯彻落实“三个代表”重要思想，切实把人民群众的利益放在首位，加快三江源区生态建设步伐，促进人与自然相和谐的可持续发展。社中央副主席洪绂曾，秘书长徐国权参加了考察。考察期间，韩启德在西宁、格尔木同基层社员进行了亲切座谈。

2003 年 7 月 4 日　社中央召开中央学习会，学习座谈胡锦涛在“三个代表”重要思想理论研讨会上的重要讲话和《中共中央关于在全党兴起学习贯彻“三个代表”重要思想新高潮的通知》精神。

2003 年 7 月 7 日　社中央与社北京市委联合举办的“防治 SARS 论坛”在北京大学医学部举行。社中央主席韩启德，社北京市委主委田麦久及有关部门负责人出席会议。

2003 年 7 月 11 日　中共中央在中南海召开党外人士民主协商会，就经济工作和加强公共卫生建设征求党外人士意见。中共中央总书记、国家主席胡锦涛主持座谈会并发表重要讲话。社中央主席韩启德，副主席王选，常务副主席陈抗甫出席。韩启德代表九三学社中央发言。

2003 年 7 月 13 日—15 日　社十一届三次中常委会议在大连召开。会议学习了胡锦涛在“三个代表”重要思想研讨会上的重要讲话；讨论了新形势下如何加强全社的思想政治工作，加快建设适应新世纪要求的参政党进程；审议通过了《九三学社中央关于学习实践“三个代表”重要思想，切实加强思想建设的决议》；总结了我社的抗击“非典”工作。

2003年7月16日—18日　社中央主席韩启德率九三学社中央考察团赴辽宁就“加快东北老工业基地调整、改造和振兴问题”考察调研。考察团对大连新船重工集团有限公司等几家企业进行了考察，与中共辽宁省委、省政府领导进行了座谈，并看望了社辽宁省委机关全体同志。

2003年7月17日　新一届中央智力支边扶贫协调小组全体会议在中共中央统战部举行。全国政协副主席、中共中央统战部部长刘延东出席会议并讲话。会议决定社中央副主席洪绂曾任黔西南州“星火计划、科技扶贫”试验区联合推动组组长。

2003年7月21日—27日　社中央副主席、黔西南州“星火计划、科技扶贫”试验区联合推动组组长洪绂曾率由科技部、中共中央统战部、农业部等单位组成的联合考察组赴黔西南州考察。期间，洪绂曾看望了社贵州省委机关及贵州省农业厅的同志。

2003年7月24日　社中央副主席金开诚在中央统战部出席《“三个代表”与统一战线》一书出版座谈会。

2003年7月29日　社中央主席韩启德出席中共中央统战部召开的全国防治“非典”工作会议情况通报会，社中央常务副主席陈抗甫，副主席洪绂曾、金开诚，秘书长徐国权一同出席。

2003年7月30日　社中央妇委会在社中央机关召开妇委会主任会议，决定编辑出版《在抗击“非典”斗争中的九三学社女社员》一书，并对各省级组织妇委会下半年的工作提出了指导意见。

2003年8月5日—6日　民主党派思想政治工作研讨会在京召开。社中央副主席金开诚出席。会议就“三个代表”重要思想与民主党派的关系，新形势下民主党派思想建设面临的新情况、新问题，“三增强”、“四热爱”教育活动的经验体会等进行了研讨。

2003年8月8日—14日　社中央主席韩启德一行就农村剩余劳动力转移问题到重庆考察。社中央副主席洪绂曾，秘书长徐国权等参加。韩启德在调研时强调，要大力推进农村劳动力转移，促进城市与农村协调发展。

2003年8月9日　社中央副主席谢丽娟率团赴贵州省黔南自治州考察。

2003年8月14日　社中央主席韩启德致函中共中央总书记胡锦涛，报送了《九三学社中央关于加大“三江源”地区生态保护和建设力度的建议》。胡锦涛、温家宝、曾培炎等中共中央、国务院领导分别作了批示。9月22日，国家发改委根据中共中央、国务院领导的批示，召开了“三江源”地区生态保护与综合治理总体规划协调会。

2003年8月22日—26日　中国妇女第九次全国代表大会在

京召开。我社社员谢丽娟、王琳、申昆玲、张永莲、张俊华、张蝶丽当选为全国妇联第九届执行委员会执委。在全国妇联第九届执委会第一次全体会议上，谢丽娟当选为全国妇联副主席。期间，社中央主席韩启德与出席全国妇女九大的九三学社社员进行了亲切座谈。座谈会由社中央常务副主席陈抗甫主持，副主席金开诚出席。

2003年8月26日　中共中央在中南海召开党外人士座谈会，就《中共中央关于完善社会主义市场经济体制若干问题的决定》（征求意见稿），征求各民主党派中央、全国工商联负责人和无党派人士的意见。中共中央总书记、国家主席胡锦涛主持座谈会并发表重要讲话。社中央主席韩启德，副主席王选，常务副主席陈抗甫出席。韩启德代表九三学社中央发言。

2003年8月28日　中共中央在中南海召开党外人士座谈会，就《中共中央关于修改宪法部分内容的建议（草案）》（征求意见稿），征求各民主党派中央、全国工商联负责人和无党派人士的意见。中共中央总书记、国家主席胡锦涛主持座谈会并发表重要讲话。社中央主席韩启德，副主席王选，常务副主席陈抗甫出席。韩启德代表九三学社中央发言。

2003年9月1日—3日　社中央思想建设研讨会在石家庄召开。社中央副主席金开诚出席会议并作讲话。北京、河北、山西等北方十个社省（区、市）委分管宣传思想工作的同志参加会议。会议围绕“三个代表”与民主党派的关系，新形势下九三学社思想建设的新情况、新问题，如何有效开展基层思想政治工作等专题进行了研讨。

2003年9月3日　九三学社在山东建立组织50周年纪念大会在济南举行。社中央主席韩启德，常务副主席陈抗甫等出席。

2003年9月4日—11日　全国人大常委会副委员长、社中央主席韩启德率考察团赴陕西考察农村基层医疗卫生工作。考察团听取了陕西省人大、省政府等有关部门的汇报，考察了安康市、西安市郊区以及杨凌农业高新技术产业示范区等地，出席了九三学社在陕西建立组织50周年纪念大会，同基层社员进行多次座谈。社中央秘书长徐国权等陪同。

2003年9月5日　国务委员陈至立在中南海与党外人士座谈，听取对国务院关于农村教育问题的文件的意见。社中央副主席洪绂曾出席会议并代表九三学社中央发言。

2003年9月5日—12日　社中央副主席洪绂曾在四川广元考察“九广合作”项目。

2003年9月9日　全国政协副主席、社中央副主席王选在人民大会堂陪同国务院总理温家宝接见全国农村中小学优秀教师代表和第一届高等学校教学名师奖获得者。会后出席在浙江厅召开的全国农村中小学优秀教师代表座谈会并讲话。

2003年9月13日　社中央副主席洪绂曾率队在北京市就农

民进城务工问题进行考察调研。

2003 年 9 月 15 日　全国政协主席贾庆林在全国政协机关主持召开政协章程修改工作座谈会，听取各民主党派中央、全国工商联和有关人民团体的意见和建议。社中央主席韩启德，副主席王选出席。王选代表九三学社中央发言。

2003 年 9 月 16 日　中央统战部召开关于香港问题的情况通报及征求意见会。社中央主席韩启德，常务副主席陈抗甫，副主席金开诚出席。韩启德代表九三学社中央发言。

2003 年 9 月 18 日　社中央理论学习中心组召开学习会，集体学习胡锦涛 9 月 3 日在省部级主要领导干部学习贯彻“三个代表”重要思想专题研讨班开班式上的讲话。社中央主席韩启德，常务副主席陈抗甫，副主席洪绂曾、金开诚等出席。

2003 年 9 月 22 日　社中央副主席洪绂曾在山东考察东营黄河三角洲高效生态农业。

2003 年 9 月 30 日　中共中央统战部在部机关举行招待会，招待受到国家表彰的留学归国人员中的非中共人士。社中央主席韩启德，副主席洪绂曾出席招待会。韩启德代表各民主党派中央、全国工商联讲话。

2003 年 10 月 10 日—14 日　社中央在京举办社省级组织专职副主委、秘书长培训班。社中央主席韩启德在开学典礼上作重要讲话，并参加小组研讨。社中央常务副主席陈抗甫，副主席洪绂曾、金开诚就参政党自身建设和如何做好社务工作给学员讲课。

2003年10月15日　社中央主席韩启德，常务副主席陈抗甫，副主席洪绂曾、金开诚，秘书长徐国权在中央统战部出席中共十六届三中全会情况通报会。

2003年10月16日　社中央致信中国载人航天工程指挥部、中国人民解放军总装备部、国防科工委、信息产业部、国家航天局等单位，热烈祝贺我国首次载人航天的圆满成功。

2003年10月21日　社十一届四次中常委会议在京召开。社中央常务副主席陈抗甫主持会议。会议审议并原则通过了《九三学社中央关于学习贯彻中共十六届三中全会精神的决议》；审议并通过了《关于召开九三学社第十一届中央委员会第二次全体会议的决定》。

2003年10月22日—23日　全国政协副主席、社中央副主席王选率全国政协委员视察团就北京吸引留学人员回国创业情况在京视察。

2003年10月22日—26日　九三学社中央参政议政及社会服务工作会议在山东东营召开。社中央副主席洪绂曾出席会议并作了题为《学习实践“三个代表”重要思想，开创参政议政、社会服务工作新局面》的报告。

2003年10月23日　国务院总理温家宝在中南海主持召开

座谈会，就2003年经济社会发展工作和2004年经济工作，听取各民主党派中央、全国工商联负责人和无党派人士的意见和建议。中共中央总书记、国家主席胡锦涛主持座谈会并发表重要讲话。社中央副主席王选，常务副主席陈抗甫出席。王选代表九三学社中央发言。

2003年10月25日　社中央主席韩启德到中科院生物物理所亲切看望中科院院士、九三学社社员王志珍，代表九三学社中央对她荣获第三世界科学院2002年基础科学奖生物奖表示热烈祝贺。

2003年10月28日　社中央副主席金开诚在山东济南出席社华东六省一市思想建设研讨会并作讲话。会议交流了贯彻社中央十一届三次常委会精神、推进思想建设工作的情况。

2003年10月29日—11月7日　中央组织部、中央统战部和中央党校在京举办学习贯彻“三个代表”重要思想与统一战线专题研究班。社中央主席韩启德，常务副主席陈抗甫，副主席洪绂曾、谢丽娟、闵乃本、冯培恩参加。

2003年11月5日　社中央主席韩启德在社中央机关与九三学社江西省委机关赴京学习考察团成员亲切座谈。

2003年11月7日　社中央主席韩启德，副主席王选在人民大会堂出席中共中央、国务院举行的“我国首次载人航天飞行圆满成功”庆功大会。

2003 年 11 月 7 日　全国政协主席贾庆林在人民大会堂主持召开学习贯彻“三个代表”重要思想与统一战线专题研究班座谈会。社中央主席韩启德，常务副主席陈抗甫，副主席洪绂曾、闵乃本、冯培恩出席。

2003 年 11 月 9 日—16 日　第十五届“国际科学与和平周”活动举行。社中央荣获联合国“国际科学与和平周”中国组织委员会颁发的“最高荣誉奖”。此次活动中，社中央主办的“全国科普宣传展、扶贫救助活动”荣获大会组委会颁发的“第十五届国际科学与和平周优秀活动奖”。

2003 年 11 月 10 日—15 日　全国人大常委会副委员长、社中央主席韩启德率全国人大“科学技术进步法”执法检查组到浙江检查。期间，韩启德看望了社的地方组织并与社员进行亲切会谈。

2003 年 11 月 18 日　中共中央在中南海举行党外人士座谈会，就贯彻中共十六大、中共十六届三中全会精神，做好当前我国经济社会发展工作，征求各民主党派中央、全国工商联负责人和无党派人士的意见和建议。中共中央总书记、国家主席胡锦涛主持座谈会并发表重要讲话。社中央主席韩启德，副主席王选，常务副主席陈抗甫出席。韩启德代表九三学社中央发言。

2003 年 11 月 18 日　社中央常务副主席陈抗甫赴天津出席九三学社天津市委基层组织工作会议并做报告。

2003年11月23日　社中央人口资源环境委员会在社中央机关召开全体会议，研究审议拟作为九三学社中央名义提交的参政议政材料。

2003年11月26日　社中央主席韩启德致信九三学社社员、中国科学院金属研究所所长、研究员卢柯，祝贺他当选为中科院院士。

2003年11月26日　社中央主席韩启德，副主席金开诚，秘书长徐国权在京出席严仁英教授90华诞暨从医63周年活动。

2003年11月29日　社中央常务副主席陈抗甫，副主席金开诚在中央社会主义学院出席“政党制度研究中心成立暨多党合作与政治文明建设理论研讨会”。

2003年11月30日—12月17日　全国人大常委会副委员长、社中央主席韩启德率全国人大代表团出访伊朗、肯尼亚、尼日利亚。

2003年12月5日　何梁何利基金在北京举行2003年度颁奖大会。我社社员邹承鲁院士、郑国锠院士分别荣获“科学与技术成就奖”与“科学与技术进步奖”。

2003年12月12日—13日　社中央副主席洪绂曾赴西安出席九三学社推动陕南中药科技产业现代化建设项目启动仪式。

2003年12月22日—25日　社十一届二中全会在京召开。冯培恩、徐采栋、杨雄里先后作了题为《先进制造业与中国发展》、《能源与经济社会的关系》、《脑科学的现代进展与展望》的科学报告。会议学习了中共十六届三中全会精神；听取并审议了常委会工作报告；增选贺铿同志为九三学社中央副主席；研究讨论了社中央2004年工作要点。社中央主席韩启德作了闭幕讲话。期间，中央统战部副部长楼志豪应邀到会作形势报告。

2003年12月22日　社中央海外联络工作座谈会在京召开。会议总结了2003年的工作并对2004年的工作进行了部署。社中央主席韩启德，副主席洪绂曾出席。

2003年12月23日　社中央常务副主席陈抗甫在中央统战部出席全国人才工作会议情况通报会。

2003年12月23日　社中央副主席洪绂曾、金开诚在中央统战部出席统一战线各界人士纪念毛泽东同志诞辰110周年座谈会。

2003年12月23日　社中央主席韩启德，常务副主席陈抗甫，副主席洪绂曾、金开诚、刘应明、闵乃本、谢丽娟、冯培恩等在京亲切会见并宴请了四川省绵阳市政府、市政协及市委统战部领导一行7人，听取了绵阳市经济社会发展及“九绵合作”进展情况的介绍。

2003年12月23日　社中央妇女委员会全体会议在京召开。社中央副主席谢丽娟出席。

2003 年 12 月 28 日　全国人大常委会副委员长、社中央主席韩启德在人民大会堂出席纪念梁希先生诞辰 120 周年暨梁希科技基金成立大会并讲话。社中央副主席洪绂曾，秘书长徐国权等参加。

2004 年 1 月 1 日　全国政协 2004 年新年茶话会在京举行。社中央主席韩启德，副主席王选，名誉主席吴阶平，名誉副主席王文元等出席。

2004 年 1 月 9 日　九三学社中央长江三角洲区域经济协调发展论坛在上海召开。社中央主席韩启德，副主席闵乃本、谢丽娟、冯培恩、贺铿，秘书长徐国权等出席。

2004 年 1 月 17 日　中共中央在中南海召开迎春座谈会。中共中央总书记、国家主席胡锦涛主持座谈会并发表重要讲话。社中央主席韩启德，副主席王选，常务副主席陈抗甫，名誉主席吴阶平，名誉副主席王文元等出席。韩启德、吴阶平先后发言。

2004 年 2 月 5 日　国务院总理温家宝在中南海主持召开座谈会，就即将提交十届全国人大二次会议审议的《政府工作报告》（征求意见稿），征求各民主党派中央、全国工商联负责人和无党派人士的意见。社中央主席韩启德代表九三学社中央发言。

2004 年 2 月 9 日　社中央主席韩启德率调研组赴江苏就城市医院体制改革进行考察调研。秘书长徐国权等陪同。

2004年2月10日　中共中央纪念邓颖超诞辰100周年座谈会在人民大会堂召开。社中央常务副主席陈抗甫出席。

2004年2月10日　国务院副总理回良玉在中南海主持召开座谈会，听取部分在京全国人大常委、全国政协常委对防治高致病性禽流感的意见和建议。全国政协常委、社中央副主席洪绂曾出席。

2004年2月13日　社中央社会与法制委员会与社北京市委在京联合召开“公共群体性突发事件对应策略专家座谈会”。

2004年2月20日　我社社员高耀洁在中央电视台主办的评选活动中，被评为“感动中国2003年年度人物”。高耀洁是河南中医学院退休教授，从1996年起一直在民间从事艾滋病防治和救助艾滋孤儿工作，被称作中国“民间防艾第一人”。2003年7月，高耀洁获得了亚洲拉蒙一麦格塞公共服务奖。

2004年2月24日　《人民政协报》发表对社中央常务副主席陈抗甫的专访。陈抗甫指出，要把发展作为九三学社参政议政的第一要务，以“人才强社”保障第一要务实施。

2004年2月25日　中央统战部举行党外人士情况通报会。中共中央书记处书记、中央纪委副书记何勇就加强党风廉政建设和反腐败斗争工作情况作了通报。社中央主席韩启德，常务副主席陈抗甫，副主席洪绂曾、金开诚、贺铿，名誉副主席王文元、陈明绍、赵伟之出席。

2004 年 3 月 3 日—12 日　全国政协十届二次会议在京召开。我社以社中央名义提交大会发言 11 件，提交大会提案 10 件；以政协九三学社组名义提交提案 18 件。洪绂曾委员代表社中央作题为《我国耕地质量问题急需引起重视》的大会口头发言。期间，中共中央政治局常委、中央书记处书记曾庆红看望了全国政协十届二次会议九三学社组和农工民主党组的委员，并参加了两组的联组讨论，与委员们共商国事。

2004 年 3 月 4 日　社中央主席韩启德以"直通车"方式致函国务院总理温家宝，就解决国企退休科技人员退休金过低问题，提出建议，受到高度重视。国家有关部门经过调查研究，出台了《关于从 2004 年 7 月 1 日起增加企业退休人员基本养老金的通知》。

2004 年 3 月 5 日—14 日　十届全国人大二次会议在京召开，表决通过了《中华人民共和国宪法修正案》、《政府工作报告》及其他有关决议。社中央主席韩启德，副主席刘应明、贺铿等参加会议。

2004 年 3 月 9 日　社中央副主席贺铿在机关与出席十届全国人大二次会议的湖北代表团部分九三学社社员举行座谈。社中央秘书长徐国权，机关各部门负责人参加。

2004 年 3 月 10 日　社中央主席韩启德在机关出席"九安合

作”汇报座谈会。社中央副主席洪绂曾，秘书长徐国权及陕西安康有关领导出席。

2004年3月10日　社十一届六次中常委会议在京召开。会议审议通过了《九三学社中央关于学习贯彻十届全国人大二次会议和全国政协十届二次会议精神的决议》；研究讨论了社中央2004年参政议政等有关工作。

2004年3月16日—21日　社中央主席韩启德率队赴四川参加生态家园计划高层专家论坛，并考察生态家园富民项目的实施情况。社中央副主席洪绂曾、刘应明，秘书长徐国权等陪同。

2004年3月16日　社中央常务副主席陈抗甫，副主席金开诚在中央统战部出席学习宪法和政协章程座谈会。陈抗甫代表九三学社中央发言。

2004年3月18日　社中央召开学习会，传达学习“两会”精神。社中央常务副主席陈抗甫，副主席贺铿分别传达了全国政协十届二次会议和十届全国人大二次会议的主要精神。社中央机关和社北京市委机关干部及北京市部分社员参加。

2004年3月25日—27日　社中央常务副主席陈抗甫，秘书长徐国权赴石家庄出席九三学社河北省社务工作会议。

2004年4月　中国经济社会研究会换届，社中央副主席洪绂曾当选为常务理事。

2004年4月2日　社中央研究室与《民主与科学》杂志社在京联合举办“九三学社中央‘以人为本’理论座谈会”。社中央副主席金开诚，秘书长徐国权出席。

2004年4月2日　社中央农林委员会在社中央机关举行会议。社中央副主席洪绂曾、贺铿出席。

2004年4月8日　人事部、卫生部、国家中医药管理局授予我社社员王撷秀“白求恩奖章”，以表彰她36年来在公共卫生事业中做出的杰出贡献。

2004年4月8日　社中央科技委员会在社中央机关举行全体扩大会议，研讨2004年的参政议政选题。社中央副主席洪绂曾出席会议并讲话。

2004年4月9日　社中央组织部、社北京市委组织部在中科院动物所召开关于组织建设问题联合调研座谈会。社中央常务副主席陈抗甫出席并讲话。

2004年4月13日　社中央常务副主席陈抗甫，副主席金开诚在社中央机关出席多党合作制度化规范化程序化座谈会。社北京市委及部分基层组织的负责人、社员代表参加座谈。

2004年4月13日　社中央医卫委员会在社中央机关举行全体会议，研讨医卫委员会2004年的参政议政选题。

2004年4月15日　社中央主席韩启德到学苑出版社新办公楼视察工作，并勉励全体同志为九三学社和中国文化建设作更大贡献。

2004年4月15日　九三学社中央致函国务院法制办公室，针对《中华人民共和国公务员法（草案送审稿）》未把民主党派机关除工勤人员以外的工作人员列入公务员范围提出建议，认为制定《公务员法》应把民主党派机关除工勤人员以外的工作人员也应列入公务员范围。此建议得到国家有关部门的重视和采纳。

2004年4月22日—29日　社中央常务副主席陈抗甫赴云南、广东等地就组织建设、组织发展等问题进行调研。

2004年4月22日　社中央副主席金开诚率队赴九三学社北京市昌平综合支社调研。

2004年4月26日—5月1日　社中央副主席、中国经济社会研究会常务理事洪绂曾出席国际经社理事会在法国巴黎召开的国际扶贫工作会议并讲话。

2004年4月27日　社中央在机关召开水资源问题研讨会，研讨了水资源问题中具有现实意义和研究价值的一些课题。社中央副主席贺铿主持会议。

2004年5月10日—17日　社中央主席韩启德率社中央调研组赴武汉就“深化科技体制改革，提升企业创新能力”进行专题调研。社中央副主席贺铿，秘书长徐国权等陪同。

2004年5月12日　全国政协副主席、社中央副主席王选在全国政协出席全国政协京昆室主办的“保护扶持昆曲艺术新闻发布会”，并传达了胡锦涛、温家宝、李长春、陈至立等党和国家领导人关于加大昆曲抢救和保护力度的重要指示。

2004年5月15日—23日　社中央副主席洪绂曾率中央智力支边扶贫协调小组黔西南州“星火计划、科技扶贫”试验区联合推动组赴贵州考察。

2004年5月21日　我社社员、中科院院士、著名化学家柳大纲先生百年诞辰纪念活动在京举行。社中央秘书长徐国权出席并代表九三学社中央讲话。

2004年5月22日　邓家栋逝世。邓家栋（1906—2004）广东蕉岭人。我国著名的血液学家、医学教育家。社第六、七届中央委员会委员，第七届中央委员会常委，中央参议委员会常委。

2004年5月25日—27日　社十一届七次中常委会议在无锡举行。会议研究了在新形势下，如何把发展作为参政议政第一要务，提高参政议政能力，切实加强全社的参政议政工作；审议并通过了《九三学社中央关于加强参政议政工作的若干意见》。社中央主席韩启德，常务副主席陈抗甫，副主席洪绂曾、金开诚、刘应明、闵乃本、谢丽娟、冯培恩、贺铿出席会议。

2004年6月2日　中国科学院第十二次院士大会、中国工程院第七次院士大会在北京开幕。本次院士大会的主题是团结带领全国科学技术和工程技术界，深入研讨21世纪头20年我国科学技术和工程技术发展中的重大问题，为制定国家中长期科学和技术发展规划积极献计献策，为全面建设小康社会奠定坚实的科学技术基础，为推动经济社会协调发展、为中华民族的伟大复兴作出应有的贡献。社中央主席韩启德，副主席王选，名誉主席吴阶平等作为院士出席大会。

2004年6月4日　社中央主席韩启德致信社湖南省委主委、湖南医科大学教授卢光琇，祝贺她荣获2004年度“全国五一劳动奖章”。

2004年6月15日　社中央主席韩启德分别致信师昌绪、范滇元，祝贺他们分别荣获“光华工程科技奖成就奖”、“光华工程科技奖工程奖”。

2004年6月7日　社中央副主席洪绂曾在国土资源部出席黄汲清先生诞辰100周年纪念大会。

2004年6月9日—14日　社中央副主席洪绂曾就粮食主产区经济发展、农村职业教育、农牧交错区荒漠化防治等问题赴吉林开展调研。

2004年6月24日—27日　社中央常务副主席陈抗甫赴吉林出席社吉林省委组织建设工作会。

2004年6月25日　“中国统一战线理论研究会政党理论北京研究基地成立大会暨世界政党发展与当代中国政党制度建设学术研讨会”在京召开。社中央有关部门负责人参加了会议。

2004年7月1日—10日，社中央主席韩启德率队赴黑龙江就“深化科技体制改革，提升产业创新能力”专题考察。

2004年7月6日　社中央常务副主席陈抗甫在中央社会主义学院为第四期民主党派省级组织副主委“三个代表”重要思想学习研讨班做专题讲座。

2004年7月19日　中共中央在中南海召开党外人士座谈会，就当前经济形势和经济工作听取各民主党派中央、全国工商联负责人和无党派人士的意见和建议。中共中央总书记、国家主席胡锦涛主持座谈会并发表重要讲话。社中央主席韩启德，副主席王选，常务副主席陈抗甫出席会议。韩启德代表九三学社中央发言。

2004年7月21日　九三学社中央与中国工程院在京联合召开“中国草业发展战略研讨会”。社中央副主席洪绂曾出席。

2004年7月26日　中科院院士、九三学社社员卢鹤绂诞辰90周年纪念大会在上海举行。社中央副主席谢丽娟出席。

2004年7月28—30日　由九三学社中央社会服务部和中国

园艺学会、中国质量报社、中国农业大学共同主办的“中国首届葡萄与葡萄酒产业发展高峰论坛”在京召开。社中央副主席洪绂曾出席开幕式并讲话。

2004 年 8 月 7 日　社中央主席韩启德，副主席洪绂曾在吉林出席吉林省社组织成立 50 周年庆祝活动。

2004 年 8 月 12 日　社中央常务副主席陈抗甫在中央统战部出席亚洲政党会议情况通报会。

2004 年 8 月 13 日　社中央常务副主席陈抗甫出席社北京市委基层委员会工作研讨会。

2004 年 8 月 16 日　国务院总理温家宝在中南海主持召开国家中长期科学技术发展规划战略研究专题报告会议。社中央主席韩启德出席并发言。

2004 年 8 月 16 日　统一战线各界人士纪念邓小平诞辰 100 周年座谈会在京举行。社中央主席韩启德，常务副主席陈抗甫，副主席洪绂曾、金开诚，秘书长徐国权出席。韩启德代表九三学社中央发言。

2004 年 8 月 17 日　社中央在机关举行纪念邓小平诞辰 100 周年座谈会。社中央主席韩启德，常务副主席陈抗甫，副主席洪绂曾、金开诚，秘书长徐国权，九三学社成员中在京全国人大代表、全国政协委员、两院院士 30 余人出席会议。

2004年8月22日　社中央主席韩启德，副主席王选，常务副主席陈抗甫，副主席洪绂曾、金开诚、贺铿在人民大会堂出席邓小平同志诞辰100周年纪念大会。胡锦涛在会上发表重要讲话。

2004年8月26日　《人民政协报》发表社中央常务副主席陈抗甫的纪念文章《邓小平和九三学社知识分子的春天》。

2004年8月26日　全国政协常委、社中央副主席冯培恩陪同全国政协主席贾庆林开始对韩国、奥地利、西班牙、葡萄牙四国进行正式友好访问。

2004年8月29日　社中央副主席洪绂曾赴连云港出席科技部召开的“全国星火富民经验交流会”，并代表中央智力支边扶贫协调小组黔西南州“星火计划、科技扶贫”试验区联合推动组发言。

2004年8月31日　社中央常务副主席陈抗甫在中共中央统战部出席全国党外干部工作座谈会情况通报会。

2004年9月3日　由九三学社中央主办，中国华源集团协办的首届中国国际欧米伽健康理论高峰论坛在京举行。社中央名誉主席吴阶平，副主席洪绂曾出席论坛并致辞。

2004年9月6日—7日　社中央主席韩启德率队赴河北调研社务工作。秘书长徐国权陪同。

2004 年 9 月 9 日—13 日　社中央副主席贺铿到贵州省调研，并与社省委领导和机关同志进行座谈。

2004 年 9 月 15 日　首都各界纪念全国人民代表大会成立 50 周年大会在人民大会堂举行。胡锦涛发表重要讲话，强调要坚持和完善人民代表大会制度，使社会主义民主更加完善，社会主义法制更加完备，依法治国基本方略得到全面落实，人民的政治、经济、文化权益得到切实保障。社中央主席韩启德，副主席王选等出席。

2004 年 9 月中旬　中共中央分别召开党外人士座谈会和通报会，听取各民主党派中央领导人、全国工商联负责人和无党派人士对《中共中央关于加强党的执政能力建设的决定（征求意见稿）》的意见和建议，通报中国共产党第十六届中央委员会第四次全体会议关于调整充实中共中央军事委员会组成人员的情况。中共中央总书记、国家主席胡锦涛主持座谈会和通报会并发表重要讲话。社中央主席韩启德，副主席王选，常务副主席陈抗甫出席了座谈会和通报会。韩启德代表九三学社中央发言。

2004 年 9 月 21 日　首都各界庆祝中国人民政治协商会议成立 55 周年大会在全国政协礼堂举行。胡锦涛发表重要讲话，强调要进一步推进人民政协事业发展，把最广泛的爱国统一战线巩固好、发展好，把中国共产党领导的多党合作和政治协商制度坚持好、完善好，为全面建设小康社会、实现中华民族伟大复兴而共同奋斗。社中央主席韩启德，副主席王选等出席。

2004年9月22日　社中央副主席洪绂曾在京出席了由九三学社中央社会服务部、中国农学会和中华医学会联合举办的金秋科教富民兴村科普活动。

2004年9月22日　社十一届八次中常委会议在京召开。会议学习了中共十六届四中全会精神，审议并通过了《九三学社中央关于学习贯彻中共十六届四中全会精神的决议》和《关于召开九三学社第十一届中央委员会第三次全体会议的决定》。社中央主席韩启德主持会议。社中央常务副主席陈抗甫，副主席洪绂曾、金开诚、闵乃本、谢丽娟、冯培恩、贺铿，秘书长徐国权出席。

2004年9月23日　九三学社中央思想建设研究中心成立大会在京举行。社中央副主席金开诚，秘书长徐国权出席。

2004年9月23日　社中央召开学习中共十六届四中全会精神座谈会。社中央主席韩启德，副主席洪绂曾、金开诚，秘书长徐国权出席会议。大家一致认为，中共十六届四中全会通过的《中共中央关于加强党的执政能力建设的决定》表明中国共产党对执政规律的认识达到了新的高度，是中国共产党更加成熟的重要标志。

2004年9月24日—28日　九三学社全国社务工作会议在四川德阳召开。社中央主席韩启德，常务副主席陈抗甫，秘书长徐国权出席会议。这次会议的主要任务是学习贯彻中共十六届四中全会精神，以实施人才强社战略、加强组织建设为重点，讨论《九三学社中央关于实施人才强社战略的意见》（征求意见稿），总结社务工作情况，交流社务工作经验，研究部署下一阶段社务工作任务。

2004年10月　全国人大常委、社中央副主席、中国—爱沙尼亚友好小组主席刘应明率全国人大代表团对爱沙尼亚进行了友好访问。

2004年10月9日　社中央主席韩启德，副主席洪绂曾，秘书长徐国权赴陕西安康出席《九安合作协议书》签字仪式，并参加“九安合作安康中药产业发展咨询论证会”。

2004年10月12日　纪念郝诒纯院士座谈会暨《大地的女儿——郝诒纯院士纪念论文集》发布会在京举行。社中央副主席洪绂曾出席并讲话。

2004年10月13日—15日　九三学社部分省级组织生态卫生富民行动研讨会在南宁举行。社中央副主席贺铿出席会议并讲话。

2004年10月14日—19日　社中央主席韩启德，常务副主席陈抗甫率吴阶平医学基金会访问团赴香港访问。

2004年10月14日—16日　社中央副主席贺铿赴广西南宁出席中南六省（区）社务工作研讨会。

2004年10月16日　由九三学社中央、民盟中央、中国工程院、中国科协共同主办，中国农学会和九三学社中央社会服务部承办的“中国粮食安全高层论坛”在京举行。社中央副主席洪绂曾主持论坛并做总结。

2004年10月20日—22日　社中央在京举行“茗谈中华传统文化”活动。社中央主席韩启德，常务副主席陈抗甫，副主席金开诚，秘书长徐国权，50余名来自大陆及港澳台文化界的专家学者出席。

2004年10月25日　社中央主席韩启德在《人民政协报》发表文章《关于提高参政议政质量的几个基本问题》。

2004年10月26日　社中央副主席王选在杭州出席九三学社浙江省基层工作会议。

2004年10月30日　社中央主席韩启德，常务副主席陈抗甫，副主席洪绂曾、金开诚，秘书长徐国权在社中央机关新址出席机关新办公楼入驻启动仪式。

2004年11月2日—5日　社中央主席韩启德，副主席洪绂曾，秘书长徐国权赴广州出席社中央社会与法制委员会第二届三农问题法律对策研讨会。期间，对广州、佛山、肇庆等地进行了考察调研。

2004年11月8日　中共中央在中南海召开党外人士座谈会，就经济工作听取各民主党派中央、全国工商联负责人和无党派人士的意见和建议。中共中央总书记、国家主席胡锦涛主持座谈会并发表重要讲话。社中央主席韩启德，副主席王选，常务副主席陈抗甫出席会议，韩启德代表九三学社中央发言。

2004年11月10日—13日　社中央主席韩启德，副主席洪绂曾，秘书长徐国权等赴贵州省就扶贫开发和生态建设工作进行调研。期间，韩启德等人出席了威宁彝族回族苗族自治县成立50周年庆典，并看望了部分基层社员。

2004年11月15日—18日　云贵川资源“金三角”农业发展战略研讨会在四川攀枝花召开。社中央副主席、中国农学会名誉会长洪绂曾主持会议并作总结报告。期间，洪绂曾与社攀枝花市委机关工作人员进行了座谈。

2004年11月17日—20日　社中央常务副主席陈抗甫在福建省就社务工作进行考察调研。

2004年11月21日—22日　社中央主席韩启德，常务副主席陈抗甫在福州出席纪念九三学社福建省委员会成立20周年大会。

2004年11月21日—24日　社中央副主席贺铿赴江苏出席九三学社江苏省委参政议政工作经验交流会并做报告。

2004年11月22日—12月1日　社中央副主席洪绂曾赴台湾进行农业经济考察。

2004年11月23日　国务院副总理吴仪在中南海主持召开城市医疗服务系统座谈会。社中央主席韩启德出席。

2004年11月29日　中共中央在中南海召开党外人士座谈会，就司法体制改革问题征求各民主党派中央、全国工商联负责人和无党派人士的的意见和建议。中共中央总书记、国家主席胡锦涛主持座谈会并发表重要讲话。社中央主席韩启德，副主席王选，常务副主席陈抗甫出席会议，韩启德代表九三学社中央发言。

2004年11月30日　社中央副主席金开诚在中央统战部出席对台工作座谈会并发言。

2004年12月1日　社中央在京召开海水资源开发利用研讨会，就我国海水资源开发利用面临的问题和对策进行研讨。社中央主席韩启德出席会议并讲话。

2004年12月5日—7日　社十一届三中全会在京召开。社中央主席韩启德代表第十一届中央常务委员会向全会作了题为《围绕发展参政议政，切实加强自身建设，以实际行动迎接建社六十周年》的工作报告。会议通过了《关于常务委员会2004年工作报告的决议》，表彰了2004年度社务工作先进集体和先进个人。社中央副主席王选，常务副主席陈抗甫，副主席洪绂曾、金开诚、刘应明、闵乃本、冯培恩、贺铿，名誉副主席徐采栋、陈明绍、赵伟之出席。

2004年12月6日　国务院副总理回良玉在中南海主持召开农业和农村工作座谈会。社中央副主席洪绂曾出席。

2004年12月6日　社中央社会与法制委员会、妇女委员会、海外联络委员会在京分别召开全体会议，研究部署2005年工作。

2004年12月10日　社中央副主席刘应明到社南充市委进行社务工作调研，与社南充市委委员、基层组织负责人、部分老同志和机关干部进行亲切座谈。

2004年12月16日　《人民政协报》发表社中央副主席洪绂曾文章《跟着共产党，永做革命人》。

2004年12月17日—21日　社中央副主席洪绂曾陪同全国政协主席贾庆林赴安徽考察调研。

2004年12月20日—23日　社中央主席韩启德赴山东临沂出席第三期“九三学社助残复明工程”活动。期间，韩启德与临沂市九三学社社员进行了座谈，鼓励社临沂市委把“助残复明工程”活动持续开展下去。

2004年12月23日　科技部在北京召开国家重点实验室计划20周年、国家重点基础研究发展计划（973计划）5周年纪念大会。社中央副主席闵乃本等我社10名同志受到表彰。

2005年1月1日　社中央主席韩启德，副主席洪绂曾，秘书长徐国权在全国政协礼堂出席新年茶话会，中共中央总书记胡锦涛发表重要讲话。

2005年1月6日　“首届王选新闻科技奖颁奖大会暨中国传媒科技高峰论坛”在京召开。全国政协副主席、社中央副主席王选致信祝贺。

2005年1月7日　第五届中华人口奖颁奖大会在京举行。我社社员卢光琇荣获中华人口奖科学技术奖，以表彰她在生殖等领域的杰出贡献。

2005年1月12日　社中央主席韩启德，副主席洪绂曾，秘书长徐国权在北京吉利大学视察并出席民办高等职业教育发展战略研究课题座谈会。

2005年1月18日　统一战线系统保持共产党员先进性教育动员大会在中央社会主义学院举行。全国政协副主席、中共中央统战部部长刘延东作动员报告。社中央副主席金开诚出席会议。

2005年1月18日　社中央副主席贺铿在中国气象局出席涂长望先生铜像揭幕仪式并讲话。

2005年1月20日　社中央副主席洪绂曾在重庆出席全国统一战线传统教育基地挂牌仪式，并与社重庆市委领导和机关干部进行了座谈。

2005年1月31日　社中央主席韩启德再次致函国务院总理温家宝，就进一步解决国企退休科技人员养老金过低问题，提出建议。国务院总理温家宝、国务委员华建敏对韩启德的来信十分重视，先后作出重要批示。

2005年1月　中共中央政治局常委、全国政协主席贾庆林在中共中央统战部、国家民委、各民主党派中央、全国工商联《智力支边扶贫协调小组办公室情况简报》[2004] 第15期“九三学社中央十分重视社会扶贫工作为贫困地区积极提建议、拉项目、促发展，取得新成效”情况报告上作出重要批示。他充分肯定了九三学社中央在科技扶贫、智力支边方面取得的积极成果，希望各民主党派、工商联和无党派人士在加强参政议政、建言献策，促进经济社会发展方面取得更大的成绩。

2005年2月1日　国务院总理温家宝主持召开党外人士座谈会，就即将提请十届全国人大三次会议审议的《政府工作报告》(征求意见稿)，听取各民主党派中央、全国工商联的负责人和无党派人士的意见和建议。社中央主席韩启德代表九三学社中央发言。韩启德还就进一步解决国有企业退休科技人员养老金过低问题提出了建议。

2005年2月4日　中共中央在中南海召开党外人士迎春座谈会，就《关于进一步加强中国共产党领导的多党合作和政治协商制度建设的意见》，征求了各民主党派中央、全国工商联负责人的意见。中共中央总书记、国家主席胡锦涛出席并发表重要讲话。座谈会由中共中央政治局常委、全国政协主席贾庆林主持。社中央主席韩启德代表九三学社中央发言。他表示，九三学社中央对《意见》深表赞同，完全拥护。韩启德还就引导高校毕业生到基层就业问题提出建议。

2005年2月5日—6日　社中央副主席洪绂曾到葫芦岛市视察走访，看望了部分离退休老社员和贫困农户，视察了社葫芦岛市委扶持的葡萄科技示范园基地，带去了社中央的亲切慰问和新春祝贺。

2005年2月17日　全国政协主席贾庆林在中南海主持召开各民主党派中央主席协商会。社中央主席韩启德出席。

2005年2月22日　中共中央在中南海召开党外人士座谈会，就中共中央政治局常委开展保持共产党员先进性教育活动，听取各民主党派中央、全国工商联负责人和无党派人士的意见和建议。中共中央总书记、国家主席胡锦涛主持座谈会并发表重要讲话。社中央主席韩启德，副主席王选，常务副主席陈抗甫出席座谈会。韩启德代表九三学社中央发言。

2005年2月23日　社中央主席韩启德，副主席洪绂曾、金开诚，秘书长徐国权在社中央机关与教育部副部长吴启迪一行就我国教育发展问题座谈。

2005年3月1日　社中央向社各省、自治区、直辖市委员会发出《关于在全社开展建社60周年纪念活动的通知》。

2005年3月3日—12日　全国政协十届三次会议在京召开。我社以九三学社中央名义提交大会发言12件、提案17件；以政协九三学社组名义提交提案7件。韩忠朝委员代表社中央作题为《把提升企业自主创新能力置于国家战略的高度》的口头发言。

2005年3月5日—14日　十届全国人大三次会议在北京召开。会议表决通过《反分裂国家法》，批准了政府工作报告、全国人大常委会工作报告及其他重要报告。全国人大常委会副委员长、社中央主席韩启德等参加会议。

2005年3月10日　社十一届十次中常委会议在京召开。会议由社中央主席韩启德主持。会议审议通过了《九三学社中央关于学习贯彻十届全国人大三次会议和全国政协十届三次会议精神的决议》,《九三学社中央专门委员会工作条例第三条修正案》,社中央经济委员会主任、社会与法制委员会副主任人员调整名单。社中央常务副主席陈抗甫,副主席洪绂曾、金开诚、刘应明、闵乃本、谢丽娟、冯培恩,秘书长徐国权出席。

2005年3月15日　社中央召开学习会,传达学习"两会"精神。社中央主席韩启德,常务副主席陈抗甫,副主席洪绂曾、金开诚、贺铿,秘书长徐国权,社北京市委负责同志、部分基层社员及机关全体同志参加会议。

2005年3月16日—21日　社中央副主席洪绂曾赴四川绵阳、广元就"九绵合作"、"九广合作"项目考察调研,并出席社中央向广元旺苍捐赠电脑仪式。

2005年3月17日　社中央举行学习《反分裂国家法》座谈会。社中央主席韩启德,常务副主席陈抗甫,副主席金开诚、贺铿,秘书长徐国权等出席会议。与会人员一致认为,制定《反分裂国家法》是必要的、适时的。

2005年3月17日　社中央专门委员会联席工作会议在社中央机关举行。社中央主席韩启德,常务副主席陈抗甫,副主席贺铿出席。会议总结了2004年的参政议政工作，明确了2005年的工作重点，表彰了参政议政工作先进集体和先进个人，调整和加强了各专门委员会的力量。

2005年3月20日　新华社北京3月20日电，中共中央最近颁发了《关于进一步加强中国共产党领导的多党合作和政治协商制度建设的意见》(以下简称《意见》)。这是我国政治生活中特别是统一战线和多党合作中的一件大事。《意见》坚持以邓小平理论和“三个代表”重要思想为指导，贯彻中共十六大和十六届三中、四中全会精神，体现了科学执政、民主执政、依法执政的要求，在认真总结历史经验的基础上对中国共产党领导的多党合作和政治协商的原则、内容、方式和程序等作了科学规范，是指导新世纪新阶段我国多党合作事业的纲领性文件。

2005年3月21日　社中央向社各省、自治区、直辖市委员会发出《关于学习贯彻＜中共中央关于进一步加强中国共产党领导的多党合作和政治协商制度建设的意见＞的通知》。

2005年3月22日　中共中央统战部召开座谈会，就中共中央统战部保持共产党员先进性教育活动，征求各民主党派中央、全国工商联负责人的意见。社中央副主席金开诚出席并代表九三学社中央发言。

2005年3月23日　社中央主席韩启德，常务副主席陈抗甫，副主席洪绂曾、金开诚，秘书长徐国权出席中共中央统战部召开的多党合作制度建设座谈会，纪念中发

[1989] 14号文件发表15周年，学习贯彻中发[2005] 5号文件精神。韩启德代表九三学社中央发言。

2005年3月23日—30日　社中央主席韩启德率九三学社中央考察团赴河南郑州、漯河、焦作等地，就促进我国中部地区粮食主产区经济发展与改革的有关问题考察调研。社中央副主席洪绂曾、贺铿，秘书长徐国权等一同进行了考察调研。

2005年3月24日　社中央在机关召开学习会，传达学习《中共中央关于进一步加强中国共产党领导的多党合作和政治协商制度建设的意见》精神。社中央常务副主席陈抗甫主持会议，机关全体工作人员参加。

2005年3月25日　中央社会主义学院政党制度研究中心召开学习《中共中央关于进一步加强中国共产党领导的多党合作和政治协商制度建设的意见》座谈会。社中央副主席金开诚出席并发言。

2005年3月26日　"九漯作作"（九三学社河南省委与漯河市人民政府合作）签字仪式在漯河市举行。社中央主席韩启德，副主席洪绂曾，秘书长徐国权出席。

2005年3月28日　2004年度国家科学技术奖励大会在京召开。九三学社39名社员参与的29个科研项目获奖。其中，2名社员获得国家自然科学奖二等奖；4名社员获得国家技术发明奖二等奖；2名社员获得国家科学技术进步奖一等奖、31名社员获得国家科学技术进步奖二等奖。

社中央主席韩启德分别致信39名社员，祝贺他们获奖。

2005年3月31日　社广东省直海洋地质调查局支社社员、广州海洋地质调查局高级工程师钟和贤赴青岛，参加我国首次“大洋一号”科学考察船环球科考。

2005年4月上旬　社中央机关全部迁入位于北京市海淀区万柳万泉新新家园14号的办公新址。

2005年4月2日—9日　全国人大常委会副委员长、社中央主席韩启德赴菲律宾出席国际议联第112次大会。

2005年4月5日—10日　社中央副主席洪绂曾赴江苏、浙江、上海等地就如何进一步加强社会服务工作进行考察调研。

2005年4月8日　社中央向社各省、自治区、直辖市委员会发出《关于在全社开展多党合作和政治协商及社史知识竞赛活动的通知》。

2005年4月11日　社中央主席韩启德，副主席贺铿，秘书长徐国权在机关会见了以美国加州前财务长邝杰灵为团长的美国创新产业专家团一行，就我国产业发展、创新体系建设等问题进行了座谈。

2005年4月12日　中共中央政治局委员、国务院副总理曾培炎在中南海会见了以美国加州前财务长邝杰灵为团长的美国创新产业专家团一行。全国人大常委会副委员长、社中央主席韩启德，社中央副主席贺铿参加了会见。

2005年4月14日—21日　社中央副主席洪绂曾赴重庆、宜昌调研社会服务工作。

2005年4月15日　社中央常务副主席陈抗甫在京出席社北京市委2005年社务工作研讨会并作报告。

2005年4月19日—20日　社中央主席韩启德，常务副主席陈抗甫，副主席金开诚、刘应明、闵乃本、谢丽娟、冯培恩、贺铿在京参加多党合作专题研讨班。

2005年4月28日　社中央主席韩启德，副主席贺铿在郑州出席由九三学社河南省委会与河南省政府研究室联合召开的“中部崛起高层论坛”。韩启德强调，实施中部崛起战略必须坚持科学发展观。

2005年5月8日　社中央常务副主席陈抗甫在天津出席社中央名誉副主席黄其兴归国50年座谈会并讲话。

2005年5月9日　社中央副主席、黔西南州“星火计划、科技扶贫”试验区联合推动组组长洪绂曾在机关主持召开了黔西南州科技扶贫工作座谈会。

2005年5月9日—15日　社中央主席韩启德，常务副主席陈抗甫，副主席洪绂曾、贺铿赴湖南就中部粮食主产区崛起和粮食安全问题进行了专题调研。

2005年5月12日　国务院总理温家宝在中南海主持召开党外人士座谈会，就经济形势听取各民主党派中央、全国工商联负责人和无党派人士的意见和建议。社中央主席韩启德，副主席王选出席。韩启德代表九三学社中央就宏观调控政策和实施中部崛起战略发言。

2005年5月中下旬　全国人大常委会副委员长、社中央主席韩启德分别致信社四川省委专职副主委李仁霖和社广西区委秘书长林江，祝贺他们荣获全国团结进步模范个人称号。

2005年5月17日　社中央主席韩启德在社中央机关会见全国政协委员、香港汉荣书局有限公司董事、总经理石汉基先生。

2005年5月18日—19日　社中央主席韩启德，副主席洪绂曾，秘书长徐国权赴山东东营市就城乡统筹和经济发展工作进行考察。

2005年5月20日　社中央副主席金开诚在中华文化学院为香港公务员班学员做“中和中庸的古为今用”专题讲座。

2005年5月20日—23日　社十一届十一次中常委会议在青岛召开。会议认真学习了《中共中央关于进一步加强中国共产党领导的多党合作和政治协商制度建设的意见》精神；研究了如何进一步加强社的各级领导班子建设，切实提高“四个能力”的问题；审议并原则通过了《九三学社中央关于加强组织建设的若干规定》。社中央主席韩启德，常务副主席陈抗甫，副主席洪绂曾、谢丽娟、冯培恩、贺铿出席。

2005年5月25日　全国政协经济委员会“农村专业合作经济组织”专题调研组在京展开调研。调研组由调研组组长、全国政协经济委员会副主任陈耀邦和全国政协经济委员会副主任、社中央副主席洪绂曾带队。

2005年5月27日　中央电视台新闻频道《决策者说》播出对全国人大常委会副委员长、社中央主席韩启德的专门采访。韩启德在节目中解答了公众普遍关心的医疗卫生体制改革问题。

2005年5月28日　社中央副主席贺铿在北京中共朝阳区委党校为民主党派骨干统战理论学习班成员做“在构建社会主义和谐社会中如何参政议政”专题讲座。

2005年6月　社中央主席韩启德分别致信九三学社社员韦铁民、杨文忠，祝贺他们荣获2005年度全国先进工作者称号。

2005年6月1日—3日　社中央常务副主席陈抗甫在广东出席九三学社全国组织部长暨部分基层组织负责人座谈会。

2005年6月1日—13日　全国人大常委会副委员长、社中央主席韩启德率全国人大常委会执法检查团赴山西、陕西等地进行安全生产法执法检查。

2005年6月3日　全国政协副主席、社中央副主席、中国科学院院士、中国工程院院士王选在人民大会堂出席庆祝中国科学院学部成立50周年“走中国特色自主创新之路”院士座谈会。

2005年6月3日—10日　社中央副主席洪绂曾率中央智力支边扶贫黔西南州“星火计划、科技扶贫”试验区联合推动组赴贵州考察调研。秘书长徐国权陪同。

2005年6月5日　王季午逝世。王季午（1908—2005）江苏苏州人。我国著名的内科学、传染病学专家和医学教育家。1956年加入九三学社。社第五、六届中央委员会委员，第七届中央委员会常委，中央参议委员会常委。

2005年6月9日　社中央副主席贺铿在机关出席社中央2005年度参政议政课题招标会。

2005年6月10日　社中央常务副主席陈抗甫在机关主持召开关于促进企业成为技术创新主体研讨会。

2005年6月12日—14日　由九三学社中央社会服务部和攀枝花市政府共同主办的“海峡两岸产业化论坛”在攀枝花市举行。社中央副主席洪绂曾，秘书长徐国权以及来自大陆和台湾的专家、实业家100余人出席。期间，九三学社四川省委与攀枝花市人民政府签署了“九攀资源综合利用科技合作”框架协议。

2005年6月14日—25日　全国人大常委、社中央副主席贺铿率全国人大财经委中部崛起战略考察调研团赴江西、湖南、湖北等地考察调研。

2005年6月17日—22日　社中央主席韩启德，副主席冯培恩，秘书长徐国权赴江西南昌、九江、景德镇等地考察调研，并出席“江西区域科技创新与发展论坛”和纪念许德珩座谈会。

2005年6月19日　社中央常务副主席陈抗甫在郑州出席九三学社河南省委成立20周年纪念大会。

2005年6月27日—29日　社中央邀请部分社省委负责宣传工作的同志在南宁召开“九三学社思想建设研讨会”。社中央常务副主席陈抗甫，副主席金开诚出席。

2005年6月29日　全国政协提案委员会办公室在京召开座谈会，就政协十届三次会议期间九三学社中央提出的关于加强陆海水资源开发利用等方面的提案进行协商办理。

2005年6月30日　启功逝世。启功（1912—2005）北京人。著名教育家，国学大师，古典文献学家、书画家、文物鉴定家，第五届全国政协委员，第六至十届全国政协常委，中央文史研究馆馆长，国家文物鉴定委员会主任委员，中国书法家协会名誉主席，北京师范大学教授。1952年加入九三学社。社第六届中央委员会委员，第七届中央委员会常委，中央参议委员会副主任，第十、十一届中央委员会顾问。

2005年7月1日　全国人大常委会副委员长、社中央主席韩启德在人民大会堂会见了澳门青年航天科技交流团一行。

2005年7月2日—5日　全国人大常委会副委员长、社中央主席韩启德赴福建出席全国留学人员团体工作研讨会。期间，韩启德与福建省九三学社社员代表亲切座谈。

2005年7月3日—19日　社中央副主席贺铿率团赴阿根廷、巴西等国考察调研，秘书长徐国权等陪同。

2005年7月4日　社中央副主席金开诚在中央社会主义学院出席统战系统保持共产党员先进性教育活动表彰大会。

2005年7月5日　社中央副主席洪绂曾在京出席第六届海峡两岸青年科学家学术研讨会并讲话。

2005年7月6日　黄昆逝世。黄昆（1919—2005）浙江嘉兴人。世界著名物理学家、中国固体物理学和半导体物理学奠基人之一、杰出的教育家，中国科学院院士、瑞典皇家科学院外籍院士、第三世界科学院院士，第五至八届全国政协常委，中国共产党党员。1957年加入九三学社。

2005年7月11日　社中央主席韩启德在京考察社区卫生服务工作。

2005年7月11日—12日　社中央常务副主席陈抗甫在全国

政协出席专题协商座谈会，并代表九三学社中央就强化企业在技术创新中的主体地位问题发言。

2005 年 7 月 13 日　社中央主席韩启德在京考察高新技术产业。

2005 年 7 月 14 日　社中央常务副主席陈抗甫在中央统战部出席《公务员法》辅导报告会。

2005 年 7 月 14 日—20 日　社中央副主席洪绂曾参加全国政协经济委员会赴四川就农民专业合作组织开展的专题调研。

2005 年 7 月 15 日—18 日　社中央主席韩启德赴甘肃就矿产资源型城市经济转型问题进行考察调研，并赴青海出席第四届青海湖国际公路自行车赛开幕式和第六届中国青海结构调整暨投资助贸易洽谈会。期间，韩启德分别看望了两省的九三学社社员代表，并与他们亲切座谈。